누가 헤밍웨이를 죽였나

집시 아나키스트 헤밍웨이

「이 도서의 국립중앙도서관 출판예정도서목록(CIP)은 서지정보유통지원시스템 홈페이지(http://seoji. nl.go.kr)와 국가자료공동목록시스템(http://www.nl.go.kr/kolisnet)에서 이용하실 수 있습니다.(CIP제 어번호: CIP2018019423)」

누가 헤밍웨이를 죽였나?
집시 아나키스트 헤밍웨이
ⓒ박홍규 2018

초판 1쇄   2018년 6월 29일

지 은 이   박홍규
펴 낸 이   이정원
편집책임   선우미정
편   집   이동하
디 자 인   김정호
마 케 팅   나다연·이광호
경영지원   김은주·장경선
제   작   구법모
관   리   엄철용

펴 낸 곳   도서출판 들녘
등록일자   1987년 12월 12일
등록번호   10-156
주   소   경기도 파주시 회동길 198번지
전   화   편집부 031-955-7385 마케팅 031-955-7378
팩시밀리   031-955-7393
홈페이지   www.ddd21.co.kr
페이스북   www.facebook.com/bluefield198
I S B N   979-11-5925-351-5(04080)
             979-11-5925-281-5(세트)

박홍규의
호모
크리티쿠스

누가 헤밍웨이를 죽였나

집시 아나키스트 헤밍웨이

박홍규 지음

푸른들녘

존 레논(John Lennon, 1940~1980)의 노래 〈이매진(Imagine)〉을 들을 때마다, 국가·종교·소유가 없는 세상을 상상해보라는 그 노래를 들을 때마다, 나는 헤밍웨이(Ernest Miller Hemingway, 1899~1961)를 생각한다. 그 역시 그런 세상을 꿈꾸었기 때문이다. 두 사람은 모두 유명했지만 서로 만난 적은 없다. 1961년 헤밍웨이가 죽었을 때 레논은 21세로 아직 무명이었다. 헤밍웨이는 레논의 노래를 들을 수 없었지만, 레논은 헤밍웨이의 이름을 들었을 수도, 그의 소설을 읽었을 수도 있다. 그러나 정말 그 소설을 읽었는지는 알 수 없다. 두 사람은 서로 거의 몰랐고, 매우 다른 삶을 살았다고 할 수 있다.

하지만 나에게는 그들이 같은 생각을 한 사람들로 보인다. 국가나 종교나 소유가 없는 세상을 꿈꾸는 것, 간단히 말해 아나키즘을 믿은 아나키스트들이다. 그 두 사람 말고도 그런 사람들은 많다. 그런 사람들이 많아지면 국가나 종교나 소유가 완전히 없어지지는 않는다고 해도, 그것들의 중요성이 지금보다는 훨씬 적어져서 지금보다는 좀 더 나은 세상이 되지 않을까?

이 책은 어니스트 헤밍웨이를 그런 아나키스트로 보고 그의 작품을 아나키즘 문학으로 읽고자 하는 책이다. 이런 견해는 우리나라에서는 물론이고 세계적으로도 보기 힘든 것이니 독자들은 당황할지도 모른다. 내가 카프카나 사르트르나 카뮈 등을 아나키스트라고 한 점에 반발하는 사람들을 많이 보았기 때문에 미리 "헤밍웨이를 아나키스트로 보는 것을 너무 심각하게 생각하지 마시라" 하고 말하고 싶다. 레논의 노래 〈이매진〉의 이미지 정도로 충분하다. 아름다운 노래이지 않은가? 그런 노래를 소설로 읽겠다는 데 뭐 그리 큰 문제인가?

이 책은 헤밍웨이에 대한 다양한 해석을 유도하기 위한 하나의 시론으로 쓴 것이다. 독자들도 헤밍웨이 작품을 읽고서 나름의 해석을 시도해보기 바란다.

2018년 7월

박홍규

차 례

집시 아나키스트 헤밍웨이

아나키즘은 자유-자치-자연을 중시하는 삼자(三自)주의다. 즉 자유(自由)로운 개인이 자치(自治)하는 사회를 이루면서 자연(自然)과 함께 조화를 이루어 산다는 것이 내가 생각하는 아나키즘이다. 헤밍웨이는 자유-자치-자연을 침해하고 파괴하는 전쟁과 같은 국가의 악, 국가의 가치, 국가의 파괴를 증오했다. 그런데 그런 국가는 헤밍웨이 시대보다 지금 더욱 기승을 부리고 있다. 그래서 우리는 헤밍웨이를 읽을 필요가 있고, 나는 이 책을 쓴다.

그런데 어떤 작가를 하나의 개념으로 규정하고 그 필요성을 강조하는 것이 반드시 옳은 일도 아니고, 중요한 것도 아니다. 도리어 어떤 작가를 다양하게 보는 데에 방해가 될 수도 있다. 뒤에서 보듯이 그동안 헤밍웨이를 실존주의자니 허무주의자니 등으로 보는 여러 주장이 있었는데 나에겐 그런 규정이 도리어 당황스러웠다. 게다가 그를 정치적으로 보는 것 자체도 금기시 되어왔다. 특히 우리나라에서 그렇다. 우리나라에서는 오로지 자본주의자만 용인되는 탓이다. 자유주의자도 허용되는 듯하지만 국가로부터의 자유를 주장하는 아나키즘은 배격된다. 그러고 보니 국가주의만 용납되는 듯하다. 그래서 우리나라는 국가자본주의 나라라고 해도 과언이 아니다. 그리고 뽕짝 가사 같은 허무주의가 그것과 짝을 이루는 철학과 예술이 판친다. 국가자본주의와 허무주의, 나아가 순간에 충실하자는 식의 유치한 실존주의는 서로가 서로를 보완하는 한 짝이다.

나는 국내외에서 나온 책들이 헤밍웨이를 하나같이 천편일률적으로 허무주의자나 실존주의자 따위로 보는 것에 의문을 가져 이 책을 쓴다. 또한 빙산이론*(iceberg theory)이니 하드보일드니(hard-boiled)** 하는 문학적 기교를 중시하여 성공한 작품과 실패한 작품으로 나누는 식의 소위 문학전문가들의 태도에도 찬성하지 않아 이 책을 쓴다. 헤밍웨이 말대로 작품에는 '좋은 작품과 나쁜 작품'이 있을 뿐이다. 그러나 이를 두고 문학이 사회와 무관하다거나 사상이 없어도 좋다는 식으로 오해해서는 안 된다. 사회와 무관하거나 사상이 없는 문학은 있을 수 없기 때문이다.

특히 젊은 학도들이 도전적이어야 할 석·박사 학위논문조차 그렇게 '지적 노예'처럼 기계적이고 도식적으로 써대는 것이 싫어서 이 책을 쓴다. 그런 천편일률의 주장을 왜 수십 권의 책, 수백 편의 논문으로 써대는가? 아마도 1950년대 이후 창궐한 반공이데올로기에 젖은 탓이리라. 그것이 헤밍웨이의 조국인 미국 본토에서 거부된 것이 벌써 옛날의 일인데,

---

■ * 미국 단편소설에서 나타나는 경향인 미니멀리즘 수법을 효과적으로 사용한 것으로 평가되는 헤밍웨이가 제시한 이론이다. 그는 "만약 어떤 작가가 자신이 무슨 글을 쓰고 있는지 충분히 알고 있다면, 자신이 알고 있는 바를 생략할 수 있으며, 그가 충분히 진실하게 글을 쓰고 있다면 독자들은 마치 작가가 그것들을 진술한 것과 마찬가지로 강렬한 느낌을 받게 될 것이다. 빙산의 위엄은 오직 8분의 1에 해당하는 부분만이 물 위에 떠 있다는 데 있다"고 말했다.
** 1920년대부터 미국 문학에 나타난 창작 태도. 현실의 냉혹하고 비정한 일을 감상에 빠지지 않고 간결한 문체로 묘사하는 수법이다. 헤밍웨이의 「살인자」를 비롯한 초기 작품이 있으며, 주로 탐정 소설에 영향을 끼쳤다.

이 땅에서는 여전히 기승을 부리고 있다. 그런 반공 이데올로기가 해체되지 않는 한 이 나라에는 정치도, 경제도, 사회도, 문화도 발전이 없다.

심지어 한국에는 예술가를 정치적으로 보는 것 자체가 부당하다는 주장도 있다. 그러나 어떤 예술가도 정치적 입장이 없을 수 없다. 정치에 무관심한 것도 하나의 정치적 태도다. 특히 헤밍웨이는 평생 정치와 직결되었고, 그의 모든 작품은 그의 철저한 정치적 경험과 의식의 소산이다. 가령 우리에게는 연애소설로 오해되기도 하는 헤밍웨이의 초기 작품인 『무기여 잘 있어라』는 전쟁에 반대하는, 가장 위대한 반전문학 작품이다.

그 소설은 1929년에 나왔으니 거의 1세기 전이다. 그 엄청난 성공은 그 소설의 주제인 제1차 세계대전에 대한 인민의 혐오를 반영한 것이었다. 그러나 그 뒤 10년도 안 되어 스페인 시민전쟁이 터졌고 그것은 제2차 세계대전으로 이어졌다. 헤밍웨이가 그렇게도 절실하게 반전을 외쳤건만 세상은 여전히 전쟁에 미쳐갔고, 그 소설이 나온 지 조만간 100년이 다 되어가는 지금까지도 미국인은 물론 세계인은 전쟁에 미쳐 있다. 특히 우리가 그렇다.

따라서 누구보다도 우리가 그의 작품을 읽어야 한다. 전쟁에 미쳐 있는 이 나라에서 널리 읽혀야 한다. 그리고 전쟁에 반대해야 한다. 그래서 나는 이 책을 쓴다. 미국인들도 마찬가지다. 그러나 미국에서도 헤밍웨이 작품은 그다지 환영받지 못한다. 가령 위에서 말했듯이 전쟁에 반대하여 탈영한 병사의 이야기인 『무기여 잘 있어라』를 비롯하여 그의 모든 작품은 미국인의 전쟁을 애호하는 제국주의적 애국심에 찬물을 끼얹는 것이기 때문이다.

그래서인지 그를 읽지 못하게 막는 여러 가지 잡설이 존재한다. 나는 헤밍웨이를 실존주의자나 허무주의자라고 보는 견해는 몰라도 적어도 공산주의자라고 보는 견해에는 절대로 반대한다. 헤밍웨이 자신 다음과 같이 분명히 말했기 때문이다.

> 나는 공산주의자가 될 수 없습니다. 단 하나, 자유를 믿기 때문에, 그리고 정부는 작을수록 좋다고 믿기 때문입니다. 나는 집시 같은 작가이기 때문에 어떤 국가에도 충성하지 않습니다.(Josephs, 27~28)

자유를 믿고 작은 정부를 믿는다는 것이 바로 아나키즘이다. 그러니 헤밍웨이는 아나키스트다. 그런데 그를 공산주의자라고 부르는 자들이 있다. 누군가를 공산주의자고 하는 경우, 그것도 공산주의를 적대시하는 미국이나 한국에서인 경우에는 그를 죽이기 위해서라는 점에서 정말 조심해야 한다.

헤밍웨이가 미국인이었지만 미국이라는 국가에 충성하지 않았음은 사실이다. 어린 시절을 제외하면 그는 거의 미국 땅에서 살지도 않았다. 이 세상 어떤 나라에도 충성하지 않았다. 여러 전쟁에 참가했지만 어느 쪽에 대해서도 충성하지 않았다. 유일하게 스페인 시민전쟁에서 스페인 공화국에 충성한 듯했지만 그때도 정말 그가 충성한 것은 집시와 같은 스페인 인민들이었다. 언제 어디에서나 그는 민중에게 충성했지 그들을 지배하는 권력이나 국가에 충성하지 않았다. 그에게 국가라는 추상체는 의미 없는 관념에 불과했다. 따라서 소위 프롤레타리아 독재 국가권력의 과도적 역할을 주장하는 공산주의는 그에게 맞지 않았다.

그래서 그는 집시처럼 정처 없이 세상을 떠돌아다녔다. 한때 그를 비롯하여 같은 세대의 문인들을 묶어 '잃어버린 세대'라고 부르기도 했는데, 이 말 역시 집시나 보헤미안 같은 그들의 삶과 생각을 보여준 것이다. 무엇보다도 집시는 자유로웠고 자연 속에서 살면서 국가 권력이나 자본 권력의 개입을 거부하면서 협동조합 같은 상호부조의 공동체 삶을 살았다. 집시만큼 자유-자치-자연을 추구한 사람들도 없다. 헤밍웨이는 집시처럼 예술과 모험을 사랑하고 과장하는 버릇도 있었다. 그래서 나는 이책의 부제를 '집시 아나키스트 헤밍웨이'라고 했다.

그런 헤밍웨이는 특히 개인의 의지보다도 국가나 민족의 우위를 주장하는 국가주의나 민족주의, 그리고 그런 전체의 목표에 국민이나 민족을 총동원하는 전체주의 파시즘에 대해 철저히 저항했다. 따라서 적어도 성인이 된 뒤 그는 히틀러나 무솔리니는 물론 스탈린이나 처칠, 심지어 미국 대통령인 루스벨트까지 혐오했다. 어려서부터 죽을 때까지 부모는 물론 어떤 권위에도 저항하면서 무엇보다도 개인의 위기에 민감했던 그는 개인의 자유의지를 존중하고 자유의지에 근거한 민주주의를 신봉했다.

반면 권력 유지를 위해 자신의 신념을 왜곡하는 기회주의의 허위에 헤밍웨이는 언제나 분노했다. 사회주의자에서 반공주의자로 변신한 이탈리아 파시스트 무솔리니가 그 전형이었다. 그런 보기는 우리나라에도 너무나 많다. 공산주의자였다가 반공주의자가 되는 것이 한국에서는 너무나 쉽다. 그래서 나는 그의 작품을 그런 기회주의자들에 대한 분노로 읽는다. 기회주의자라는 최고로 비겁하고 비열한 사기꾼에 대한 헤밍웨이의 분노는 특히 우리에게 유효하다. 그런 자들을 쓸어버리기 위해서 말이다. 이 땅에는 비겁하고 야비하고 저열한 인간들이 얼마나 많은가? 특히 지도층이라는 자들 중에 얼마나 많은가?

그들은 전쟁을 비롯한 갖가지 갈등을 일으켜 사람들을 무참하게 짓이긴다. 국가니 민족이니 하는 미명으로 권력을 휘두른다. 그러나 결국 사람들은 그 부당한 권력에 굴복하지 않고 강인하게 일어선다. 인간으로서의 품위를 지키기 위해서다. 물론 일어서는 그들을 지도층이라는 자들이 다시 배신했다고 죽인다. 인간적 품위를 지녔기에 죽음 앞에서도 선량하고 다정하고 용감한 사람들을 죽인다. 그렇지 않은 사람도 그들은 죽인다. 서두르지도 않고 서서히 모두 죽이려고 든다. 지금, 이 땅에서도 우리는 그렇게 살아가고 있다.

헤밍웨이를 하드보일드 작가라고 부르게 한 짧은 문장의 파편적 중복도, 권력의 집중적 구속을 혐오하여 무엇보다도 개인의 자유를 존중하는 정신에서 비롯된 것이지 그의 특별한 '남성주의적 미학' 따위의 멋 부림에서 나온 것은 아니다. 또한 어려서부터 몸에 밴 자연 관찰에서 추상적이고 허황된 미사여구나 가식적인 수식이나 과장을 극력 배제하고 명료한 문장을 쓰는 태도가 나왔다. 따라서 그의 삶과 예술의 기본을 이루는, 어린 시절부터 평생에 걸친 자연과의 친숙을 더욱 주목할 필요가 있다. 자연과 인간에게 어떤 거짓말도 하지 않는다는 그의 인생관에서 그런 문체가 나온 것이다. 허황되고 감상적이며 부정확한 언어를 제거하고, 명료하고 적확하게 표현하는 것이야말로 인간의 존엄성과 자연의 생명력을 구체화하는 것에 적합하다고 그는 보았다.

이와 관련되기도 하지만, 이보다 더 본질적인 재조명은 헤밍웨이가 아나키즘적이었다는 사실이다. 즉 국가 이익이라는 미명 하의 권력 집중을 추구하는 국가주의는 항상 개인의 자유를 최우선으로 생각한 그의 민주주의적 아나키즘과 맞지 않은 것이라는 점이 재조명된 점이지만, 그것이 그의 하드보일드 문체와도 관련된 점은 특히 주목할 필요가 있다. 그것은 1920년대 파리에서 큐비즘 화가들에게 배운 것이기도 했다. 세잔을 시조로 하는 피카소를 비롯한 그 화가들은 전통적인 원근법에 의한 시선의 집중이 권력 집중을 구체화한 것이라고 보고 이를 거부했다. 그들은 화면상의 대상을 철저히 파편화하여 각각의 부분을 독립시키고 화면상의 히에라르키(Hierarchie)*를 파괴했다. 그러나 미술의 사회성에도 눈을 감는 우리의 미술가나 미학자들은 그런 큐비즘의 민주성을 잘 모른다.

헤밍웨이의 삶에 대한 재평가는 미국의 경우 이미 1980년대에 수많은 전기의 출간에 의해 이루어졌다. 우리나라에서도 초역된 바 있는 베이커의 헤밍웨이 전기는 1969년에 나온 것으로서 냉전 이데올로기의 결정체라고 할 수 있다. 이것은 1980년대까지도 유일하게 신뢰할 수 있는 권위서로 인정되었지만 인간미 결여 등의 여러 가지 비판을 받은 뒤로 새로운 전기가 쏟아져 나왔고, 이에 따라 헤밍웨이에 대한 재평가도 이루어졌다. 그러나 우리나라에서는 거의 소개되지 못했다. 그중에서도 주목되는 것은 헤밍웨이가 생태학적인 인식을 투철하게 지녔고, 남성과 여성이 공존하는 양성에 대한 성적 취향을 가졌다고 본 것이다. 그러나 무엇보

■　*　조직·집단질서, 개인에 있어서의 권력적·신분적·기능적 상하, 서열관계가 정돈된 피라미드형의 체계를 뜻하는 말이다.

다도 중요한 점은 그가 미국으로 상징되는 자본주의 문명을 극력 싫어했다는 점이다.

지금 우리가 헤밍웨이를 새롭게 읽어야 하는 이유는 바로 그런 무지를 낳은 냉전과 반공 이데올로기의 현실에 대한 극복이 필요하기 때문이다. 해방 직후부터 엄청난 열기로 번역되고 소개된 그는 전혀 아나키즘의 관점에서 이야기되지 않았다. 대신 무슨 소리인지도 모르게 실존주의니 허무주의니 하고들 떠들었다. 일제강점기에 일본어로 소개된 그의 작품을 읽은 지 한 세기가 다 되어가는 지금 우리는 그를 다시 민주주의 작가, 그중에서도 가장 철저한 민주주의자인 집시 아나키스트로 재조명할 필요가 있다.

그러나 나는 이 책에서 헤밍웨이를 무조건 찬양하는 헤밍웨이 학도들의 추종적 태도를 답습할 생각은 없다. 그렇다고 그 학도 일부가 헤밍웨이의 애정행각 따위를 유교 도덕주의자의 입장에서 비난하는 정도의 수준에서 그를 비판할 생각도 없다. 당연히 그런 식의 힐난은 유교의 조국이 아니면서도 지금 유일한 유교국가로 남은 한국에서 유별나다. 반면 나는 그의 사랑을 그의 자유로 본다. 그의 문제는 그런 자유분방한 사랑이 아니다. 문제는 그가 제국주의, 오리엔탈리즘, 인종차별 등의 굴레에서 벗어나지 못했다고 하는 서양인 작가 일반의 문제이다.

오랫동안 헤밍웨이를 사랑하고 미워하며 그의 작품을 즐겨 또는 괴롭게 읽어온 나로서는 그에 대한 나의 느낌을 솔직하게 고백하는 것이 그 사랑과 미움에 대한 최고의 보답이라고 생각한다. 그것이 조금은 생경한 것이라고 해도 헤밍웨이를 좀 더 깊이 그리고 다양하게 이해하는 데 도움이 되길 빈다. 헤밍웨이를 아나키즘의 입장에서 바라보는 나처럼, 다양한 헤밍웨이 해석이 더욱 많이 나온다면 그에 대한 이해, 그리고 문학과 세상에 대한 이해가 더욱 깊어질 수 있을 것이다.

다양성이야말로 민주주의다. 헤밍웨이 자신, 자신의 작품을 그 대부분이 숨겨진 빙산에 비유하여 다양한 해석을 기대했듯이 말이다. 그러나 이 빙산이라는 비유도 그가 냉전시대를 살면서 끝없이 FBI 등의 감시를 받아왔기 때문에 자신의 본 마음을 어쩔 수 없이 숨겨야 했기 때문에 나온 궁여지책이지, 국내외 평론가들이 말하듯이 무슨 신비로운 미학적 고려에 의한 것이 아니라는 점을 알아야 한다. 그 빙산을 나는 자유를 추구하는 아나키즘이라고 본다. 그 빙산을 숨겨야 했던 점도 그를 방랑하는 집시에 비유할 수 있게 하는지도 모른다.

이 책은 모두 10개의 장으로 구성된다. 이 중 짝수 장들인 2장, 4장, 6장, 8장, 10장에서 각각 다루는 『우리 시대에』, 『에덴동산』, 『가진 자와 못 가진 자』, 『강을 건너 숲속으로』, 『아프리카의 푸른 언덕』과 『여명의 진실』 등은 그동안 헤밍웨이 작품 중에서 제대로 평가되지 못했다. 그러나 나는 그 여섯 작품을 매우 중요하게 본다. 존 레논이 〈이매진〉에서 노래한 반문명과 자유를 다룬 『우리 시대에』, 반윤리와 자유를 다룬 『에덴동산』, 반소유와 자치를 주제로 한 『가진 자와 못 가진 자』, 반군대와 자치를 다룬 『강을 건너 숲속으로』, 그리고 반제국과 자연을 주제로 한 『아프리카의 푸른 언덕』과 『여명의 진실』은 헤밍웨이를 아나키스트로 보는 이 책에서 가장 중요한 작품이라고 해도 과언이 아니다.

나머지 홀수 장 작품들도 3장에서 9장까지의 장 제목에서 보듯이 아나키즘의 핵심적 이념을 통해 재조명한다. 흔히 성장소설이나 연애소설 내지 청춘소설로 여겨졌던 『무기여 잘 있어라』, 『태양은 다시 떠오른다』, 『누구를 위하여 좋은 울리나』는 각각 반전쟁과 자유, 반도덕과 자유, 반파쇼와 자치 등의 내용을 갖는 반체제 소설로, 특히 기독교적 구원의 주제 등으로도 해석된 『노인과 바다』를 가장 아나키즘적인 반체제와 자연의 소설로 이해한다.

이상 열 편의 대표작들은 자유, 자치, 자연을 주제로 3~4편씩 묶을 수 있다. 최초의 헤밍웨이는 자연을 추구하다가 1920년대의 청춘에 자유, 1930년대의 장년에 자치를 추구하고, 다시 1940~1950년대의 만년에 자연으로 돌아왔다. 그래서 나는 헤밍웨이를 아나키스트로, 그리고 그의 생각을 아나키즘으로 본다. 물론 레논이 〈이매진〉에서 노래했듯이 그것은 모두 꿈일 수도 있다. 그러나 문학이나 음악과 같은 예술이 꿈을 잃어버린다면 그것이 예술일 수 있을까?

1장

왜 헤밍웨이가
'집시 아나키스트'인가?

일러두기

장편소설은 『 』, 단편소설 및 기사 등은 「 」, 노래, 영화, 신문잡지는 〈 〉로 표시했다.
인용 근거: 이 책에서 두 번 이상 인용되는 책은 다음과 같은 약어로 인용한다.

1) 헤밍웨이가 쓰고 말한 것
가진 - 어니스트 헤밍웨이, 황소연 옮김, 『가진 자와 못 가진 자』, 소담출판사, 2014.
글쓰기 - 어니스트 헤밍웨이, 래리 W. 필립스 엮음, 이혜경 옮김, 『헤밍웨이의 글쓰기』, 스마트비지니스, 2009.
노인 - 어니스트 헤밍웨이, 김욱동 옮김, 『노인과 바다』, 민음사, 2012.
누구 - 어니스트 헤밍웨이, 김욱동 옮김, 『누구를 위하여 종은 울리나』, 민음사, 2012.
단편1 - 어니스트 헤밍웨이, 김욱동 옮김, 『헤밍웨이 단편선 1』, 민음사, 2013.
단편2 - 어니스트 헤밍웨이, 김욱동 옮김, 『헤밍웨이 단편선 2』, 민음사, 2013.
말 - 어니스트 헤밍웨이, 권진아 옮김, 『헤밍웨이의 말』, 마음산책, 2017.
무기 - 어니스트 헤밍웨이, 김욱동 옮김, 『무기여 잘 있어라』, 민음사, 2012.
아프리카 - 어니스트 헤밍웨이, 정병조 옮김, 『아프리카의 푸른 언덕』, 휘문출판사, 1967.
에덴 - 어니스트 헤밍웨이, 김은국 옮김, 『에덴동산』, 시사영어사, 1986.
여명 - 어니스트 헤밍웨이, 권택영 옮김, 『여명의 진실』, 문학사상사, 1999.
여자 - 어니스트 헤밍웨이, 이종인 옮김, 『여자 없는 남자들』, 문예출판사, 2016.
오후 - 어니스트 헤밍웨이, 장왕록 옮김, 『오후의 죽음』, 휘문출판사, 1967.
저널 - 어니스트 헤밍웨이, 김영진 엮고 옮김, 『더 저널리스트: 어니스트 헤밍웨이, 한빛비즈, 2017.
Baker-Carlos Baker, Ernest Hemingway: A Life Story, Scribner's, 1969.
Critical-Hemingway: The Critical Heritage, Ed, Jeffrey Meyer, Routledge, 1982.
Dateline-Ernest Hemingway, Dateline: Toronto: The Complete Toronto Star Dispatches, 1920~1929, ed, William White,
    Charles Scribner's Sons, 1985.
Letters-Ernest Hemingway, Ernest Hemingway: Selected Letters, 1917~1961, ed., Carlos Baker, Scribner's, 1981.
Spanish-Ernest Hemingway, The Spanish Earth, Savage, 1938.

2) 기타
도널드슨 - 스콧 도널드슨, 강미경 옮김, 『헤밍웨이 vs 피츠제럴드』, 갑인공방, 2006.
베이커 - C. 베이커, 정봉화 옮김 『헤밍웨이의 생애』, 정음사, 1976.
소수만 - 소수만, 『어니스트 헤밍웨이』, 동인, 2007.
윤동곤 - 윤동곤, 『헤밍웨이 여성 읽기』, 한국학술정보, 2010.
존슨 - 폴 존슨, 김욱 옮김, 『지식인들』, 상권, 한언, 1993.
진1, 2 - 하워드 진, 유강은 옮김, 『미국민중사 1』, 시울, 2006.
처칠 - 워드 처칠, 황건 옮김, 『그들이 온 이후 - 토착민이 쓴 인디언 절멸사』, 당대, 2010.
호체너 - A. E. 호체너, 김심온 옮김, 『헤밍웨이의 생애』, 일신서적출판사, 1995.
Capote-Thomas Inge, ed., Truman Capote: Conversations, University Press of Mississippi, 1987.
Hovey-Richard B, Hovey, Hemingway: The Inward Terrain, University of Washington Press, 1968.
Josephs-Allen Josephs, For Whom the Bell Tolls, Ernest Hemingway's Undiscovered Country, Twayne Publisher, 1994.
Lynn-Kenneth S. Lynn, Hemingway, Simon, 1987.
Spilka-Mark Spilka, Hemingway's Quarrel with Androgyny, University of Nebraska Press, 1990.
Young-Michael Reynolds, The Young Hemingway, Balckwell, 1986.

어느 극우익의 헤밍웨이

이 책을 쓰기 위해 자료를 찾다가 헤밍웨이를 좌파 내지 공산주의자라고 말한 조갑제의 글과 유튜브를 보고 깜짝 놀랐다.* 2017년 여름에 만들었다는 그 유튜브는 처음부터 끝까지 자신이 묵은 마조레(Majore) 호수 어느 호텔 로비에 있는 작은 서가만을 비추어, 그것을 바라보고 있기가 참으로 따분했는데, 이는 책을 아무리 꽂아봐야 몇 권밖에 꽂지 못할 그 작은 서가에 헤밍웨이 소설, 특히 그 호수가 등장하는 『무기여 잘 있어라』가 없다는 것을 보여주기 위한 것인 듯했다.

거대한 마조레 호수에는 수백 개의 호텔이 있는데, 그중 헤밍웨이와 관련되는 곳은 조갑제가 묵은 호텔이 아니다. 마조레 호수의 어느 호텔이 헤밍웨이와 관련되는지 사전에 조사하여 그곳에 그의 소설이 있는지 없

---

* 순수한 학자나 문학인이 헤밍웨이를 사회주의자라고 할 수도 있고 그러한 경우에는 아무런 문제가 되지 않지만(실제로 그렇게 본 사람들이 많았다), 철저한 반공주의자인 조갑제가 누구를 사회주의자나 공산주의자나 좌파라고 하면 이는 직장을 쫓겨나고 가정이 파탄날 뿐 아니라 종북이라는 무시무시한 혐의까지 받아야 하는 위험에 처해지고 국가보안법 위반으로 고소당하거나 투옥되어 그야말로 인생을 망치는 것을 뜻한다.

『누구를 위하여 종은 울리나』를 집필 중인 헤밍웨이(1939)

는지를 말하는 것이 기자의 올바른 태도일 텐데, 수백 개의 호텔 중 아무 호텔(아마도 싸구려 호텔)에나 들어가 그곳 로비 서가에 헤밍웨이 소설이 없다고 말하면서, 마치 헤밍웨이가 잊힌 사람인 양 말하는 태도는, 평소 우기는 데만 천재적인 극우익으로 비친 그의 태도에 맞는 것인지도 모른다. 우리말로 소개된 헤밍웨이 전기만 잠깐 찾아보아도 그가 1918년 8월 말에 머문 마조레 호수의 호텔은 그랑 호텔 스트레사(Grand Hotel Stresa)였음을 알 수 있는데도 말이다.(베이커, 52) 그리고 그곳은 『무기여 잘 있어라』의 주인공들이 탈출한 곳이 아니라 탈출을 시작한 곳이다.

헤밍웨이를 공산주의자로 보는 극우익 조갑제는 한국에서 헤밍웨이의 작품이 해방 후 지금까지 대부분 끊임없이 발간되어 왔고(일제강점기에 일본어로 소개된 것을 포함하면 1세기가 다 되어간다), 20세기 외국 작가로는 거의 유일하게 전집까지 발간된 것에 대해서 어떻게 생각할까? 자신이 헤밍웨이를 공산주의자로 본다면 헤밍웨이를 찬양하며 번역서를 내고 대학 등에서 그의 작품을 가르치는 사람들도 당연히 비판하고, 헤밍웨이 독자들까지 국가보안법을 위반했다고 주장해야 하지 않을까? 공산주의자들의 '진실'을 알면서도 그것을 은폐하여 지식인으로서의 의무를 포기했다고 헤밍웨이를 비판한 것처럼, 자신도 헤밍웨이가 공산주의자라는 '진실'을 알았다면 당연히 그것을 알려야 했거늘, 최근까지도 그 진실을 은폐했다면 진실 고지라는 지식인의 의무를 포기한 것이 아닐까? 한국에 5권에 이르는 헤밍웨이 전집이 나온 1969년에도 조갑제는 이미 한국에서 유명한 '지식인'이었다. 그런 그가 40년도 더 지나서 헤밍웨이를 비난하는 것에는 문제가 없는가?

조갑제는 헤밍웨이를 공산주의자라고 보는 이유로 그가 스페인 시민 전쟁을 다룬『누구를 위하여 종은 울리나*For Whom the Bell Tolls*』에서 좌파인 공화파도 프랑코파처럼 잔인했음에도 공화파를 비난하지 않았다는 점을 들지만, 도대체 무슨 소리인가? 나에게는 그 소설 중에서 가장 충격적인 장면이 공화파가 프랑코파를 학살하는 10장이었는데 조갑제는 그것을 모른단 말인가? 그 소설을 토대로 한 유명한 영화에서도 그 장면이 가장 충격적인데, 조갑제는 그것도 보지 않았는가? 그 밖에도 헤밍웨이는 그 소설에서, 또는 여타의 여러 글에서 공화파의 그런 문제점을 충분히 지적했으니 조갑제의 비판은 도저히 옳다고 할 수 없다.

게다가 이는 그가 자기주장의 근거로 삼는 폴 존슨(Paul Johnson, 1928~) 이 헤밍웨이의 문제점을 그 소설이 아니라 그의 삶 속에서 찾는 것과 다른 점이기도 하다. 그러니 조갑제는 폴 존슨의『지식인들*Intellectuals*』은 물론 헤밍웨이 소설을 제대로 읽었는지도 의문이다. 조갑제는 헤밍웨이를 위선자라고 비판하면서 그와 달리 사회주의자로서 공산당을 비판한 오웰 (George Orwell, 1903~1950)을 정직하다고 비교하지만, 오웰이 과연 사회주의자인지도 의문이고, 도리어 헤밍웨이가 오웰보다 더 빨리 10대부터 사회주의자가 된 것이 사실이다. 그렇다면 평생 사회주의자로 산 헤밍웨이가 사회주의에 충실했다고 하여 그를 위선자라고 비난할 수는 없지 않을까?

존슨, 헤밍웨이를 비판하다

폴 존슨은 조갑제처럼 남의 책을 읽지도 않고 무턱대고 빨갱이라고 몰아 부치는 수준은 아니다. 그의 『지식인들』 중 헤밍웨이 부분은 약 60쪽인데 그중 앞의 반쯤은 헤밍웨이에 대한 사실의 나열로 이미 충분히 알려진 것들이다. 그래서 아무런 문제도 못 느끼다가 별안간 그를 상습적인 거짓말쟁이로 몰아가 놀라지 않을 수 없다. 가령 "다섯 살 때, 달리는 말을 혼자서 세웠다고 우긴 적이 있"다거나, 어떤 여배우와 약혼했다고 부모에게 거짓말을 했다고 하면서 "이런 뻔뻔스러운 거짓말은 뻔히 속이 들여다보여 맞장구조차 칠 수 없게 된다"(존슨, 284)고 한다. 존슨은 헤밍웨이의 거짓말을 계속 폭로하는데 여기서 그 모든 것을 되풀이할 필요는 없고, 존슨의 지적을 다 옳다고 믿을 수도 없다. 그 자신 그냥 "의심스럽다"(존슨, 285)고 하는 정도의 이야기도 많기 때문이다. 그런 정도의 이야기를 '뻔뻔스러운 거짓말'이라고 하는 것은 분명히 '사자(死者) 명예훼손'에 해당할 것이다.

존슨은 "혼미의 불성실한 10년"이라고 하면서 헤밍웨이가 1932년의 선거에서 사회주의자인 유진 뎁스(Eugene Debs)를 지지했고, 1935년에는 "여러 문제에 관해 공산당 방침을 지지하고 나섰"으며 허리케인으로 인한 퇴역군인 출신 450명의 죽음에 대해 정부를 비판한 것을 "공산주의자들이 선동 내지는 선전할 때 흔히 사용하는 방법"이라고 비난한다.(존슨, 286) 그러나 뒤에서 보듯이 그런 정부 비판을 반드시 '공산당 수법'이라고 할 수 없다. 도리어 그렇게 비난하는 것을 '반공산당의 흔한 수법'이라고 할 수 있다. 헤밍웨이가 작가들에게 파시즘과 맞서서 투쟁하라고 연설한 것도, "어리석은 멍청이"나 "공산당 지지활동"(존슨, 289)이라고 존슨이 비난한 것도 마찬가지로 반공주의자들이 흔히 사용하는 수법이다.

그러나 존슨은 『누구를 위하여 종은 울리나』에서 "공화국 체제의 은폐된 일면"(존슨, 289)을 표현했다고 한다. 적어도 그는 조갑제와 달리 그 소설을 읽은 것이다. 존슨이 문제 삼은 것은 그 책이 시민전쟁이 끝난 뒤 1940년에 발표되었다는 점이다. 그러나 이를 두고 존슨이 헤밍웨이의 연설을 "완전한 사기행위"(존슨, 290)라고 함은 참으로 황당무계하다. 파시즘을 비판하라고 작가들에게 권유한 것이 왜 "완전한 사기행위"인가? 하나의 의견에 불과하지 않은가?

나아가 존슨은 헤밍웨이가 1941년에 미국이 제2차 세계대전에 참전할 때 그것에 가담하지 않았다고 하면서 이를 "이상하다"(존슨, 290)고 한다. 그러나 헤밍웨이가 모든 전쟁에 참전해야 한다고 주장한 적은 없다. 그는 전쟁광이 아니다. 누구보다도 전쟁을 싫어했다. 이는 만천하가 아는 사실이다. 게다가 존슨도 인정하듯이 헤밍웨이는 나름으로 제2차 세계대전에 가담했다.

이상이 존슨이 헤밍웨이의 "혼미의 불성실한 10년"이라고 비난하는 6쪽 정도의 내용이다. 그 뒤의 설명은 헤밍웨이가 친구들이나 여성들과 어떤 관계를 맺었는지, 또는 술버릇이 어떠했는지 등에 대한 것인데 그런 "한심스러운 결점"에도 불구하고 존슨은 헤밍웨이에게 "예술적 고결함"이 있었다고 하며 다음과 같이 말한다.(존슨, 313)

이는 생애를 통해 하나의 광명이 되어 주위를 비춘다. 그가 자기 자신에게 명제를 부여한 것은 영어를, 나아가서는 소설을 새로운 방법으로 쓸 것, 그리고 그는 이를 훌륭히 해냈다. 영어의 역사에서 이는 획기적인 사건의 하나로 이제 우리는 그의 이 같은 업적을 부정하지 못한다. 이 사명을 수행하기 위해 그는 창조적 기법과 열정과 인내를 총동원했다.(존슨, 313)

그러나 이 짧은 평가는 헤밍웨이에 대한 존슨의 길고도 긴, 너무나도 치졸한 비난에 비해 너무나도 인색한 찬양이라고 하지 않을 수 없다. 여하튼 이런 정도의 이야기도 조갑제의 이야기와는 차원이 다르다.

FBI가 헤밍웨이를 죽였다고?

죽어서 존슨이나 조갑제 같은 자들에 의해 공산주의자로 몰려 다시 죽은 헤밍웨이가 살아생전에는 FBI에 의해 죽었다고 해도 과언이 아니다. 조갑제는 FBI가 헤밍웨이를 공산주의자로 몰아 죽였다는 사실을 아는지, 그런 억울한 누명의 죽음에 대해 다시 자신이 누명을 씌우는 것임을 아는지 알 수 없다. 다시 말하지만 조갑제가 헤밍웨이를 비난하려면 헤밍웨이에 대해 충분히 알고서, 아니 조금이라도 알고서 그렇게 해야 한다.

FBI가 자신을 괴롭힌다고 헤밍웨이가 생각한 것을 과거의 전기 작가들은 다음과 같이 피해망상이라고 썼다.

그는 여전히 (중략) FBI의 미행을 받고 있다는 망상에 사로잡혀 있었다. (중략) 돌아오는 길에 내려, FBI의 미행을 받고 있다고 굳게 믿고 있었다. (중략) 어니스트는 당장에 정부의 스파이가 자기를 개인적으로 박해하기 위해 자기의 회계 감사를 하고 있다고 믿었다.(베이커, 455)

그러나 그것은 망상이 아니었다. 그가 죽고 22년이 지난 1983년에 정보공개법에 의해 공개된 『FBI 파일』에는 수사관들이 헤밍웨이를 조사했다고 적혀 있다. 그 2년 뒤인 1985년에 나온 전기에서 저자 마이어스(Jeffrey Meyers, 19039~)는 다음과 같이 썼다. "수사관들은 실제로 조사를 했다. 그리고 헤밍웨이는 이를 알고 있었다." 물론 한국에서는 이 『FBI 파일』에 대해 거의 언급하지 않는다. 아마도 중앙정보부니 국가정보원이니 하는 것이 있는 나라여서 그런 모양이다. 그러나 헤밍웨이가 공산주의자라는 누명을 벗기려면 『FBI 파일』에 대해 조사해야 한다.

『FBI 파일』은 모두 127쪽이지만 '국가보안상 이유'로 일부는 아직도 공개되지 않고 있고, 공개된 부분도 검게 칠해져 그 내용을 알 수 없는 것이 적지 않다. 기록은 1942년 10월 8일에 시작되어 헤밍웨이 사후 13년째인 1974년 1월 15일까지 이어진다. 그중 가장 많은 부분은 제2차 세계대전 중 쿠바에서 헤밍웨이가 활동한 바에 관한 것이다. 그러나 그 내용의 상당수가 소위 '찌라시' 수준이어서 미국의 국가정보기관이 수집한 것인지 의심스러울 정도로 조잡한 내용이 많다.

헤밍웨이가 제2차 세계대전 중에 '크룩 팩토리'라는 스파이조직을 만

■ * Jeffrey Meyers, *Hemingway: A Biography*, Da Capo, 1999, p.543.

들어 하바나의 미국대사관을 위해 파시스트에 대한 정보를 수집했다는 것은 그의 생전에 이미 알려진 사실이다. 당시 쿠바에 있던 약 30만 명의 스페인 사람들 가운데 10%가 프랑코의 파시스트 정당인 팔랑헤당(Falange)의 당원이어서, 미국 측은 그들이 카리브 해협에서 나치스 협력자가 될 수 있음을 우려해 스페인에 정통한 헤밍웨이에게 그들에 대한 정보 수집을 부탁한 것이었다.

『FBI 파일』의 최초 부분은 헤밍웨이의 그런 활동에 대한 기록이지만, 1942년에 오면 그의 활동을 적대시하는 기록들이 나타나고 그를 공산주의자로 보고 감시하는 것으로 바뀐다. 이는 조사자료 중에 들어 있는 1930년대 스페인 내란에 참여했을 무렵의 헤밍웨이의 활동에 대한 조사자료의 대부분이 '공산당과 관련되었다'고 기록된 것과 관련되었다.

그러나 『FBI 파일』은 1943년의 『누구를 위하여 종은 울리나』가 나왔을 때 하바나의 공산당 기관지가 헤밍웨이를 배신자라고 비난한 것을 기록한 뒤 헤밍웨이에 대한 기록을 이후 1954년까지 10년간 중단한다. 그 이유는 FBI가 헤밍웨이를 더 이상 공산주의자로 보지 않았기 때문이다.

1950년에 시작된 매카시즘에 의해 헤밍웨이의 친구인 사진가 로버트 카파(Robert Kappa, 1913~1954)를 비롯해 많은 사람들이 희생된 반면 헤밍웨이가 그런 희생을 면한 이유는 그가 쿠바 등 외국에 나가 있었던 탓으로 생각된다. 그가 다시 FBI의 주목을 받은 것은 1959년 카스트로(Fidel Castro, 1926~2016)가 쿠바를 장악한 뒤 카스트로를 지지하고 심지어 미국인이 아니라 쿠바인이라고 자처했던 탓이다.

헤밍웨이는 카스트로 혁명을 "매우 순수하고 아름다운" 것이라고 찬양하고 스페인 시민전쟁에서 이루지 못한 혁명의 꿈을 이룬 것이라고도 했다. 한편 카스트로는 게릴라 전술을 구사할 때 언제나 헤밍웨이의 『누구를 위하여 좋은 울리나』를 들고 있었다고 하는 것도 유명한 이야기다. 헤밍웨이가 스페인과 쿠바를 특히 좋아한 이유는 두 나라 모두 혁명의 열기로 가득 찬 나라들이었기 때문이다. 그렇다고 하여 헤밍웨이를 공산주의자라고 규정할 수는 없다.

아나키스트 헤밍웨이

나는 오웰을 이미 아나키스트라고 말한 적이 있다. 그리고 지금 헤밍웨이도 아나키스트라고 말하고 있으므로 사실 나에게는 두 사람 모두 아나키스트이다. 그러니 오웰과 헤밍웨이를 반대로 보는 조갑제와 달리 나는 두 사람을 같은 성향으로 본다. 나아가 조갑제와 달리 두 사람 모두 진실을 추구한 위대한 작가로 본다. 이렇게 보는 것은 조갑제가 두 사람을 스페인 시민전쟁과 관련하여 보는 것과 달리 나는 두 사람의 삶과 작품 전반을 살피기 때문이다.

머리말에서 헤밍웨이를 아나키스트로 보는 견해는 극히 드물다고 했다. 그러나 전혀 없는 것은 아니다. 가령 머리말에서 인용한 알렌 조셉스(Allen Josephs, 1942~)가 그렇게 보았다. 그는 1994년에 쓴 『누구를 위하여 좋은 울리나, 헤밍웨이의 미지의 나라For Whom the Bell Tolls, Ernest Hemingway's Undiscovered Country』에서 헤밍웨이를 '예술적 아나키스트'라고 불렀다. 대통령 암살 등의 사례로 인해 아나키스트가 공산주의자 이상으로 문제가 되는 미국에서 가능한 한 오해를 피하기 위해 '아나키스트' 앞에 '예술적'이라는 수식을 붙인 것으로 생각되지만, 나는 그럴 필요가 없다고 본다. 군이 필요하다면 나처럼 '집시' 아나키스트라고 함이 적절하다. 물론 아나키스트를 유형화하는 것 중에 그런 것은 없다.

아나키스트란 한국에서 테러리스트로 오해되기도 하지만, 이는 일제 강점기에 아나키스트들이 일제권력자 등을 암살한 역사와 그 점을 특히 부각시킨 몇몇의 영화 등으로 인해 잘못 부각된 이미지에서 비롯된 것이다. 한국이나 일본에서와 마찬가지로 19세기 러시아 등의 전제국가는 물론 서구에서도 아나키스트들은 부당한 권력자에 대한 테러를 감행했고, 1930년대의 스페인 시민전쟁에서도 아나키스트들은 총을 들고 싸웠지만 그것만이 아나키스트의 전부가 아니다.

도리어 아나키즘은 기본적으로 비폭력주의자들이다. 그 대표로 톨스토이나 간디를 들 수 있다. 그들은 부당한 침략전쟁에 대한 저항까지 부정한 것은 아니었지만 기본적으로는 모든 전쟁에 반대했다. 따라서 침략전쟁을 찬양하는 전쟁주의자나 전쟁예찬론자나 군대를 찬양하는 군사주의자와는 분명히 선을 긋는다. 나아가 국가권력을 비롯한 모든 권력에 대한 긍정에서 비롯되는 국가주의나 권력주의에도 분명히 반대한다. 그런 의미에서 아나키스트는 반권력주의자이고 반전체주의자, 즉 반파시스트이다. 『누구를 위하여 종은 울리나』에서도 주인공 로버트 조던(Robert Jordan)은 다음과 같은 마리아(Maria)의 말에 대해 자신은 반파시스트라고 한다. "이 분은 공산주의자예요. 공산주의자들은 모두가 아주 진지한 사람들이에요." "아뇨, 난 반파시스트입니다."(누구1, 131)

궁극적으로 아나키스트는 국가가 없어지기를 희망하지만 국가가 없어지기는커녕 더욱더 기승을 부리고 있는 현실에서 국가를 도외시한다는 것은 망상에 가깝다. 따라서 아나키스트들은 가능한 한 국가권력의 횡포를 줄이기 위해 국가를 철저히 감시하고 가능한 모든 힘으로 국가에 저항해야 한다. 특히 부당한 권력, 전체주의 파시즘 권력에 대해서는 철저히 저항해야 한다. 1930년대 스페인 시민전쟁은 민주공화정부를 쿠데타로 전복하고자 한 프랑코 파시즘에 대항한 전쟁이었다. 미국인인 헤밍웨이나 영국인인 오웰은 물론, 프랑스인 말로(André Georges Malraux, 1901~1976) 등 많은 외국인들이 아나키스트로서 그 전쟁에 참여했다. 그 누구도 공산주의자로 참여한 것이 아니었다.

오웰이나 말로는 스페인 시민전쟁 후 각자 자기 조국으로 돌아갔지만 헤밍웨이는 미국이 아니라 쿠바로 갔고 만년에 쿠바에서 터진 카스트로 혁명을 지지하기도 했다. 그러나 그것은 그가 공산주의자여서가 아니라 부당한 독재 권력에 대항해 싸운 혁명군에 대한 지지였다. 헤밍웨이가 공산주의자였다면 지난 100여 년 남짓 우리나라를 비롯한 여러 반공의 나라에서 널리 읽혔을 리가 없다. 특히 미국에서 아직까지 국민작가의 대접을 받을 리가 없다.

아나키즘까지 포함하는 광범위한 의미의 사회주의라는 말을 헤밍웨이나 오웰 그리고 말로 등에게 부여하는 것에 대해 나는 반대하지 않지만 한국에서는 특별한 의미로 사용되기도 하는 공산주의라는 말을 사용할 때에는 주의할 필요가 있다. 사실 헤밍웨이도 평생 미국 CIA 등으로부터 그런 혐의에 시달렸다.

헤밍웨이의 삶과 글을 새롭게 조명하다

헤밍웨이 평전 중 가장 권위 있는 책으로 인정받아온 것은 카를로스 베이커(Carlos Baker)의 『어니스트 헤밍웨이: 삶의 이야기*Ernest Hemingway: A Life Story*』이다. 이 책은 반세기 전의 1969년에 나온 것이지만 헤밍웨이 문학에 대한 최고의 권위자가 프린스턴대학 교수 시절에 쓴 것으로 여전히 널리 읽히고 있다. 이 책은 한국에서도 1976년에 정봉화에 의해 번역되었지만 생략된 부분(주로 정치적인 부분)이 너무 많고 지금은 절판되어 도서관에서나 찾아볼 수 있다. 따라서 생략된 부분을 인용하는 경우에는 원저에 따르기로 한다.*

베이커의 책은 헤밍웨이가 태어난 지 7주도 안 되어 북쪽 산림지대 호반의 별장 건설 예정지로 가는 장면으로 시작한다. 그 묘사에서 인상적인 것은 부근에 사는 오타와 인디언들이 사는 귀틀집, 그곳에 사는 인디언 중에서 싸움꾼인 혼혈인 톱질꾼 닉 볼턴인데 그들의 이야기는 그대로 헤밍웨이 초기 작품에 등장한다. 이처럼 헤밍웨이의 삶은 그대로 그의 작품이 된다.

우리말로 번역된 헤밍웨이 전기로는 A. E. 호체너(Aron Edward Hotchner,

■   *   머리말에서도 지적했듯이 1980년 존에프케네디 도서관에서 헤밍웨이에 대한 새로운 자료가 공개되면서 그것에 근거한 새로운 전기들이 쏟아져 나왔다. 사실 미국 헤밍웨이학회는 그 자료 공개 이후 협동연구가 필요하여 만들어졌다. 새로운 전기 중에서 특히 주목되는 것은 마이클 레이놀즈에 의한 다음 5권의 전기이다. 레이놀즈는 베이커가 회피한 '문학적 전기', 즉 '시대의 정치적 및 지적 환경에서 작가 헤밍웨이가 어떻게 예술적으로 성장했는가'에 주안점을 두었다.   Michael Reynolds, *The Young Hemingway*, Blackwell, 1986. Michael Reynolds, *Hemingway: The Paris Years*, Blackwell, 1989. Michael Reynolds, *Hemingway: The American Homecoming*, Blackwell, 1992. Michael Reynolds, Hemingway: The 1930s, Blackwell, 1996. Michael Reynolds, *Hemingway: The Final Years*, Norton, 1999.

1920~)가 쓴 『헤밍웨이의 생애*Papa Hemingway: A Personal Memoir*』(1966)도 있지만 이는 전기라기보다 저자의 회상기이고 그 내용은 헤밍웨이 연구의 새로운 권위자인 필립 영(Phillip Young, 1918~) 등에 의해 비판을 받은 만큼 문제가 많은 책이다. 특히 1960년대에 헤밍웨이가 전화 도청을 당하고 있고 식당에서 식사를 할 때도 FBI의 감시를 받고 있다고 말한 것을 호체너가 망상이라고 회상한 것이 마치 사실인 양 베이커를 비롯한 수많은 헤밍웨이 연구자들에 의해 답습된 것이 문제였다. 왜냐하면 뒤에 그것이 망상이 아니라 사실로 밝혀졌고, 그 사실은 헤밍웨이를 자살로 몰아간 중요한 계기였음이 밝혀졌기 때문이다.

새로운 헤밍웨이 전기로 특히 주목되는 책은 케네스 린(Kenneth S. Lynn, 1923~2001)이 1987년에 낸 700쪽이 넘는 방대한 『헤밍웨이*Hemingway*』이다. 특히 어린 시절에 대해 대담한 심리적 분석을 가한 초반의 100여 쪽에서 그는 헤밍웨이가 어린 시절 여장을 했던 사실에 주목한다. 그에 의하면 1920년 크리스마스 때, 3세의 헤밍웨이는 다음과 같이 말했다. "나는 누나와 같은 옷을 입었기 때문에, 내가 남자라는 걸 산타 할아버지가 모를까 정말 걱정이야."(Lynn, 45)

헤밍웨이는 1년 반 위인 누나와 똑같이 레이스로 장식한 여자아이 옷을 입고, 같은 모자를 쓰고 같은 스타킹을 신었다. 한 방에서 하얀 쌍둥이용 침대에서 자고, 똑같이 생긴 인형을 가지고 놀고, 똑같이 생긴 그릇에 밥을 먹고, 같이 바느질을 배웠고, 같은 학년에 입학해 학교를 같이 다녔다.

헤밍웨이가 어린 시절 여장을 했다는 사실은 이미 그 전부터 널리 알려진 사실이었지만, 헤밍웨이가 그것으로 인해 불안감에 젖어 그의 지병인 불면증을 낳았을 뿐 아니라, 종래의 해석처럼 헤밍웨이가 남성성이 특히 발달한 것은 어린 시절에 심어진 양성구유(androgyny)*라는 성적 취향이 평생에 걸쳐 그를 지배했기 때문이라고 본 점에서 린의 분석은 특이했다.

이러한 양성구유라는 점을 헤밍웨이의 삶만이 아니라 문학의 본질로 분석한 것은 스필카(Mark Spilka, 1925~2001)였다. 그에 의하면 헤밍웨이는 그런 양성구유로 인해 '남자다운' 스포츠나 '남자다운' 작품을 추구하여 자신의 여성적인 면을 극복하고자 노력했으나(Spilka, 3), 만년에 와서는 『에덴동산』의 여주인공 캐서린이 남편인 데이빗에게 성의 역할 교환을 적극적으로 집요하게 추구했다는 점에서 보듯이 여성적인 면이 다시 나타났다. 그리고 이는 『무기여 잘 있어라』에서 캐서린이 프레데릭과 정신적 및 육체적 일체감을 추구하는 것에서 이미 나타났다고 스필카는 보았다.

이러한 스필카의 분석 이후 헤밍웨이의 삶과 작품을 페미니즘과 젠더론의 차원에서 보는 여러 가지 논의가 제기되었다. 특히 종래 백인 여성을 이상형으로 보았다는 주장과 달리, 헤밍웨이가 원시적인 피부색을 가진 흑인 여성을 좋아했고, 투우사 등과의 동성애, 성역할 교환, 타인종과의 혼교 등에 관심을 가졌지만, 헤밍웨이는 그런 성의 다양성을 죄라고

---

* 그리스어 남성(andros)과 여성(gyne)을 결합한 용어로 남성적이라 불리는 특성과 여성적이라 불리는 특성을 한 개인이 지니고 있는 상태를 가리킨다.

보았고 그런 성향의 여성을 '미쳤다'고 했다고 보는 견해도 나왔다. 게다가 이러한 견해를 비판하고 헤밍웨이의 동성애적 경향을 더욱 적극적으로 해석하는 견해도 나왔다.**

헤밍웨이의 이러한 동성애적 측면을 더욱 강조하는 사람은 미국의 저명한 동성애 작가였던 트루먼 카포티(Truman Capote, 1924~1984)였다. 그는 1968년, 헤밍웨이를 "마음이 따뜻하고 용기 있는 인물로 행동한", "가장 위대한 늙은 크로제트 퀸"(Capote, 166)이라고 불렀다. 크로제트란 은폐된 동성애를 뜻하는 말이고, 퀸이란 동성애자를 혐오하는 말이다. 그러나 헤밍웨이는 그 삶이나 소설에서 동성애를 혐오했다고 보는 것이 대체적인 경향이다. 이에 대해서는 뒤에서 헤밍웨이의 작품을 분석하면서 다시 검토하겠다.

마찬가지로 헤밍웨이 소설에 나타나는 흑인 등 비백인에 대한 묘사는 백인 중심의 미국인이라는 이미지를 형성하고 강조하는 기능을 했다는 토니 모리슨(Toni Morrison, 1931~)의 비판은 여전히 유효하다. 특히 『가진 자와 못 가진 자To Have and To Have Not』에 나오는 흑인 웨슬리의 인종적 열등성은 백인 해리의 남성성과 권위를 강조하고, 『에덴동산』의 '검은 것과 욕망, 검은 것과 무분별, 검은 것과 사악함'***이라는 연상은 백인의 성적 관능을 제고하는 것이라는 모리슨의 비판은 정확하다. 그러나 이와 동시

■ * Nancy R. Comley and Robert Scholes, *Hemingway's Genders : Rereading the Hemingway's Text,* Yale University, 1994, p.59.
** Debra A. Modelmog, *Reading Desire: In Pursuit of Earnest Hemingway,* Cornell University Press, 1999.
*** Toni Morrison, *Playing in the Dark: Whiteness and Literary Imagination,* Harvard University Press, 1992, p.87.

에 같은 흑인 작가인 랠프 엘리슨(Ralph Ellison, 1914~1994)의 헤밍웨이 찬양도 고려할 필요가 있다. 그는 『그림자와 행위Shadow and Act』에서 다음과 같이 썼다.

> 나에게 라이트보다 헤밍웨이가 더 중요했단 까닭을 아직도 묻는가? (중략) 그 까닭은 내가 사랑하는 이 지상의 사물들에 대하여 라이트는 너무 쫓기거나 불우하거나 경험이 부족해서 알지 못했던 반면, 헤밍웨이는 그 진가를 알고 있었기 때문이다. 이를 테면 날씨, 총, 개, 말, 사랑과 증오, 그리고 용감하고 성실한 자가 성공적으로 이롭게 바꾸어놓은 힘든 상황들 말이다. 그리고 헤밍웨이는 이상 생활의 여러 절차와 기술들을 지극히 정확하게 묘사했다. 1937년 불경기 때 나와 동생은 사격에 대한 그의 설명 덕택에 연명할 수 있었다. 또한 그는 정치와 예술의 차이를 이해했으며, 작가에게 있어 그 둘의 진정한 관계가 어떤 것인지를 잘 알고 있었다. 그리고─이 점은 매우 중요하다─ 그가 썼던 모든 글 속에는 비극을 넘어선 어떤 정심이 깃들어 있다. 나에게 그 정신은 매우 편안한 느낌을 주는데, 그것은 미국인이 표현할 수 있는 비극의 정신을 가장 잘 보여주었던 블루스의 느낌과 아주 비슷하기 때문이다.(여명, 22)

위 글에서 라이트는 『토박이』를 쓴 미국 흑인 작가 리처드 라이트(Richard Wright, 1908~1960)를 말한다.

나의 헤밍웨이

내가 독서에 눈을 뜬 중고교 시절인 1960년대 후반에 헤밍웨이는 가장 인기 있는 소설가였다. 그 무렵 허름한 극장에서 록 허드슨이 나오는 〈무기여 잘 있어라〉와 게리 쿠퍼가 나오는 〈누구를 위하여 종은 울리나〉, 그리고 그레고리 펙이 나오는 〈킬리만자로의 눈〉을 보고 소설들도 읽었던 것 같다. 고서점에서 그 원서들을 구해 열심히 사전을 찾아가며 힘겹게 읽었던 추억도 있다.

『무기여 잘 있어라』는 군대에 가기 전에 열심히 읽은 소설이기도 했다. 내가 군대를 갔던 1970년대에도 양심적 병역 거부자가 있었고, 나 자신 군대에 가기 싫었으면서도 그런 종교적 신념까지는 갖지 못한 채, 법에서 정한 면제 사유도 없이 내 나이의 사람들이 대부분 가는 군대에 가지 않는다는 것은 도덕적으로 옳지 못하다고 생각했다. 주변에는 이런저런 거짓 사유로 병역을 면제받는 친구들이 많았지만 나는 그럴 수 없었다. 그래서 당시 읽은 어윈 쇼의 『젊은 사자들』이 더 가깝게 느껴졌다. 그 영화에 나온 여리고 어리석은 군인 몽고메리 클리프트는 오랫동안 나의 친구였다. 뒤에 헤밍웨이는 그 작품을 좋아하지 않았음을 알고 실망했지만.

내가 오랫동안 반전(反戰) 소설로 기억한 헤밍웨이의 『누구를 위하여 종은 울리나』를 다시 꺼내어 읽으려고 책을 폈다가 깜짝 놀랐다. 그 처음에 나오는 해설 첫 문장에서 헤밍웨이가 "백팔십도로 전환하여 휴머니즘을 위한 전쟁의 의의를 인정"했다고 했기 때문이다. 1969년에 나온 번역서의 해설이기는 하지만, 『무기여 잘 있어라』에서는 부정하던 전쟁을 『누구를 위하여 종은 울리나』에서는 긍정하게 되었다고 본 것이다.

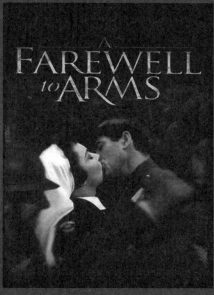

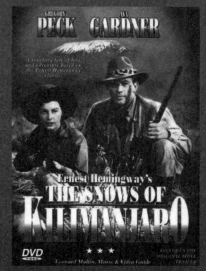

헤밍웨이의 작품은 영화로 제작된 것이 많다. 왼쪽 위부터 시계방향으로 〈누구를 위하여 종은 울리나〉, 〈무기여 잘 있어라〉, 〈킬리만자로의 눈〉의 포스터이다(네이버 영화).

그는 『누구를 위하여 종은 울리나』를 집필하던 1939년 이반 카쉬킨에게 보내는 편지에서 다음과 같이 썼다.

> 저는 전쟁에 관한 소설들을 통해 전쟁의 모든 단면을 보여주려고 했습니다. (중략) 우리는 전쟁이 나쁘다는 것을 압니다. 때로는 싸워야 할 경우도 있지만 그래도 전쟁은 나쁜 것이며, 그렇지 않다고 말하는 사람이 있다면 거짓말을 하는 것입니다.(*Letters*, 480)

그러나 헤밍웨이는 모든 전쟁을 증오했다. "나는 모든 전쟁을 증오한다"고 〈플레이보이*Playboy*〉 1961년 1월호 인터뷰에서도 분명히 말했다. 이러한 입장은 그가 제2차 세계대전 이후부터 확고하게 견지한 것이었다. 가령 1946년에 벤 레이번(Ben Raeburn)이 편집하여 출간한 『자유세계를 위한 보물*Treasury for the Free World*』의 서문에서는 다음과 같이 말했다.

> 아무리 불가피하여도, 아무리 정당화할 수 있다 하더라도 절대로 전쟁이 범죄가 아니라고 착각하지 마십시오. 보병들과 망자들에게 물어보십시오.(저널, 178)

그리고 세계대전이 끝난 지금, 그의 관심은 참화의 계기가 된 패자가 아니라 승자의 행동에 있었다. 승자 쪽이야말로 인류 전반의 평화 공존의 길을 찾을 의무가 있다고 생각했기 때문이다. 서문에서 강력하게 전해지는 것은 그가 과거보다도 전쟁이 없는 세계를 구축하기 위한 방안, 나아가 인류의 미래에 관심을 기울였다는 점이다. 그런 의미에서 그가 뒤이어 창조한 『노인과 바다』의 주인공인 늙은 어부 산티아고는 인간이 궁극적으로 가져야 할 자세, 즉 인류가 결코 버려서는 안 되는 존엄성을 가진 인간으로서 그가 미래에 전망한 이상적 인간상이라고 할 수 있다.

그리고 그 스스로 〈에스콰이어*Esquire*〉 1935년 9월에서 다음과 같이 썼다.

> 전쟁이라는 이름의 살육을 막는 방법은 단 하나다. 전쟁을 만드는 지저분한 수법들, 전쟁을 기다리는 더러운 자들과 범죄자들, 이들의 어리석은 전쟁 운영 방식을 공개함으로써 선량한 사람들이 속아 넘어가지 않게 하는 것이다. 사기꾼을 의심하듯 전쟁 선동가를 의심해야 한다. 그들의 말에 속아 전쟁터에 끌려가는 노예가 되기를 거부해야 한다.(저널, 190)

뒤에서 보듯이 『무기여 잘 있어라』에서도 등장인물을 통하여 그렇게 말하게 하는 헤밍웨이는 무엇보다도 전쟁에 반대한 아나키스트였다. 전쟁에 반대하는 아나키스트이면서 왜 전쟁에 참여하는가라고 묻는 것은 어리석은 짓이다. 전쟁은 부당한 것이기 때문에 반대하지만, 법이 정한 바에 따라 전쟁에 참여할 수밖에 없는 경우 참여하는 것은 어쩔 수 없다.

위 글을 썼을 때는 아직 스페인 내란도, 제2차 세계대전도 터지기 전이었지만, 헤밍웨이는 전쟁이 터질 것을 예감하고 있었다. 그에 의하면 제1차 세계대전, 즉 "군수품 공장이 풀가동하던 지난 전쟁에서 그들은 많은 돈을 벌었다. 전쟁의 도움 없이 재산을 늘릴 수만 있다면 그들도 굳이 전쟁을 시작하려 하지 않는다." 그러니 전쟁은 돈벌이를 하려는 자들이 벌이는 짓이다.

전쟁이 시작되면 우리는 돈을 벌 것이다. 아마 그럴 것이다. 물론 돈 한 푼 만
지지 못할 가능성도 있다. 정부가 돈을 다 가져가버리는 경우이다. 최근 분
석에 따르면 그게 전쟁을 통한 돈벌이의 전형적인 모습이다. 복지수당을 받
던 빈곤층 청년들은 전쟁이라는 소득 없는 일터로 끌려갈 것이고, 그날부
터 노예 신세가 된다.(저널, 179)

그리고 라디오를 비롯한 선전매체들이 전쟁을 선전하고, 국민의 대표
인 의회가 아닌 대통령이 전쟁을 결정할 것이다.

권력이 국민의 손에서 행정부로 옮겨가면 정부를 제어할 유일한 기능이 상
실되는 셈이다. 일부 개인이나 특정 집단의 사람들은 전쟁터에 나가기를 거
부하거나 복무를 면제받는 특권을 누리기도 한다. 이들에게는 미국뿐만 아
니라 다른 어떤 나라도 전쟁으로 몰아넣을 수 있는 어떠한 권한을 부여해
서는 안 된다. 권한을 부여하는 과정이 아무리 점진적이고 체계적이라 해도
말이다.(저널, 180)

헤밍웨이는 정치꾼을 싫어했다. 좌파든 우파든 간에 그들을 '일이 아
니라 정치로 먹고 사는', '정치 놈팡이'라고 부르고 그들에게 기관총을
겨누겠다고 했다. 이런 말을 포함한 다음 글은 그가 폴 로메인에게 보낸
편지에 나오는 말이다.

좌파네 뭐네 하는 것들이 매우 결정적 의미를 지니고 있을 거라는 당신의

희망사항에 대해 말하자면 내게는 그런 것들이 귀신 씨나락 까먹는 얘기들이라는 겁니다. 저는 정치나 문학, 종교 등에서 유행을 따르지 않습니다. 동료 작가들의 작품이 왼쪽으로 쏠리면 다음번엔 오른쪽으로 쏠릴 거라는데 약간의 돈을 걸 수도 있어요. 그리고 일부 노란 놈들은 언제나 그렇듯이 왼편, 오른편으로 흔들릴 겁니다. 글을 쓰는 데에 우익이니 좌익이니 하는 건 없습니다. 오로지 좋은 글과 나쁜 글만 있을 뿐이지요.(글쓰기, 89)

그는 『무기여 잘 있어라』 등에서도 그런 자들이 전쟁을 일으킨다고 비판했다. 그런 비판은 『누구를 위하여 종은 울리나』에도 그대로 이어진다. 따라서 헤밍웨이는 그 소설에서 전쟁을 긍정한 것이 아니다. 그가 표현하고자 한 것은 전쟁이라는 극단적으로 비인간적인 상황에서도 자신의 신념을 지키기 위해 스스로 죽어가는 인간의 위대함이다. 즉 헤밍웨이는 인간성을 찬양한 것이지 전쟁을 찬양한 것이 아니다. 전쟁이란, 어떤 전쟁도, 긍정될 수 없다. 그러니 헤밍웨이가 그 소설을 계기로 비관적 세계관에서 낙관적 세계관으로 바뀌었다는 식의 관점도 부당하다. 개인주의에서 공동체주의로 바뀌었다는 식의 이야기도 마찬가지로 부당하다. 개인들의 연대를 강조한다고 해서 개인주의를 버리고 공동체주의로 바뀌었다고 할 수 없다. 헤밍웨이는 죽을 때까지 개인을 존중한 개인주의자였다. 흔히 공동체주의의 표현이라고 오해되는 『노인과 바다』도 한 개인의 이야기이지 집단의 이야기가 아니다.

헤밍웨이가 싫어질 때

이 서설을 헤밍웨이 찬양으로 마치기 전에 내가 헤밍웨이를 좋아만 한 것이 아니라, 사실은 오랫동안 싫어했다는 고백을 하는 것이 헤밍웨이가 말하는 정직한 글쓰기일 것이다. 사실 어려서나 젊어서 좋아했다가 나이가 들어 싫어진 작가나 화가, 또는 그 반대로 싫어했다가 좋아진 경우는 많다. 헤밍웨이도 군에서 제대한 뒤 오랫동안 싫어했다. 그러다가 마흔이 넘어 시골에 들어오면서 다시 그의 작품을 읽기 시작했고 5년 전에는 쿠바로 그의 집을 찾아가기도 했다.

그런데 쿠바 아바나에서 찾은 헤밍웨이의 옛집은 너무나도 거대해 놀랐고, 끝없이 이어지는 거대한 판자촌에 이런 대궐 같은 집을 짓고 살았던 그를 과연 어떻게 생각해야 할지 당황스러웠다. 그가 그 집을 샀던 1940년대에는 판자촌이 아니라 황야였을지도 모른다고 생각하며 마음을 달래기도 했지만, 귀국 후 찾아본 문헌에는 건축 당시에도 주위는 빈민들의 판자촌이었음을 알게 되었다. 가령 1940년대 말에 호체너는 다음과 같이 썼다.

어니스트의 '핑카 비히아'(Finca Vigia, '농장 망루'라는 뜻)가 있는 샌프란시스코 데 파울라라는 조그만 도시는 그야말로 빈곤에 시달린 판잣집 집단을 이루고 있었다. 그러나 헤밍웨이의 소유지는 울타리에 둘러싸인 13에이커의 꽃밭, 5~6마리의 소가 있는 방목지, 과수원, 그리고 이젠 쓸모가 없게 된 테니스 코트에 큼직한 수영장, 약간 부서지긴 했으나 제법 품위가 있고 나지막한 석회암으로 만들어진 정자가 있었다. 정문에서 어니스트의 이른바

'매력적인 폐허'인 안채까지의 긴 언덕길에는 19종의 망고가 욱어져 있었다.
(호체너, 17~18)

13에이커라면 약 54,000평으로 한 마지기 200평의 논이 270마지기인 규모이니 웬만한 시골마을 전체의 규모이다. 호체너는 그 집에서 일하는 사람들이 10명이었다고도 했다. 하인, 운전사, 정원사, 대장간 일꾼, 하녀, 투계일 보는 사람 등이었다. 아바나 집만이 아니다. 그가 태어난 생가부터 죽을 때까지 살았던 집은 모두 엄청나게 거대한 저택들이다. 그 크기와 화려함에 나는 질렸다.

어느 집에나 있는 잡다한 기념품들, 특히 아바나의 집 침실에 있는 세 개의 거대한 코뿔소 뿔을 위시한 사냥 기념품들에도 나는 질렸다. "그 크기 때문에 의미가 있는 게 아니라, 오지에서 그걸 얻느라 역경을 겪긴 했지만 결국 모든 게 잘 끝나서 의미가 있는 것"으로 헤밍웨이는 "저걸 보면 기분이 좋아집니다"(말, 26~27)라고 했다지만 나는 기분이 나빴다.

아바나의 집 거실에는 큼직한 '파파의 의자'도 있다. 그에 관한 책을 보면 사람들이 그를 '파파'로 부르는 것이 일반적이다. 헤밍웨이는 오스카 와일드(Oscar Wilde, 1854~1900)의 희곡 『어니스트 놀이』 *The Importance of Being Earnest*(1895)와 관련시켜 그의 어니스트라는 이름을 싫어했다. '진지하다'는 뜻을 갖는 그 이름이 상상력이 없고 무표정하며 부르주아적이라는 이유에서였다. 그래서 여러 가지 별명을 지었는데 마지막으로 가장 일반적으로 불린 것이 '파파'라는 가부장적이고 부르주아적인 것이었다. 나는 아직도 그런 면모의 가부장적 헤밍웨이가 싫다.

내가 헤밍웨이를 싫어하는 또 다른 측면은 그가 세 아내와 이혼한 사유가 모두 '처자 불법유기'(desertion)였다고 하는 점이다. 즉 그는 합의로 이혼한 것이 아니라 이혼을 당했다. 나는 그가 네 번이나 결혼하고 그 밖에도 많은 여성들과 관계를 맺은 점을 비난하는 것이 아니라, 앞의 세 아내를 모두 불법으로 유기했다는 이유에서 재판상 이혼을 당할 만큼 성실하지 못했다는 점을 비난하는 것이다. 그런 헤밍웨이의 결혼생활에 대해서는 이미 많은 자료에서 다루었기 때문에 이 책에서는 가능한 한 간단하게 작품과 관련되는 한에서만 언급하겠다. 이 장의 맨 앞에서 언급한 조갑제가 헤밍웨이를 비난하면서 그런 개인사를 언급하지 않은 것은 다행이지만, 그가 스승으로 삼은 폴 존슨은 그 문제를 엄청나게 지적했다. 이는 존슨이 영국 유대인이기 때문일 것 같은데, 그가 프랑스인이었다면 그렇게까지 남의 프라이버시에 관심을 가지진 않았을 것이다.

헤밍웨이의 알코올 사랑에 대해서도 마찬가지 이야기가 가능할 터다. 여러 여성을 사랑한 것이나 알코올을 중독 수준까지 마신 것은 그가 그 정도로 시대와 세상에 절망한 탓이라고 볼 수도 있을지 모른다. 그는 『킬리만자로의 눈』 등에서 그런 자신을 책망하기도 했는데, 그것은 이제는 늙어서 더 이상 사랑도 알코올도 그의 절망을 달래기에는 불가능해진 탓인지도 모른다.

헤밍웨이의 투우 사랑에 대해서도 나는 취미활동의 차원에서라도 전혀 공감하지 못한다. 2004년 4월부터 바르셀로나에서는 투우가 금지되었다. 그러나 헤밍웨이가 투우를 단순한 취미나 스포츠가 아니라 모든 절차는 우아하게, 보기에는 손쉽게, 항상 위엄이 있게 행해져야 하는 것이어야 했다는 점은 그를 위한 변명으로 적어둘 필요가 있다.

나는 그의 사냥이나 낚시 취미에 대해서도 호감을 갖지 못한다. 나 자신 그런 것을 해본 적이 없음은 물론이고 그런 것을 하는 사람들을 이해하려고 해보지도 않는다. 그가 사냥이나 낚시를 취미활동이나 스포츠로 즐긴 것이 아니라 생존 본능의 차원에서 이해했다고 보는 견해도 있지만 그가 먹고살기 위해 사냥이나 낚시를 했다는 것은 어불성설이다. 물론 『노인과 바다』에서 가난한 노인 어부의 낚시는 먹고살기 위한 본능의 행위였다고 할 수 있지만, 헤밍웨이 자신이 그러했다고는 도저히 볼 수 없다. 따라서 『킬리만자로의 눈』 등에 나오는 사냥 행위를 본능이라는 이유로 납득할 수는 없다.

생태주의적 입장에서의 동물보호는 모든 사냥은 물론 낚시에 대해서도 지극히 제한적인 경우만을 인정할 수밖에 없다. 투우나 서커스 등에 동물을 사용하는 것은 당연히 무조건 금지되어야 한다. 식용을 위한 동물도축에 대해서도 엄격한 규제가 필요하다. 그런 기준에서 본다면 사냥과 낚시를 극단적으로 즐긴 사나이 마초 헤밍웨이에 대한 숭배는 당연히 없어져야 한다.

그에 대한 이야기를 비난조로 끝내기 전에 그의 모든 집에는 거대한 장서가 있어서 그가 대단한 독서인이었음에 항상 감탄했다는 점도 덧붙여야 하겠다. 물론 그 대부분은 기증받은 책이었지만.

헤밍웨이의 글은 삶 자체다

30년 전쯤 내가 스페인을 처음 찾으면서 헤밍웨이의 『누구를 위하여 종은 울리나』를 들고 갔듯이 쿠바에 처음 갈 때엔 『노인과 바다』를 들고 갔다. 그리고 스페인 북부 산악에서 그 종소리를 들었듯이 아바나 동쪽 11킬로미터 떨어진 코히마르(Cojimar) 바다에서 노인들을 만났다. 그 노인들은 소설에 나오는 노인과 똑같았다. 내가 태어난 1952년에 나온 그 소설의 노인은 그 뒤 60년이 지나도 변함이 없었다. 그래서 반가웠다는 것이 아니다. 그 60년 이상 사회주의를 했다는 쿠바에서 노인은 전혀 변하지 않았기에 도리어 실망했다. 그들은 여전히 가난에 찌들었고 슬퍼만 보였다. 그가 탄 배의 돛이 상징하는 영원한 패배를 보았다.

나는 쿠바에 가기 전 대단한 희망을 가지고 갔다. 그 전에 오랫동안 쿠바의 도시유기농을 비롯한 생태도시와 시골, 음악과 미술 등 예술로 흘러넘치는 거리, 그리고 완전한 교육과 의료 등을 찬양하는 국내외의 여러 문헌을 모조리 읽은 나는 그 현장을 내 눈으로 목격하려고 갔다. 그러나 내가 본 것은 그 반대였다. 아바나를 일주일 동안 헤매어도 유기농장은 없었고 병원과 약국은 물론 상점은 텅 비었으며 엄청난 돈을 내지 않는 한 노래 한 곡 들을 수 없었다. 오염으로 눈과 코가 시리는 거리는 총을 들고 눈을 번득이는 군인들로 가득 차 있었고 학교는 북한을 연상시킬 정도로 제복과 구호로 넘쳐났다. 강변은 오물로 뒤덮였고 썩은 동물의 시체로 악취가 풍겼다. 누구나 들고 다니는 비닐봉지에는 비밀리에 유통되는 상한 고기 덩어리가 들어 있었다.

『노인과 바다』의 먼 바다 코히마르에서 그래도 아직 남은 작은 돌과 해

초들을 노인과 함께 주웠을 뿐이다. 노인은 단 한마디만 했다. 자기 집을 사라고. 엄청 싸다고. 그래서 내가 물었다. 어디로 가려고 하시느냐고. 노인은 답하지 않았다. 어쩌면 내 말을 알아듣지 못한 탓인지도 모른다. 깡마른 그의 곁에 붙어 있는, 소설에 나오는 소년이 나의 카메라에 눈독을 들였다. 내가 사진을 계속 찍어야 하기 때문에 줄 수 없다고 하니 마을로 돌아가 형인 듯이 보이는 청년을 데리고 왔다. 청년은 어색한 영어로 자기에게 노트북을 달라고 했다. 그런 소년과 청년을 노인은 물끄러미 쳐다만 보았다. 마치 사회주의가 막 무너진 1980년대 말의 폐허와 같았던 구동독과 소련 그리고 중국을 보는 듯했다. 그때도 무엇보다도 충격이었던 것은 끔찍한 공해였다. 사회주의는 공해였다. 사회주의는 좌절이었다. 사회주의는 실패였다. 사회주의는 독재였다. 사회주의는 전체주의였다. 사회주의는 빈곤의 평등, 공해의 평등, 절망의 평등이었다. 그래도 그 뒤 구동독과 소련은 변했지만 60년 동안 카스트로의 독재가 지배한 쿠바는 북한처럼 변하지 않았다.

『노인과 바다』도 빈곤의 소설이다. 1952년까지 십여 년의 쿠바 생활에서 그가 본 쿠바는 가난이었다. 당시에도 쿠바는 사회주의 나라였다. 공산당이 지지한 바티스타 독재정권이 부활한 1952년에 그 소설이 나왔다. 흔히들 헤밍웨이가 쿠바를 너무 좋아해서 마지막 생애 20여 년을 그곳에서 살았다고 하지만, 그가 좋아한 쿠바는 사회주의 쿠바가 아니라 억압과 가난 속에서도 품위를 잃지 않고 살아가는 사람들이었다. 영원한 패배 속에서 살아가지만 언제나 우아함을 잃지 않는 인민이었다. 헤밍웨이는 그들 인민이 자유롭고 자치하며 자연 속에서 살아가기를 바랐다. 그래서 『노인과 바다』를 썼다.

그것은 그가 스페인에서 희망하며 싸웠던 아나키즘의 꿈이었다. 아니 그 전에 19세의 나이에 총을 들고 뛰어든 제1차 세계대전의 이탈리아에서 만난 인민들을 통해 처음으로 꾸었던 인민의 꿈이었다. 아니 열 살쯤, 처음으로 보았던 인디언 마을에서 보았던 꿈이었다. 『노인과 바다』에서 노인이 꾸던 아프리카의 사자 꿈이었다. 그래서 『노인과 바다』를 낸 다음 해인 1953년에 두 번째의 아프리카 사파리를 떠났는지도 모른다. 킬리만자로를 보려고 떠났는지도 모른다. 그의 소설은 그의 삶이고 그의 꿈이다. 그의 글은 그의 삶 자체다. 글과 삶이 이처럼 합치되고 통일되는 작가는 다시없다.

2장

20세기 초,
『우리 시대에』의 반문명과
자유

동물, 인디언, 헤밍웨이

하치슨의 회상에 의하면 1949년 헤밍웨이는 뉴욕에서 서커스단을 찾아가 동물과 대화했다.

우리 가까이에 다가가서 짤막하고 단속적(斷續的)인 카덴차로 고릴라에게 말을 걸면, 똑똑히 알아들으려는 고릴라의 표정이 매우 진지하여 감동적이었다. 고릴라는 당근 접시를 머리 위에 올려놓더니 안타까운 소리를 지르기 시작했다. 사육 담당자의 말로는 틀림없는 애정의 표현이라는 것이었다. (중략) 어니스트가 난간 쪽으로 몸을 내밀고는 부드럽고 음악적인 목소리로 고릴라에게 말을 걸 때와는 전혀 다른 목소리로 곰에게 말을 걸자 그때까지 어슬렁거리던 곰이 걸음을 멈추었다. 어니스트는 말을 계속했다. 그 말은, 아니, 소리에 가까운 그 말은 내가 전혀 들어보지 못한 것이었다. 곰은 약간 물러서더니 으르렁거리다가 이윽고 털썩 주저앉고는 어니스트를 똑바로 쳐다보면서 한참이나 콧소리를 내며 끙끙거렸다. (중략) "인디언의 울음소리라

네." 어니스트가 말했다. "나는 어느 정도 인디언으로 통한다네. 곰은 나를 좋아하는 걸세. 언제나 그렇지."(호체너, 30~31)

헤밍웨이는 도시 생활, 특히 영화나 연극, 오페라나 발레 관람 등을 싫어했다. 쇼핑도 너무나 싫어했다. 어쩌다 상점에 가면 "카운터나 점원을 보기만 해도 땀에 흠뻑 젖거나 맨 처음에 보여주는 것을 당장에 사든가, 아니면 상품을 선반에서 내려놓으려 하기도 전에 뒤도 안 돌아보고 뺑소니를 쳤다."(호체너, 32) 그의 옷차림은 거의 정해져 있었고 구두는 한 켤레였고 내의는 없었다.

그는 독서광이자 미술광이었다. 호체너에 의하면 그는 미술관을 성당 들어서듯이 입장하여 특별한 그림만 보았다. 때로는 한 장의 그림만을 오랫동안 보고 나가버렸다. 고야(Francisco José de Goya y Lucientes, 1746~1828)가 그린 〈카를로스 4세의 가족〉을 보고 한 말을 들어보자.

속이 메스꺼워질 것 같은 걸작이 아닌가? 이 그림에 그려진 모두의 얼굴에 침을 뱉고 그린 것을 보게나. 바로 이런 천재성을 지녔기에 이 그림의 주문에 응하고 또 왕도 기쁘게 해준 걸세. 왕은 멍텅구리였기 때문에 고야가 그를 짓밟기 위해 온 세계에 구경거리로 삼은 걸 알아차리지 못했던 걸세. 이런 짓을 상상이나 할 수 있겠나? 고야는 스로의 고호네스(용기)와 무브먼트(움직임)를 믿고 있으며 모든 걸 경험하고 느낀다네. 만약 엄정한 중립으로 있기를 원한다면 고야를 볼 수가 없을 걸세.(호체너, 184)

〈카를로스 4세의 가족〉(1800년)

나는 그 그림에 대해 헤밍웨이만큼 정확하게 이야기한 사람은 없었다고 본다. 한편 헤밍웨이는 특히 세잔(Paul Cezanne, 1839~1906)을 좋아했고 그의 그림만큼 훌륭한 작품을 쓰는 것이 평생의 소원이라고 했다. 노벨문학상을 받은 작가가 한 말이었다. 세잔의 영향에 대해서는 뒤에서 상세히 설명하겠다.

그때 그 시절

헤밍웨이가 〈에스콰이어〉지 1935년 10월에 쓴 「마에스트로*에게 보내는 독백: 바다 편지_Monologue to the Maestro: A High Seas Letter_」에는 다음과 같은 대화가 나온다.

> 마이스: 좋은 작가가 되기 위해 어릴 때 어떤 훈련을 받으면 좋을까요?
> 헤밍웨이: 불행한 어린 시절.(저널, 251)

어린 시절을 불행하게 보내야 좋은 작가가 될 수 있다는 뜻이지만, 모든 훌륭한 작가가 반드시 그런 경험을 한 것은 아니고, 헤밍웨이 자신도 과연 그러했는지 의문이다. 어린 시절 그가 불행했기 때문에 훌륭한 작가가 되었다고 보는 견해가 있으나 나로서는 도저히 이해할 수 없다. 적

■ * '마에스트로'란 헤밍웨이가 아니라 대화 상대방인 마이스를 뜻한다. 헤밍웨이가 그를 마에스트로라고 부른 것은 그가 바이올린을 켰기 때문이고, 마이스는 그 준말이었다.(저널, 243) 마이스의 본명은 아널드 새뮤얼슨(Arnold Samuelson)으로 그는 키웨스트와 아바나에서 헤밍웨이에게 1년간 작가수업을 받았고 후에 이것을 『헤밍웨의 작가수업』으로 남겼다.

어도 경제적으로 그는 유복한 가정 출신이었고, 사회적으로도 의사 아버지와 성악가 어머니 사이에서 태어났기 때문이다.

헤밍웨이는 1899년 7월 21일, 일리노이 주 오크파크에서 태어났다. 오크파크는 시카고 도심에서 차를 타고 서북쪽으로 한 시간 정도 걸리는 거리에 있다. 인구 5만 명 정도의 소도시로 헤밍웨이의 고향이라는 것 외에는 특별한 점이 없다. 그래도 있다고 하면 미국의 중부 지방 소도시답게 지극히 보수적인 곳이라는 점이다. 그래서 지금처럼 당시에도 공화당의 텃밭이었다. 헤밍웨이의 가계도 전통적으로 공화당원이었다.

그러나 헤밍웨이가 어렸을 때 미국의 다른 곳에서처럼 그곳에도 사회주의가 상당 정도 대두했다. 가령 1904년 선거 여론 조사에서 사회주의자들이 많은 것을 우려하여 공화당 측에서 그곳 신문에 사회주의자를 경계하라고 경고했을 정도다.(Young, 192~193) 이는 20세기 초엽, 특히 1900년에서 1914년까지의 미국이 지금의 미국과는 전혀 다르게 사회주의가 용솟음친 나라였기 때문에 생겨난 전국적인 현상이었다.

지금 우리로서는 이해하기 힘들지 모르지만, 1901년 미국에서 사회당(The Socialist Party of America, 약칭은 SPA 또는 SP)이 설립되었다. 이는 미국

■   *   일리노이는 선사시대 아메리카 인디언들의 고향이었다. 이곳엔 몇 천 개의 흙무더기들이 아직도 남아 있다. 카호키아 근처의 흙무더기 덩어리들은 미국에서 가장 큰 선사적 토공사인 멍크스 흙무더기를 포함한다. 알곤킨계인 그곳 인디언들은 일리노이 동맹을 결성했으나, 1680년 이로쿼이 어족의 공격으로 수많은 사상자들을 냈다. 이 지역에 대한 서양인의 침략은 1673년에 시작되었다. 최초의 그들은 프랑스인들로 1675년, 현재의 오타와 대지 근처에 있는 카스카스키아 인디언 마을에 선교 단체를 설립하고, 1699년, 프랑스의 성직자들이 카호키아에 모피 교역지를 창립하였는데 그것이 일리노이 지방의 첫 영구 정착지였다. 1717년, 일리노이는 프랑스의 루이지애나 식민지의 일부가 되었으나, 1763년에는 오랜 전쟁 뒤에 영국이 그곳을 차지했다. 5대호 지방의 인디언들은 영국의 통치에 대항하며 반란을 일으켰으나 실패했다. 이어 1787년, 영국인들에 의해 개신교 교회가 세워졌다.

생후 5개월의 헤밍웨이(1900)

사회민주당(Social Democratic Party)과 사회주의 노동당(Socialist Labor Party)이 합당되어 창당된 것이니 그 전사(前史)는 더욱 오래된 것이었다. 사회당은 1972년 12월 31일 해산되었으니 무려 71년이나 유지된 셈이다. 그 마지막은 초라했으나 여하튼 1960년대까지 미국에도 사회당이 존재한 것은 사실이다.

그 마지막과 달리 처음은 요란스러웠다. 20세기 초엽 사회당은 그야말로 급속히 성장했기 때문이다. 1900년 선거에서 사회당 지지자는 10만 명 정도였으나 1912년의 선거에서는 사회당 후보인 유진 데브스(Eugene Debs, 1855~1926)가 100만 표를 확보할 정도로 급성장했다.˙ 데브스는 노동조합 운동가로 다섯 차례나 사회당의 대통령 후보로 출마하여 오늘날까지도 가장 저명한 미국 사회주의자 중 하나로 꼽힌다.

그는 1918년의 제1차 세계대전 참전을 반대하는 연설을 했다가 체포되어 소요죄법 위반을 이유로 10년형을 선고받았으나, 1921년 사면을 받고 석방되기까지 3년을 감옥에서 살면서 1920년에 마지막으로 대통령 선거에 출마했다. 헤밍웨이의 친구인 존 도스 파소스(John Dos Pasos)는 대표작인 『U.S.A.』 3부작 중 첫 작품인 『위도 42도선_42nd Parallel_』(1930)에서 작업장 민주주의의 모델을 제시한 워블리 숍(Wobbly Shop)으로 유명한 세계산업노동자연맹(Industrial Workers of the World, 약칭은 IWW 또는 Wobblies)과 협력하여 사람들의 행동을 돕는 데브스를 묘사했다.

사회당은 당원이 10만 명에 이르기도 했고 340개 지방자치체에

■ * 앨런 브링클리, 황혜성, 조지형, 이영효, 손세호, 김연진, 김덕, 김연진 옮김, 『있는 그대로의 미국사2:하나의 미국-남북전쟁에서 20세기 초까지』, 후마니스트, 2005.

1,200명의 공직자를 배출하기도 했다. 사회당의 중요 신문인 〈이성에의 호소*Appeal to Reason*〉의 독자는 50만 명*에 이르렀고, 전국에 여러 사회당 신문이 있어서 그 독자 수는 모두 100만 명이 넘었다.(진1, 589) 헤밍웨이와 그 주변 사람들도 데브스와 사회당을 몰랐을 리 없었을 테지만, 대체로 그에 대해 부정적인 입장이었으리라고 짐작된다.

그러나 문학 소년이었던 헤밍웨이는 1906년 2월 출간 즉시 베스트셀러가 되고 미국 사회를 충격으로 몰아넣은 업톤 싱클레어(Upton Sinclair, 1878~1968)의 『정글*Jungle*』을 알았을 수 있다. 리투아니아 출신 이주노동자 유르기스 루드쿠스(Jurgis Rudklus)가 아메리칸 드림을 꿈꾸며 미국으로 건너와 열악한 육가공 노동현장에서 착취당하다가 사회주의자로 깨어나는 과정을 그린 이 소설은 출간 4개월 만에 식품의약품위생법과 육류검역법을 제정하고 이어 유명한 미국식품의약국(FDA)을 설립하게 만들었다.**

같은 해 잭 런던(Jack London, 1876~1916)은 『강철군화*The Iron Heel*』를 발표했다. 노동자 정권이 자본가의 무력에 의해 붕괴되는 과정을 묘사한 이 소설은 그 뒤 파시즘이라는 형태로 실현되어 세상을 놀라게 했고, 조지 오웰의 『1984』에도 직접적인 영향을 미쳤다. 또 오웰의 『파리와 런던의 밑바닥 생활』이나 『위건 부두로 가는 길』에 영향을 끼친 런던의 『밑바닥 사람들*People of the Abyss*』은 『정글』을 낳은 책이기도 했다.

싱클레어나 런던 같은 사람들을 추문폭로자(Muckraker)라고 했는데, 그

■　*　촘스키는 정기구독자가 75만 명이라고 했다. 촘스키, 『세상의 물음에 답하다』, 2권, 휴머니스트, 2005, 501쪽.
　　**　이 소설의 번역본은 1979년 채광석의 번역에 의해 광민사에서 나왔으나 오랫동안 절판되었다가 2009에 다시 페이퍼로드에서 나왔다.

런 사람들만이 그 시대에 비판적이었던 것은 아니다. 유럽에서 정치와 무관하게 살았던 헨리 제임스(Henry James, 1843~1916)는 1904년 미국을 "돈을 향한 열정이라는 온갖 종류의 독성 식물이 무성한 거대한 라파치니의 정원"이라고 비판했다.(진1, 552재인용) 그러나 헤밍웨이 집안은 이런 비판적인 분위기와는 달랐을 것으로 짐작된다.

헤밍웨이의 고향은 보수적인 오크파크

대도시인 시카고 교외였던 오크파크는 문화적으로 황무지는 아니었다. 오크파크는 '프랭크 로이드 라이트 홈 & 스튜디오(Frank Lloyd Wright Home and Studio)'가 있는 것으로도 유명하다. 라이트(Frank Lincoln Wright, 1867~1959)가 처음 건축계에 입문해 1899년부터 20년 동안 살면서 작업했던 세계적인 명소로 그의 주거 공간 옆에 있는 작업실에는 원본 설계도와 드로잉이 전시되어 있어서 나에게는 헤밍웨이 생가보다도 더 흥미로웠다.

라이트는 유기적인 건축을 창시한 사람으로 자연에 영감을 받은 그의 건축물은 자연광을 최대한 활용하는 설계를 기본으로 한다. 공예 유리(스테인드글라스), 패브릭으로 된 벽, 등 높은 의자, 그리고 다락 대신 높은 천장을 이용한 라이트가 오크파크에 왔을 때 헤밍웨이가 태어나 그 후 20년 동안 두 사람은 오크파크에 살았지만 서로 알지는 못한 듯하다. 라이트와 비슷한 연령이었던 헤밍웨이의 아버지와도 교류가 없었다.

앞에서 언급한 호체너의 회상록은 그가 1948년, 〈코스모폴리탄*Cosmopolitan*〉

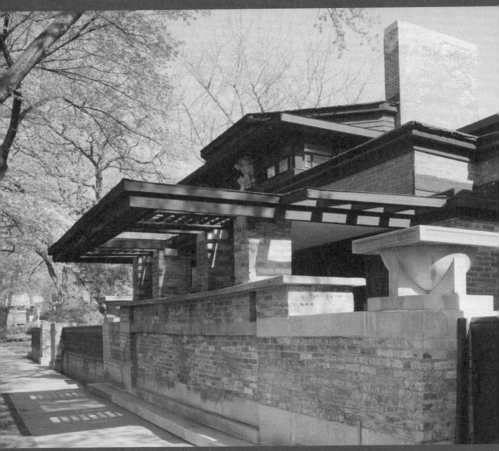
프랭크 로이드 라이트 홈 & 스튜디오 입구

이라는 잡지의 특집인 「모든 분야의 미래」를 썼던 일로 시작하는데, 그 내용은 산업(자동차)의 헨리 포드 2세, 문학의 헤밍웨이, 미술의 피카소와 함께 건축의 라이트를 다룬 것이었다. 그만큼 라이트의 명성은 높았다. 최근에는 르코르뷔지에(Le Corbusier, 1887~1965) 등에 밀려 라이트의 명성이 낮아졌지만 20세기 중반에는 오크파크 출신의 헤밍웨이와 라이트가 피카소와 함께 세계의 3대 예술가들이었다. 나처럼 르코르뷔지에보다도 라이트를 더 좋아하는 사람들에게 오크파크는 헤밍웨이 고향이자 라이트의 제2 고향으로 언제나 반갑게 방문할 수 있는 곳이다.

그러나 헤밍웨이가 보수적인 오크파크를 고향으로 생각했을지는 의문이다. 도리어 미시간 북부, 특히 그곳 인디언 마을이 그에게는 잃어버린 낙원이자 고향이었다. 그래서 성장하여 전쟁과 세파에 시달렸을 때 그는 그곳을 찾아와 마음의 위로를 받곤 했다. 그리고 그곳 자연이 폐허가 되자 그는 키웨스트와 쿠바와 아프리카에서 유토피아를 찾았다.

헤밍웨이, 자연아로 성장하다

헤밍웨이의 시대는 26대 미국 대통령 시어도어 루스벨트(Theodore Roosevelt, 1858~1919)가 영웅으로 받들어진 시대였다. 헤밍웨이가 태어나기 한 해 전인 1898년, 스페인 전쟁의 영웅으로 의용 기마대를 이끌고 용감하게 적진에 돌진해 쿠바에서 벌어진 상후안 고지 전투를 승리로 이끌어 미국의 영웅이 된 그는 전쟁이 끝나고 2년 뒤 미국 부통령이 되었고, 이어 1900년 대통령인 맥킨리가 암살당하자 대통령으로 취임했다. 그는 '심신을 단련

하고 정력적으로 살아간다'는 의미의 'strenuous life'라는 행동규범을 언론을 통해 선전하여 거대한 시대조류를 형성해 청년들의 마음을 움직였다.

루스벨트는 전쟁광이었다. 1897년에 친구에게 보낸 편지에서 "나는 거의 어떤 전쟁이든 환영하는 것이 마땅하다"고 썼다. "이 나라에는 전쟁이 필요하기 때문"이라고 했다.(진1, 507) 또 대학의 강연에서 "모든 위대하고 주인다운 민족은 호전적인 민족이었습니다"라고 외치기도 했고, 특히 열등한 인종과 민족을 경멸했다.(진1, 512) 당시의 대표적인 반제국주의자였던 철학자 윌리엄 제임스(William James, 1842~1910)는 루스벨트를 다음과 같이 비판했다.

> 전쟁이 남자다운 불굴성을 담고 있다는 이유로 전쟁을 인간사회의 이상적인 상황으로 과장되게 이야기하며, 평화는 어슴푸레한 황혼이 깃드는 곳에서 숭고한 삶과는 무관하게 살아가는 약골 보따리장수에게나 적합한 것으로, 눈물로 퉁퉁 부어오른 수치스러운 상황으로 간주한다.(진1, 513)

지식인 군인이었던 루스벨트는 정치가, 기병대장, 사냥꾼, 세계여행가, 탐험가, 동식물학자, 등산가, 체육인, 대중문학가 등 그야말로 팔방미인이었다. 헤밍웨이처럼 약한 시력을 가진 병치레 아이가 이룬 그 위대한 성취는 마찬가지로 시력이 낮고 발육이 늦었던 헤밍웨이를 비롯한 당시의 모든 미국인에게 롤 모델이었다. 헤밍웨이의 아버지도 예외가 아니었다. 그런 심취에서 헤밍웨이는 제1차 세계대전에 참가했지만, 전쟁은 그의 모든 환상을 깨트렸다.

혜밍웨이의 아버지는 산부인과 의사로 낚시 및 사냥, 권투 등을 즐기고 청교도적인 윤리관을 가진 보수적인 사람이었으나 유약하여 평생 우울증에 시달렸다. 반면 성악가 출신인 어머니는 양성애자로 여성 제자를 사랑했고 대가 센 편이었다. 여섯 남매 중 장남이었던 혜밍웨이는 어머니가 아버지의 남성성을 빼앗았다고 믿었고, 독실한 기독교도이면서도 양성애자인 어머니를 싫어해 자신의 자녀들이 할머니를 만나지 못하게 했다. 그의 나이 29살이었던 1928년 아버지가 권총으로 자살한 것도 어머니 탓이라고 생각해 어머니 면전에서는 물론 타인들 앞에서도 그녀를 증오한다고 노골적으로 말했다. 우리 기준으로 본다면 참으로 인간 말종이라 할 만하다. 더욱이 장남이 어머니를 싫어한다니. 게다가 노골적으로 욕을 한다니 불효 중에 불효가 아닐 수 없다. 여하튼 "혜밍웨이 가족은 바람직한 가족의 모델이자 아메리칸 드림의 살아 있는 화신처럼 보였으나, 그 겉모습은 순전히 사기였다."(도널드슨, 23)

유치원에 들어갈 때까지 어머니의 강요로 여장을 하고, 여장한 상태에서 지인들을 만나는 일을 경험한 탓에 어머니와 평생 사이가 나빴다고 보는 견해도 있지만, 당시 어린 남자아이에게 여장을 하는 것은 일반적인 관행이었고(도널드슨, 25), 여장은 혜밍웨이에게 어머니에 대한 혐오 이상으로 그의 성적 정체성에 영향을 미쳤음은 앞에서 보았다. 게다가 어머니는 혜밍웨이에게 음악을 강요했다.

어머니는 음악광으로 중도에서 뜻을 꺾은 가수였는데 내 오만 달러'의 방에서 매주 콘서트를 열었다네. 내가 초등학교에 들어갈 무렵 내게는 재능이 전혀 없어 멜로디 하나 알아듣지 못했는데도 억지로 첼로 연습을 시키지 뭔가. 1년가량 학교에도 보내지 않고 첼로에만 전념토록 한 걸세. 내가 밖에 나가 맑은 공기 아래에서 풋볼을 하려고 하면 나를 책상에 밧줄로 묶어 두었다네.(호체너, 113)

헤밍웨이는 강인한 남자의 표본인 아버지 쪽을 그대로 빼닮았고 어머니보다 아버지를 좋아했다. 그러나 종래 헤밍웨이가 아버지를 롤 모델로 삼았다느니 하면서 아버지를 철저히 따랐다고 보는 식의 통설은 수정되어야 한다. 사춘기를 지나면서 그는 아버지 역시 비판의 대상으로 삼았기 때문이다. 이는 뒤에서 보는 그의 초기 소설에 나타나는 아버지에 대한 묘사를 통해 충분히 알 수 있다.

그럼에도 아버지가 가르쳐준 자연 사랑은 그의 평생을 지배한 점에서 강조될 필요가 있다. 베이커가 쓴 헤밍웨이 평전에는 헤밍웨이가 유치원에 들어갔을 때 "그의 아버지가 조직한 자연 연구 단체인 아가시 협회의 지방 지부에도 가입하였다"(베이커, 12)는 설명이 나오는데, 그 이상의 설명이 없어서 아가시 협회가 무엇이고, 네 살 먹은 유치원생이 그 협회에 들어갔다는 것이 도대체 무슨 이야기인지 궁금하지 않을 수 없다. 게다가 600쪽이 넘는 소수만의 『어니스트 헤밍웨이』를 비롯하여 우리가 접

■　*　오만 달러란 아버지의 유산이었는데 그것을 어머니가 사용했다.

할 수 있는 헤밍웨이 문헌에도 그런 이야기가 전혀 없다.

아가시 협회는 스위스 태생의 미국 지질학자이자 동식물학자인 루이 아가시(Louis Agassiz, 1807~1873)의 가르침을 따라 설립된 자연 연구 단체다. 19세기 말에서 20세기 초에 걸쳐 유럽과 미국을 풍미한 자연 회귀 운동 중에서 가장 적극적이었던 아가시 협회는 무엇보다도 자연과 직접 접촉하는 것을 강조했다. 결혼 전부터 그 협회에 가입하여 적극적으로 활동한 헤밍웨이의 아버지는 어린 헤밍웨이에게도 자신이 채집한 곤충과 식물, 그리고 해초, 참게, 조개 등을 현미경으로 관찰하게 했다. 그런 생활이 16세의 그에게 다음과 같이 쓰게 했다.

> 나는 마지막 남은 세 변경 지역인 중남 아프리카, 남미, 캐나마 동북부의 허드슨 만 주변과 북부 지역을 개척하고 탐험하는 일을 하고 싶다. (중략) 나는 소양과 자립심을 길러주는 데 도움이 되는 봄철 도보여행, 여름철 농장일, 또는 숲속 일을 통해 내가 습득한 산 교육이 장차 내가 추구하고자 하는 일에 더 없이 소중하다고 믿는다.(Young, 29)

아버지를 싫어하게 된 뒤에도 자연 사랑은 변하지 않았다. 자연관찰과 함께 헤밍웨이가 아버지에게 배운 사냥윤리도 그의 평생을 지배했다. 즉 자신과 가족이 음식으로 먹을 수 있는 한도 이상을 사냥해서는 안 되고, 사냥한 것은 반드시 먹어야 하며, 사냥감은 깨끗하게 즉시에 죽여야 한다는 것이다.

냉정한 의사이기도 했던 아버지는 헤밍웨이에게 신빙성이 없는 것에

현혹되지 말라고 가르쳤다. 이는 헤밍웨이가 진실하지 못한 작가들의 글을 속임수로 비난하고 자신은 진실만을 쓴다고 할 때의 태도였다. 이는 그가 소로(Henry David Thoreau, 1817~1862)를 훌륭한 naturalist writer라고 말한 것과도 통했다. 이를 보통 '자연주의자 작가'라고 번역하지만 '자연과학자 작가'라고도 볼 수 있다.

대학 진학을 거부한 헤밍웨이

헤밍웨이는 14세인 1913년, 누나 마셀린(Marcelline)과 함께 오크파크의 고등학교(Oak Park and River Forest High School)에 입학하여 4년을 다녔다. 베이커가 쓴 평전에서 볼 수 있는 그 시절의 사건 중 하나는 생물 수업 시간에 메뚜기의 해부에 관한 6쪽의 논문을 써서 90점을 받았다는 것이다.(베이커, 22) 이는 앞에서 말한 아가시가 자연공부의 소재로 특히 메뚜기를 이용한 것과 관련되는데, 헤밍웨이는 메뚜기들이 화재로 검게 변한 것을 안타까워한 경험을 뒤에 「심장이 두 개인 강」 1부에서 다음과 같이 썼다.

> 메뚜기는 검은 놈이었다. (중략) 그는 그것들이 불타 버린 들판에서 살다 보니 그렇게 검어진 것이라는 사실을 깨달았다. 화재는 분명히 작년에 일어났건만 메뚜기는 아직도 온통 까만색이었다. 그렇다면 앞으로도 얼마나 오랫동안 이런 상태가 남아 있을까. (중략) "자, 가라, 메뚜기야." 닉이 처음으로 크게 소리를 내어 말했다. "어디로든 날아가려무나."(단편2, 25~26)

고등학교에서 그는 풋볼 선수이면서도 시와 단편소설을 쓰기 시작했다. 특히 「노동자*The Worker*」라는 초기 시작품을 고향에서 18세의 학생으로써서 고교 문예 계간지인 〈태뷸러*Tabula*〉에 발표할 정도로 진보적인 생각을 갖기도 했다.

헤밍웨이가 다닌 고등학교는 소위 명문으로서 졸업생 중 3분의 2가 대학에 진학할 정도였다. 그의 아버지는 장남인 헤밍웨이가 자기처럼 오하이오 주의 오벌린대학교(Oberlin College)에서 의학을 공부하기 바랐으나 헤밍웨이는 고교 졸업 후 대학에 진학하지 않았다. 미국에서 최초로 남녀공학제를 채택했고 흑인에 대한 차별도 철폐한 혁신 대학으로 유명한 그 대학을 싫어한 탓이거나 공부에 문제가 있어서가 아니라 부모로부터 하루빨리 떠나고 싶어서였다.

이처럼 대학을 다니지 않은 점은 그의 삶을 특징짓는 것이 되었다. 그것을 후회한 적도 있었지만 도리어 대학이 상징하는 지적인 것을 싫어하게 만들었다. 이는 마찬가지로 대학을 다니지 않았지만 지적인 것을 좋아한 윌리엄 포크너(William Faulkner, 1897~1962)와 구별되는 점이었다. 헤밍웨이는 대학이 현실을 차단하여 지식을 증진시키기는커녕 도리어 제한한다고 비판했다. 특히 문학을 연구하고 비평하는 교수들을 글을 쓸 줄모르는 자들이라고 비난하고 적대시했다.

대학에 가는 대신 헤밍웨이는 캔자스시티에서 발행되는 〈캔자스시티스타*Kansas City Star*〉지 기자가 되었다. 그 신문은 미국에서 몇 손가락 안에드는 저명한 신문이었다. 그곳에서 7개월밖에 근무하지 않았지만 그는그곳에서 글 쓰는 법을 배웠다. 그곳에서는 객관성과 간결성 그리고 명

월룬 호수에서 낚시를 하고 있는 헤밍웨이

확성을 중시했다. 즉 짧은 단문, 특히 첫 한 절을 짧게 쓰고, 묘사나 수식을 가능한 한 피하고 간단명료하게 쓰고, 부정형을 피하고 긍정형을 쓴다는 것이었다. 특히 명사와 동사만 정확하면 독자는 감정적으로 적절한 반응을 보인다고 했다. 그 규칙의 몇 가지를 읽어보자.

> 규칙 1 : 짧은 문장을 사용하라. 첫 문장은 짧게 하라. 활기찬 영어를 사용하라. 유창한 문장 다듬기를 잊지 마라. 소극적이지 않고 적극적이어라.(Baker, 34)
>
> 규칙 3 : 낡은 속어를 사용하지 마라. (중략) 속어를 즐겁게 만들려면 신선해야 한다.
>
> 규칙 21 : 형용사, 특히 과도한 형용사는 사용하지 마라.

이는 에머슨이나 호돈과 같은 전통적인 하버드 출신 작가들의 수식적이고 학술적이며 점잔을 빼는 문체를 배격한 것이었다. 이미 마크 트웨인(Mark Twain, 1835~1910)이나 스티븐 크레인(Stephen Crane, 1871~1900) 같은 신문기자 출신 작가들이 있었고, 일상적인 구어체 문장을 구사한 그들은 헤밍웨이에게 직업적인 영향을 주었다. 이는 과도하게 수사를 사용하여 독자들에게 본질에 대한 접근을 어렵게 하는 포크너 같은 작가들과 헤밍웨이가 구별되는 점이기도 했다.

〈파리 리뷰*Paris Review*〉 1958년 봄 호에 실린 조지 플림프턴(George Plimpton, 1927~2003)과의 인터뷰에서 헤밍웨이는 다음과 같이 말했다.

〈스타〉지에서는 간결한 서술문을 쓰는 법을 배워야 했죠. 그건 누구에게나 쓸모 있어요. 신문사 일은 젊은 작가에게 해로울 것 없고, 제때 그만두기만 한다면 도움이 될 겁니다.(말, 37)

「인디언 캠프」

헤밍웨이의 아버지는 헤밍웨이가 태어났을 때 미시간 주 북부에 별장을 세우고자 했고, 그곳에 인디언 마을이 있었다는 이야기를 앞에서 했다. 그들의 윈드미어 별장(Windmere Cottage)은 미시간 호수(Lake Michigan) 오른쪽의 월룬 호수(Walloon Lake) 부근에 있었다. 헤밍웨이 가족은 매년 여름을 그곳에서 보냈다. 헤밍웨이는 1921년까지 그곳에서 지냈다. 그곳에서의 체험을 쓴 소설이 몇 편 있다.

헤밍웨이가 쓴 초기 단편 「인디언 캠프_Indian Camp_」가 그 대표작이다. 보통 '인디언 마을'이니 '인디언 부락'이니 '인디언 오두막' 등으로 번역되지만 일시적인 거류지라는 의미에서 「인디언 캠프」라는 번역이 더 적합해 보인다. 이 소설에서 장소를 알려주는 것은 세인트 이그너스(St. Ignace)라는 지명인데 그곳은 미시간 호수와 휴런 호수 사이에 있는 작은 도시이다.(단편1, 12) 그 부근에는 오지브웨이(Ojibway) 인디언 캠프가 있다. 오지브웨이족은 북미 인디언 중 최대 규모로 북다코다 주까지 거주했다.

실제로 헤밍웨이는 1909년, 그의 나이 열 살 때 아버지를 따라 그곳을 찾은 적이 있었다. 이는 그의 소설에 나타난 최초의 기억이다. 아마도 그의 어린 시절 추억 중에서 가장 최초의, 그리고 가장 강력한 추억이었으리라.

소설의 내용은 주인공 닉(Nick)이 의사 아버지를 따라 삼촌과 함께 보트를 타고 호수를 건너 인디언 캠프를 찾아가 인디언 산모의 출산을 돕는다는 것이다. 산모가 너무 고통스러워하기에 닉은 아버지에게 비명을 멈추게 해달라고 간청하지만 아버지는 마취제를 가져 오지 않아 그렇게 해줄 수 없다고 답한다. 아버지가 '동물과 같은 인디언 산모에게는 백인에게나 필요한 마취가 필요 없다'고 생각한 탓이리라.

잭나이프로 제왕절개 수술을 하고, 고통을 이기지 못한 산모가 그녀를 잡은 삼촌의 팔을 물자 "이 빌어먹을 인디언 계집이!"라고 욕을 하여도, 그를 보고 인디언이 씩 웃을 뿐이고, 이어 역시 마취 없이 명주 낚싯줄로 상처를 꿰매는 것도, 게다가 아내의 고통에 견딜 수 없어 자살하는 인디언 남편에 대한 표현도 마찬가지로 인디언에 대한 극단의 차별을 보여준다.(단편1, 10~12)

소설은 그런 비통한 이야기 끝에 닉이 '자기는 결코 죽지 않을 거라고 확신했다'는 문장으로 끝난다. 열 살의 아이가 그런 확신을 어느 정도로 할 수 있는지는 알 수 없지만, 이런 문장 하나로 이 소설이 죽음을 극복하는 소설이라는 식으로 해석되는 데엔 문제가 있다. 내가 보기에 이 소설은 인디언의 비참한 삶과 죽음, 그리고 인디언을 철저히 무시하는 백인에 대한 고발이다. 게다가 그 고발의 대상은 자신의 아버지와 삼촌이다. 헤밍웨이는 인디언을 같은 인간으로 대우하지 않는 비인간적인 백인으로 그의 아버지와 삼촌을 고발한 것이다. 그리고 그런 감정이 생긴 것은 열 살 전후였다.

열 살 전후의 헤밍웨이가 그런 감정을 느꼈다고 해서 이상할 것이 없다. 그런 상황에서 분노하지 않는 아이가 도리어 이상한 것이다. 효도를 숭상하는 우리에게 이상하게 보일지 모르지만 이는 정상적인 반응이다. 나에게도 그 비슷한 경험이 있다. 나는 우리의 아이들이 어린 시절부터 부모나 기성세대의 잘못된 사고나 행동을 비판할 줄 알아야 한다고 생각한다. 그래야만 뒤에 올바른 인간이자 시민으로 성숙할 수 있다.

헤밍웨이는 그런 류의 단편 15편을 모아 『우리 시대에*In Our Time*』라는 제목을 달았다. 그 단편집의 첫 작품으로 「인디언 캠프」를 실은 이유는 인디언의 비참함이 자기 시대에 가장 큰 문제라고 생각한 탓이 아니었을까? 이는 그 소설을 쓴 1924년의 미국인에게 인디언 문제는 차별 문제로 거의 의식되지도 않은 문제였으니 헤밍웨이가 얼마나 선구적인 양심적 작가인지를 보여준다고 할 수 있다.

인디언의 역사에 대한 매우 간략한 소개

인디언의 역사는 다룰 게 많지만 여기서는 최대한 간단히 소개하도록 한다. 미국 정부는 2010년에 미국 초기 정부가 선주민을 탄압하고 강제 이주 시킨 점을 사과했다. 이는 호주가 2007년에 선주민에 사과한 것보다 3년이나 늦은 것이다. 내용은 과거 미국 정부에 의한 폭력, 탄압, 강제 이주로 점철된 역사를 사죄하고 선주민 자치구가 빈곤과 질병, 법의 보호로부터 방치된 마약과 폭력 등의 문제를 바로잡고 선주민 부족들이 자체적으로 범죄와 싸울 수 있는 권한을 확대한다는 것이었다.

그러나 인디언 탄압은 1492년 10월 12일, 크리스토프 콜럼버스(Christophe

Columbus, 1451~1506)의 상륙부터 시작된다. 당시 북아메리카는 "적어도 5만 년 동안 줄곧 이 대륙을 차지해온 토착 원주민들은 총 인구 약 1,500만에 달했고, 인구 4만의 카호키아(오늘날의 일리노이 주 소재)의 도심지 같은 대도시들, 고도로 성장한 건축·토목의 개념, 현대 생태과학에 맞먹는 지식에 구현된 영적 전통, 약물학과 전인의학에 관한 높은 지식 그리고 매우 정교한 정치·교역 및 외교 체제 등을 실현"(처칠, 34)하고 있었다.

그러나 콜럼버스는 인디언들을 황금 채집을 위해 노예로 만들었고, 인디언들의 인구는 기아와 역병 속에서 격감했다. 에스파뇰라 섬(지금의 도미니카공화국과 아이티)에 살던 800만 명의 토착 타이노족 인디언의 경우 '콜럼버스와의 만남' 이후 "노예제도와 방자한 살육정책은 '구세계'에 병원균의 도입과 결합되어"(처칠, 34) 1496년 300만으로 감소했고, 6년 후에는 다시 10만 미만으로, 1542년에는 스페인 인구조사에서 200명으로, 그 후 '멸종'이 '선포'됐다.

인디언 '절멸' 과정에는 1763년 영국군 제프리 암허스트 경의 명령서에서 확인되듯 "천연두 병균에 오염된 담요 등, 이들 형편없는 종족을 절멸시킬 온갖 수단을 동원"(처칠, 35~36)했으며, '고전적 사례'로 꼽히는 1637년 영국군에 의한 피쿼드 마을 남녀노소 800명을 도끼와 칼로 난도질한 학살 등이 포함된다.

미국의 건국 이전부터 조지 워싱턴은 인디언 민족 말살 정책을 추진했고, 그때부터 인디언을 보호구역(Reservation)에 들어가도록 강요했고, 이는 1890년에 미국의 변방이 '소멸'할 때까지 지속되었다. 그 사이에 1830년대 체로키족의 1,500마일 강제이주, 이른바 '눈물의 행로(trail of tears)'로 체로

AGE 82 ELIZABETH (BROWN) STEPHENS TAKEN 1903

1838년 집행된 '눈물의 행로'를 지나온 체로키족의 여인 엘리자베스 '벳시' 브라운 스테판스(1903)

키족 절반 이상의 죽음 등 상상하기조차 힘들 정도로 잔인한 살육의 역사가 이어졌다.

선주민 보호구역은 미국 전역에 310개소이며, 보호구역 면적은 한반도 면적보다 넓은 225,410평방킬로미터이다. 명목상 1인당 미국 내 최대 토지소유자들이지만 가장 가난하고 가장 실업률이 높으며, 급여수준과 교육수준이 가장 낮다. 1980년 보호구역에 사는 토착민 남성 평균 기대 수명은 44.6세, 여성은 이보다 3년쯤 더 길다.

현재 미국 내에는 202종의 원주민 종족이 존재한다. 원주민의 대부분은 보호구역 시설 내에서 정부의 혜택으로 살아가고 있으나 직업 알선 등은 받지 못한다. 학교는 전부 장학금으로 무료이며 나이든 계층은 마약, 음주, 사냥 등 소일거리로 지내고 있다. 주정부가 별다른 혜택을 주지 않아 대부분이 시설 내에서 무료하게 지내고 있다. 2008년 기준으로 150만 명 정도가 보호구역에 거주하고 있으며, 사용하는 언어는 176종에 이른다.

「의사와 의사의 아내」를 비롯한 단편들

『우리 시대에』에 실린 두 번째 단편이 「의사와 의사의 아내The Doctor and Doctor's Wife」이다. 차별의 극대화를 위해서 인디언들이 익명으로 묘사된 앞 작품과 달리, 이 작품에는 헤밍웨이 별장 부근에 살았던 딕 볼튼(Dick Boulton, 원명은 Nick Boulton)이 실명으로, 그리고 주역으로 등장한다. 게다가 다른 인디언들에게도 모두 이름이 있다. 그리고 그들이 오지브웨이족

이라는 것도 소설에서 명시된다.(단편1, 25)

더욱 인상적인 것은 인디언이 백인 의사에게 그가 도둑질을 했다고 당당하게 말하고, 이에 대해 백인이 비겁하게 변명하며 터무니없는 화를 내는 장면이다. 인디언들이 사라진 뒤 그는 엽총을 만지작거리는데 이는 그가 인디언들에게 복수할지 모른다고 예감하게 하지만 결국은 복수를 하지 않는(또는 못하는) 것으로 끝난다. 이 소설에서 헤밍웨이는 인디언들에게 도덕적 우월성을 부여한다. 이는 자신의 아버지로 대표되는 백인의 도덕적 피폐와 폭력성을 고발하는 것이기도 하다. 그러나 그러한 백인과 인디언과의 갈등이라는 내용을 헤밍웨이부터 그 제목에서 숨기고 있고, 논자들도 그런 점을 무시하고 닉의 성장담이라고 여겨왔다.

세 번째 소설 「어떤 일의 끝The End of Something」은 미시간 북부에 실존하는 호튼 베이(Horton Bay)를 변용한 호텐스 베이(Hortons Bay)에서 연인들이 송어잡이를 하지만 즐겁지 않고 사랑도 재미가 없어져 헤어지는 모습을 보여준다. 소설의 주인공들인 닉과 인디언 소녀 메저리(Majorie)가 실제로 헤밍웨이와 그의 연인인지는 알 수 없다. 그러나 인디언 소녀의 이름이 밝혀지고, 그 소녀가 백인 소년의 결별 선언에 당당하게 돌아서는 모습은 앞의 작품과 마찬가지로 인디언의 변화된 지위를 보여준다.

네 번째 소설 「사흘 동안의 폭풍The Three-Day Blow」은 메저리와 헤어진 닉이 친구인 빌(Bill)과 술을 마시면서 이별의 괴로움을 달래는 이야기이다. 빌은 닉과 동년배이지만 교사 역할을 한다. 술은 헤밍웨이가 평생 즐긴 것이지만 그것을 글쓰기와 뒤섞은 적은 없었다.

다섯 번째 소설 「권투선수The Battler」는 닉과 권투선수의 만남 가운데 착한 흑인의 모습을 보여준다. 닉은 일그러진 얼굴로 미친 채 떠도는 전직 권투선수와 흑인 친구를 만나 1분에 40번이나 뛰는 강심장인 그를 미치게 한 사연을 듣는다. 그야말로 전쟁터를 방불하게 하는 잔인한 세상에 대한 이야기다. 그 소설의 앞에 나오는 잔인한 총살 장면과 맞아떨어진다. 앞의 두 번째부터 네 번째 소설까지 각각 앞에 나오는 이야기도 전쟁의 비참함을 보여준다.

『우리 시대에』

헤밍웨이가 26세 나이였던 1925년에 낸 최초의 단편집 『우리 시대에 _In Our Time_』는 프롤로그로 시작하여 에필로그로 끝나는 논문 형식을 취하고, 그 속의 15편 단편 앞에는 머리글(vignette)＊이 있다. 그런데 우리나라에 번역된 대부분의 헤밍웨이 단편집에서는 이러한 독특한 형식을 볼 수 없다. 예외는 박경서가 번역한 『우리 시대에』와 김성곤이 번역한 『우리들 시대에』뿐이다. 그래서 여타 대부분의 『헤밍웨이 단편집』에서는 『우리 시대에』의 프롤로그에 해당하는 「스미르나 부두에서 _On the Quai at Smyrna_」는 보통 별도의 단편으로 다루어져 그것이 15편 단편들의 서막에 해당되는 것을 모르게 하고, 더욱이 그 「에필로그 _L'envoi_」에 나오는 그리스 왕의 우화는 단편집에서 대부분 생략되어 15편 단편들의 종막임을 모르게 하는데 이는

＊ 이는 머리나 꼬리에 부치는 것이어서 머리글이나 꼬리글로 번역될 수 있다. 미문이라고 하여 꼬리글로 보는 견해도 있지만, 책에서는 그것이 항상 머리에 나오므로 머리글이라고 함이 옳다.

작가 헤밍웨이의 뜻을 깡그리 무시하는 것이다. 게다가 박경서나 김성곤의 번역에서도 그런 구조에 대한 설명은 생략되어 있다.

「스미르나 부두에서」는 1922년에 발발한 그리스-터키 전쟁을 다룬다. 그해 8월 말, 터키군은 스미르나(이즈미르) 항구를 점령했다. 그 비참한 전쟁을 취재한 헤밍웨이의 필치는 지극히 풍자적이고 냉소적이다. 그리고 「에필로그」는 전쟁이 끝난 그리스에서 집권한 공산당 혁명위원회의 명령으로 왕과 왕비가 궁전에 연금되어 그곳 정원에서 직접 꽃을 가꾸는 모습을 그린다. 즉 『우리 시대에』는 전쟁이 일어나는 시점에서 시작되어 전쟁이 끝나고 왕이 영화 〈마지막 황제(The Last Emperor)〉의 선통제 푸이처럼 쇠락하는 모습을 그리는 것으로 끝난다.

그리고 15개 단편 앞에 나오는 머리글들은 프롤로그와 같은 전쟁 이야기 8편과 함께, 9편부터 나오는 투우 이야기 7편이 에필로그까지 이어지는 식으로 배치되어 있는데 그 각각의 이야기는 15개 단편과 내용이 반드시 일치하지 않는다. 그런 탓인지 이러한 머리글들은 단편집에서 대부분 생략되는데 이는 헤밍웨이의 의도를 무시하는 것이다.

하지만 각 머리글과 본 글이 반드시 연관이 있다고도 할 수 없다. 가령 1편의 머리글은 제1차 세계대전 중 1915년의 격전지였던 '샹파뉴 전선'에서 50킬로미터나 떨어져 있음에도 적군의 포격을 염려하는 취사병의 이야기다. 이어 2편의 머리글은 그리스-터키 전쟁에서 힘겹게 피난을 가는 사람들에 대한 이야기다. 3편과 4편은 제1차 세계대전의 교전 장면, 5편은 각료의 총살, 6편은 닉의 척추 부상, 7편은 참호 공격인데, 본 편의 이야기와 반드시 연결되지 않는다. 그러나 8편은 헝가리인을 이탈리아인으로 오인하여 죽이는 이야기로 본 편의 이야기와 연관된다.

나는 헤밍웨이가 8편의 「혁명가」 전후로 전쟁과 투우 이야기를 배치한 것은 제1차 세계대전 이후의 혁명을 투우로 비유한 것이라고 생각한다. 즉 투우사는 혁명가이고 그가 죽이는 황소는 과거의 전제 군주를 상징한다. 따라서 『우리 시대에』라는 단편집은 제1차 세계대전이 오랜 군주 전제정을 끝내고 혁명과 사회주의 정권으로 나아가는 유럽의 대전환 시대상, 특히 자본주의의 모순을 묘사한 작품이라고 할 수 있음에도 우리나라에서는 이런 점이 철저히 무시되었다.

『우리 시대에』에서 나타난 전쟁과 전후 혁명이라는 구조는 그 뒤에 이어지는 헤밍웨이의 모든 작품에도 해당되는 것이다. 즉 제1차 세계대전을 다룬 『무기여 잘 있어라』와 전후 혁명의 희망을 다룬 『태양은 다시 떠오른다』와 『제5열』, 그리고 스페인 시민전쟁을 다룬 『누구를 위하여 종은 울리나』와 쿠바 혁명을 예상하게 하는 『노인과 바다』 등이다. 여기서 특히 주의할 점은 『태양은 다시 떠오른다』가 '잃어버린 세대'라는 이름으로 허무주의의 대표작으로 오해되어 왔다는 점이다. 그 작품 전반부에 그런 묘사가 없는 것은 아니지만 후반부의 투우와 투우사의 이야기는 『우리 기대에』의 후반부가 그렇듯이 혁명을 상징하는 이야기로 볼 수 있기 때문이다.

「혁명가」

앞에서 언급한 단편집 『우리 시대에』를 다루는 태도에서 더욱 문제인 것은 거기에 실린 여덟 번째 소설 「혁명가The Revolutionist」가 15편의 단편들 중 가장 중요한 작품임에도 우리말로 나온 『헤밍웨이 단편선』에는 빠져 있다는 점이다.˙ 그래서 헤밍웨이의 혁명이나 사회주의에 대한 관점을 모르게 하고, 나아가 헤밍웨이가 그런 문제에 관심이 있었다는 것 자체를 무시하게 만든다.

이 단편은 15편 중에서 가장 짧을 뿐 아니라 그 내용도 다른 14편과는 다르다. 유사한 점은 그 소설 앞뒤의 다른 소설처럼 1919년에 이탈리아에서 생긴 일을 다룬다는 점뿐이다. 내레이터인 '나'는 마자르족인 헝가리인 혁명가가, 헝가리에서 제1차 세계대전 말기인 1919년 3월에 벨라 쿤(Bela Kun, 1886~1939) 중심의 헝가리-소비에트 정권이 성립되었을 때 활약했으나, 몇 달 뒤 과거 헝가리 제국의 호르티(Miklos Horthy, 1868~1957) 제독이 쿠데타로 좌파 정권을 무너뜨린 뒤 그 정권 하에서 고초를 겪다가 헝가리를 떠나 이탈리아로 여행하는 것을 돕는다는 이야기다.

당시 이탈리아는 제1차 세계대전에 전승국으로 참전했으나, 전후에는 사회혼란을 거듭했고, 결국 1920년에 파시스트 정당이 출현하고 1922년에는 무솔리니의 파시스트 정권이 성립한다. 그 직전인 1919년 9월에도 그런 조짐이 있어서 내레이터 '나'는 이탈리아의 운동 전망을 묻는 혁명가에게 이탈리아의 사정이 아주 나쁘다고 답한다. 그럼에도 그는 이탈리아는 물론 세계혁명에 대한 희망을 가지고 있었으나 스위스에서 구속된다.

■　　*　박경서가 번역한 『우리 시대에』(아테네, 2006)와 하창수가 번역한 『세계단편선 1 어니스트 헤밍웨이』(현대문학사, 2013)에는 포함되어 있다.

「혁명가」의 소망을 헤밍웨이의 소망이라고 할 수는 없겠지만, 뒤에서 보듯이 헤밍웨이는 무솔리니를 극도로 싫어했다. 헤밍웨이가 참전한 제1차 세계대전에서 이탈리아군이 승리함에 따라 사회주의 운동은 실패하고 무솔리니가 등장하여 이탈리아는 파시즘의 길로 간다. 헤밍웨이가 제1차 세계대전의 경험을 쓴 『무기여 잘 있어라』에서 아나키스트이거나 사회주의자인 병사들은 이탈리아의 패배를 바라지만 도리어 이탈리아가 승리하여 사회주의의 꿈은 좌절된다. 그래서 그 주인공이 탈영하는 것인지도 모른다. 그가 아나키스트나 사회주의자가 되었다는 이야기는 그 소설에 나오지 않지만, 부하들의 이야기를 통해서 그가 차차 그렇게 변해 가는 과정을 볼 수 있다. 그는 자신을 비롯한 사람들의 전쟁 참여가 결국은 어처구니없게도 자본가 전쟁 집단을 돕는 결과가 된다는 것도 알게 된다. 따라서 그의 탈영은 군대로부터의 탈영이자 체제로부터의 탈영이다. 제1차 세계대전만이 아니라 헤밍웨이는 그 뒤 모든 전쟁과 체제로부터의 탈영을 감행한다. 그의 작품은 그 탈출의 기록이다.

「심장이 두 개인 큰 강」에 등장하는 자연 합일

발표 때부터 성공작으로 평가받은 「심장이 두 개인 큰 강」은 미시간 북부에서의 송어 낚시와 캠프 여행을 한 하룻밤을 소재로 한다. 그래서 『우리 시대에』에 1장으로 나오는 「인디언 캠프」와 대조를 이루는데 그 내용도 「인디언 캠프」가 디스토피아라고 하면 「심장이 두 개인 큰 강」은 유토피아로 『우리 시대에』를 절망에서 희망으로 이끌게 된다.

캠프란 원래 전쟁과 관련된 것으로 '군대, 등산대, 유목민의 야영지'나 '가설 진지'나 전쟁 포로를 위한 '수용소' 같은 것이다. 그 밖에 산업과 관련되어 광산이나 제재소의 임시적인 숙식장소를 뜻하기도 한다. 「인디언 캠프」의 캠프도 일시적인 집락 정도이다. 반면 「심장이 두 개인 큰 강」의 캠프는 '고독한 나만의 야영지'이다. 게다가 「인디언 캠프」가 젠더와 인종, 생과 사의 고투에 가득 찬 갈등의 세계라면 「심장이 두 개인 큰 강」에서는 자연과 나만이 존재할 뿐이고, 문제가 있다고 하면 내가 지고 가는 짐 정도이다. "생각한다느니, 글을 쓴다느니, 그 밖의 다른 필요한 일"(단편2, 24)은 버리고 왔음에도 여전히 남아 있는 그 짐은 전쟁의 트라우마나 가족, 특히 어머니에 대한 미움을 상징하는 것일 수도 있다.

「심장이 두 개인 큰 강」에서 주인공이 하룻밤 잠자리로 선택한 곳은 "야영에는 그야말로 안성맞춤인 장소였다. 그는 지금 좋은 장소에 와 있었다. 자신이 만든 집에 들어와 있었던 것이다."(단편2, 30) 주인공이 텐트를 치기 위해서만 사용하는 도끼도 「인디언 캠프」에서 잔인하게 사용되는 자살용 칼이나 수술용 잭나이프와는 다르다. 이 작품은 특히 최근에는 소로의 『월든』과의 연관성이 주목된다.

「인디언 캠프」의 배경이었던 호수는 「심장이 두 개인 큰 강」에서는 강으로 바꾸어지고 이는 다시 『노인과 바다』에서 바다로 바꾸어진다. 「심장이 두 개인 큰 강」 1부의 첫 장면에서 닉은 자연과 일체가 된다.

닉은 자갈 강바닥 때문에 갈색으로 비치는 맑은 물속을 들여다보았다. 그리고 지느러미를 움직이며 물살 속에서도 가만히 떠 있는 송어 떼를 지켜보았다. 가만히 지켜보는 동안 송어 떼는 재빨리 방향을 돌려 위치를 바꿨다가 빠른 물살 속에서 또 다시 가만히 멈췄다. 닉은 오랫동안 송어 떼를 지켜보았다.(단편2, 22)

닉이 그렇게 송어 떼를 본 것은 "참으로 오랜만의 일이었다. 더할 나위 없이 기분이 좋았다."(단편2, 22) "송어가 움직이자 닉의 심장도 고동쳤다. 옛날에 맛보았던 감정이 온몸으로 밀려왔다. 그는 행복했다."(단편2, 23) 닉이 쉬는데 "메뚜기 한 마리가 땅바닥을 따라 기어오르더니 그의 털양말 위로 올라왔다."(단편2, 25) 닉은 메뚜기를 날려 보낸다. 이처럼 자연과 합일하는 장면은 헤밍웨이 소설 전반에 나온다. 가령 『노인과 바다』에 나오는 다음 장면을 보자.

그때 조그마한 새 한 마리가 북쪽에서 조각배를 향해 날아왔다. 휘파람새는 수면 가까이 아주 나지막하게 날고 있었다. 노인은 새가 몹시 지쳐 있다는 것을 알 수 있었다.

새는 배의 고물에 가서 지친 날개를 쉬었다. 그러고 나서 노인의 머리 위를 맴돌다가 이번에는 좀 더 편안한 낚싯줄 위에 가서 앉았다.

"너 몇 살이냐? 이번 여행이 첫 나들이인 거야?" 노인이 새에게 물었다. 노인이 말을 걸자 새는 노인을 바라보았다. 새는 너무 기진맥진한 상태여서 제대로 낚싯줄을 살펴볼 겨를도 없어 보였다. 가냘픈 발가락으로 낚싯줄을 꽉 움켜쥐고 있는 동안 아래위로 흔들거렸다.·

"줄은 튼튼해. 아주 단단하다고. 간밤에는 바람 한 점 없었는데 그렇게 지쳐서야 되겠니." 노인이 새에게 말했다. "새들은 앞으로 도대체 어떻게 되는 걸까?"

저 새들을 노리고 바다까지 날아오는 매들이 있지, 하고 노인은 생각했다. 그러나 그는 이것에 대해 새에게 아무 말도 하지 않았다. 말해 봤자 알아듣지도 못할 것이고, 머지않아 매들에 대해 알게 될 테니 말이다. "실컷 푹 쉬어라, 작은 새야. 그리곤 뭍으로 날아간 인간이나 다른 새나 고기처럼 네 행운을 잡으려무나." 그가 말했다.(노인, 55~56)

「엘리엇 부부」

앞에서 헤밍웨이가 T. S. 엘리엇의 작품을 읽었다고 했지만, 1924년 10월에 콘래드가 죽었을 때 그를 다시 살려낼 수 있다면 엘리엇의 뼈를 갈아 가루로 만들어 그의 무덤에 뿌리겠다고 할 정도로 엘리엇을 싫어했다. 헤밍웨이가 1924년에 써서 『우리 시대에』에 포함시킨 「엘리엇 부부」는 파리에서 사귄 차드 파워스 스미스를 풍자한 것으로 알려졌지만, 그 제목을 보면 엘리엇과 무관하지 않은 듯하다. 소설의 주인공 휴버트 엘리엇(Hubert Elliot)은 하버드대학교 법과대학원에 다니는 25세의 시인인데, 이는 엘리엇이 1906년에 하버드대학교에 들어가 철학을 공부한 시인이라는 점과 유사하다.

그러나 소설의 주인공이 25세인 것은 그 글을 쓴 당시 헤밍웨이의 나이나 생활과 일치한다. 반면 엘리엇은 1888년 생으로 헤밍웨이보다 10세 위였다. 소설의 엘리엇이 결혼하는 코넬리아가 연상인 것도 당시 헤밍웨이가 결혼한 해들리(Elizabeth Hadlley Richardson, 1891~1979)가 연상인 것과 같다. 단 코넬리아가 15세 연상인 반면 해들리는 8년 연상이다. 코넬리아는 여자 친구 허니(Honey)를 데려와 함께 사는데, 이는 헤밍웨이의 어머니를 연상하게 한다.

소설 속 부부는 아이를 갖고자 노력하지만 남자는 성적으로 무능하고 여자는 동성애자여서 쉽지 않다. 그런 이야기도 엘리엇 부부와 관련이 있는지 없는지 알 수 없으나, 그런 내용의 소설이 엘리엇을 모독하는 것 외에 무슨 의미를 갖는지조차 알 수 없다.

여하튼 소설의 이 머리글은 『우리 시대에』 후반부 9장부터 시작하는 투우 이야기 머리글의 처음인 점이 주목된다. 그러나 그 내용은 세 번째 투우사의 용감함을 이야기한 것으로 엘리엇 부부의 이야기와 무슨 관련이 있는지도 알 수 없다.

『우리 시대에』 10장의 「비에 젖은 고양이」도 권태로운 부부 생활을 묘사한 것으로 특별한 이야기가 없다. 머리글에 나오는 투우 이야기와도 제대로 연결되지 못한다. 이어지는 11장 「때늦은 계절」의 낚시 이야기나 12장 「대지를 뒤덮은 눈」의 스키 이야기, 13장 「나의 아버지」의 장애물 넘기 경마 이야기에는 특별한 내용이 없다.

엘리자베스 해들리와 결혼식을 올리는 헤밍웨이(1921)

3장

제1차 세계대전,
『무기여 잘 있어라』의
반전쟁과 자유

전쟁의 시대

헤밍웨이가 고등학교를 졸업하기 두 달 전인 1917년 4월, 미국은 독일에 대해 선전포고를 했고, 헤밍웨이도 3년 전부터 유럽에서 진행 중이던 전쟁에 참가했다. 제1차 세계대전 전까지 미국의 외교정책은 외국에서 발생하는 전쟁에는 참가하지 않고 중립을 지킨다고 하는 먼로원칙을 지켜왔다. 그러나 독일 유보트가 미국의 선박을 계속 파괴하자 미국인들은 분노하기 시작했다. 게다가 독일의 외무장관이 멕시코 주재 독일 대사에게 일본으로 하여금 미국을 공격하게 하면 멕시코가 과거 미국에게 빼앗긴 텍사스, 뉴멕시코, 애리조나를 되돌려준다고 멕시코에게 제안하라는 전보의 내용이 발각되자 미국도 참전을 서두르게 된 것이다.

당시 미국의 28대 대통령 우드로 윌슨(Woodrow Wilson, 1856~1924)은 세계에 완전한 민주주의가 뿌리내리게 하기 위해서는 참전해야 한다고 믿고 국민의 전의를 고양시켰다. 이어 헌법을 개정하여 징병제를 부활시키고 독신 남성들을 징집했다. 헤밍웨이는 참전하고자 한 이유에 대해 아

일리노이 오크파크 고등학교 졸업 무렵의 헤밍웨이 일가(1917경)

무런 기록을 남기지 않았지만, 마이클 레이놀즈가 시사했듯이 그러한 시대 분위기에 막연히 젖었던 것으로 짐작된다.(Young, 14)

물론 그런 시대 분위기는 별안간 형성된 것이 아니었다. 헤밍웨이를 비롯한 미국인은 언제 어디서나 전쟁을 미화하고 정당화하는 분위기에서 성장하고 죽을 때까지 그렇게 살았다. 미국이라는 나라의 역사 자체가 선주민 인디언과의 전쟁으로 시작되어 영국과의 독립혁명 전쟁, 멕시코-미국 전쟁(1846~1848)을 비롯한 영토 확장 전쟁, 남북 전쟁, 1898년의 스페인-아메리카 전쟁 등으로 점철되지 않았던가? 대부분의 미국인처럼 헤밍웨이의 선조들도 그런 전쟁에 참여했다. 특히 남북 전쟁에서 사병으로부터 장교로 승진했던 조부는 그 사실을 헤밍웨이에게 자랑스럽게 말했다. 그러나 그 전쟁은 시민전쟁이었음에도 62만 명이나 전사한 참혹한 전쟁으로 이는 제1차 세계대전의 미군 전사자 36만 명의 두 배에 육박하는 숫자였다.

소로처럼 멕시코-미국 전쟁이나 노예제에 반대한 사람들이 없지는 않았지만 어디까지나 소수였다.* 헤밍웨이가 1910년(11세)부터 1940년까지 소유했거나 대출한 도서목록에 의해 작성된 독서목록에는 소로의 이름이 없다. 헤밍웨이가 미국 현대 문학은 마크 트웨인의 『허클베리 핀의 모험The Adventure of Hukleberry Finn』에서 비롯된다고 말한 것으로 유명한 『아프리카의 푸른 언덕Green Hills of Africa』에서 19세기 후반 문학을 논의하는 가운데 다음과 같은 이야기가 나온다.

■　* 박홍규, 『나의 헨리 데이비드 소로』, 필맥, 전쟁에 비판적인 작가로 크레인(Stephen Crane)을 들 수 있다. 그는 『붉은 무공훈장The Red Badge of Courage』(1895)에서 무명용사들의 고뇌를 그렸다.

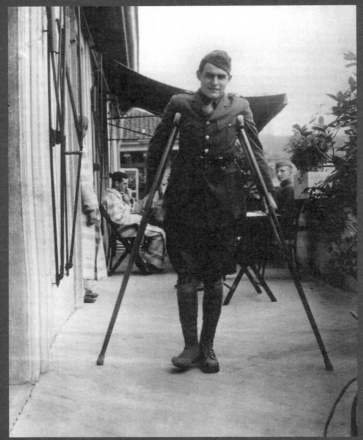

헤밍웨이는 미국 적십자(ARC)에 지원했지만 부상을 당해 이탈리아 밀라노의 ARC에 입원해 치료를 받았다(1918).

그 당시 정말 우수하다고 생각되는 작가가 하나 있어요. 소로입니다. 나는 아직 그를 읽을 기분이 안 되어 있으니까 그 이야기는 할 수 없습니다. 그러나 나는 다른 자연주의 작가라도 그가 무척 정확하고 문학적이 아닌 글을 쓰지 않는 한 못 읽으니까.(아프리카, 26)

헤밍웨이가 위 문장에서 언급하는 소로는 반전주의자가 아니라 자연주의자 소로이다. 소로와 헤밍웨이의 자연주의에 대해서는 뒤에서 다시 말하겠지만, 헤밍웨이가 반전주의자로서의 소로를 읽은 적은 없었는지도 모른다.

제1차 세계대전의 배경과 원인에 대해서는 간단히 설명할 수 없지만 궁극적인 점은 제국주의 열강의 세계 분할이라고 할 수 있다. 제1차 세계대전은 1914년 6월에 발발했지만 미국은 전쟁이 거의 끝나갈 무렵 독일이 감행한 무제한 잠수함 작전에 의해 1917년 4월에 참전했다. 헤밍웨이는 그 직후 참전하기 위해 지원했으나 왼쪽 눈의 시력이 나빠 불합격했다. 그러나 1918년 4월에 〈캔자스시티 스타〉 사를 7개월 만에 퇴직하고 참전하여 미군 적십자부대에 배속되어 프랑스를 거쳐 6월에 이탈리아에 도착하여 북부의 포살타(Fossalta) 전선에 앰뷸런스 기사로 자원하여 야전병원에 소속되었다.

그리고 그는 참전 한 달 만인 1918년 7월 8일에 중상을 입어 제1차 세계대전 중 최초의 미군 부상자가 되어 이탈리아 정부의 무공훈장까지 받았다. 이후 밀라노 적십자병원에 입원해 치료를 받으면서 7년 연상의 간호사인 아그네스 폰 쿠로스키(Agnes von Kurowsky, 1892~1984)와 사랑에 빠져 결혼을 약속했다. 그녀의 이름은 그녀가 독일인(아마도 귀족이었을) 아버지와 미국인 어머니 사이에서 태어났음을 알려준다.

그녀와의 만남이 헤밍웨이의 삶에 일대 전환점을 가져왔다고 보는 견해도 있지만 나에게는 그렇게 중요하게 생각되지 않는다. 그들의 사랑은 「매우 짧은 이야기」와 『무기여 잘 있어라』의 남녀 주인공의 사랑으로 재현되는데 「매우 짧은 이야기」에서는 비슷하게 묘사되지만, 『무기여 잘 있어라』에서는 결말이 다르다. 즉 현실에서는 헤밍웨이가 쿠로스키와 헤어지지만, 『무기여 잘 있어라』에서는 여주인공이 사랑의 도피 끝에 출산을 하다가 죽음을 맞는다.

「매우 짧은 이야기」

『우리 시대에』에 실린 여섯 번째 소설 「매우 짧은 이야기」A Very Short Story」는 제1차 세계대전에서 만난 미군 병사와 간호부의 사랑 이야기다. 이름 없이 '그'로 나오는 병사는 작가처럼 이탈리아군에 들어가 북이탈리아 전선에서 싸우다가 부상을 입고 파두아 병원에 입원하여 치료를 받던 중 담당 간호사인 루즈(Luz)와 사랑에 빠진다. 그들은 결혼을 계획하지만 결혼 예고를 할 시간이 없었고, 또한 출생증명서를 갖고 있지 못했기에 뜻을 이루지 못한다. 결국 '그'는 전선으로 돌아간다. 휴전 후 '그'는 루즈와 함께 미국에 가고자 했지만, 그가 먼저 귀국해 직장을 가진 뒤에 루즈가 미국에서 합류하기로 결정한다. 그는 미국에 돌아간 뒤 루즈로부터 부대 대대장과 결혼한다는 편지를 받지만 루즈는 결혼하지 못한다. 그녀는 그에게 그런 내용의 편지를 보내지만, 답을 받지 못한다. 이는 뒤에 쓴『무기여 잘 있어라』의 축소판이라고 할 만하지만, 허구가 섞인 그 소설보다「매우 짧은 이야기」쪽이 헤밍웨이 자신의 이야기에 더 가깝다.

「매우 짧은 이야기」에는 전쟁의 참상이 묘사되지 않지만, 그 앞에 나오는 머리글에는 닉이 척추에 총을 맞고 리날디도 부상을 입는데, 리날디가 "우리는 애국자가 아니야"라고 말하는 장면이 나온다. 여기서 처음 등장하는 리날디는 뒤에 쓰는『무기여 잘 있어라』에서 이탈리아 군의관으로 나온다.

『무기여 잘 있어라』

1929년 대공황기에 나온『무기여 잘 있어라_A Farewell to Arms_』의 줄거리는 간단하다. 주인공인 미국인 프레데릭 헨리(Frederic Henry)는 미국이 참전하기 전, 이탈리아군에 입대하여 야전병원의 운전수로서 전선에서 두 다리를 부상당해 입원한 이래, 영국인 간호원 캐서린 바클리(Cathrine Barkley)와 서로 사랑하게 된다. 캐서린의 임신을 안 두 사람은 탈주하여 스위스에서 겨울의 목가적 생활을 즐기고 봄에 출산할 예정이었으나, 제왕절개수술을 받고 낳은 사내아이는 죽고 캐서린도 많은 출혈로 불행한 죽음을 맞는다.

소설은 5부로 나누어졌지만 각 부에는 제목이 없다. 이하 각 부의 제목을 나 나름으로 달고 이야기를 요약해본다. 전체 5부는 전쟁의 참상을 보여주는 1~3부와 두 연인의 비극적인 사랑을 보여주는 4~5부로 나

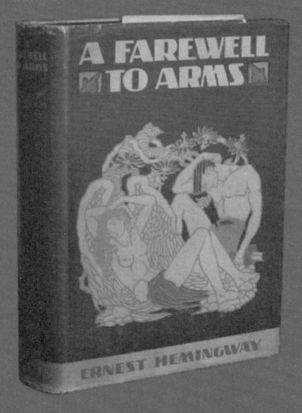

「무기여 잘 있어라」의 초판 양장본

누어진다. 그래서 전반부의 반전과 후반부의 허무를 합쳐 반전사상과 허무주의가 이 소설의 주제라고 보는 견해가 일반적이지만 후반부의 사랑은 전쟁이 낳은 결과에 불과하므로 전체적으로 소설은 반전사상을 담은 것이라고 봄이 옳다. 마찬가지로 전반부의 전쟁과 후반부의 사랑을 서로 이질적인 주제라고 보고 내재적인 이중성을 강조하는 견해도 부당하다.

『무기여 잘 있어라』 1부_전선의 사랑

1부는 주인공인 '나', 즉 프레데릭의 부대가 주둔한 민가의 여름 풍경을 묘사하는 1장으로 시작된다. "들판은 곡식으로 풍성"했으나 "산에서는 전투가 벌어지고 있어 밤이 되면 대포에서 내뿜는 섬광이 번쩍였다."(무기, 11~12) 그러나 가을이 되자 "일대가 축축하게 비에 젖고 갈색이 되어 죽음처럼 생기를 잃었"고 비를 맞으며 탄약 상자를 메고 걷는 군인들이 "마치 6개월 된 임신부들처럼 보였다."(무기, 12~13) 여기서 임신부는 생명의 상징이 아니라 죽음의 상징으로 소설의 마지막에 오는 여주인공의 출산으로 인한 죽음을 예상하게 한다. 1장 마지막의 겨울 묘사에서 "장마와 더불어 콜레라가 퍼졌다. 하지만 콜레라가 전염되는 것은 막았고, 결과적으로 군대에서는 겨우 칠천 명의 희생자가 나왔을 뿐이다"(무기, 13)라고 하는 것은 콜레라보다 전쟁이 더욱 무서운 것임을 보여준다.

■ * 이를 반대로 해석하는 견해(가령 「헤밍웨이의 『무기여 잘 있어라』에 나타난 인간 실존의 부조리성과 단독강화」, 『인문학연구』, 82호, 91쪽)가 있지만 부당하다. 왜냐하면 제1차 세계대전으로 죽은 군인 수는 칠천 명의 수백 배에 이르기 때문이다.

2장은 교착 상태에 빠진 이듬해의 전황과 전장의 퇴폐성을 보여준다. 창녀들이 있는 위안소가 사병용과 장교용으로 나누어져 있는 마을 식당에서 장교들이 신부를 노골적으로 놀리는 장면은 2천 년간 서양사회를 지배한 기독교의 권위가 실추되었음을 보여준다. 장교들은 로마 교황이 적군인 오스트리아가 돈을 주기에 오스트리아가 승리하기를 바란다고 하며, 돼지와 달리 "생각 좀 한다는 사람은 모두 무신론자"(무기, 19)라고 하면서 신부를 '검은 돼지'라고 놀린다. 휴가를 떠나는 프레데릭에게 신부는 자신의 고향인 시골로 가라고 권하지만 그는 다른 장교들과 함께 창녀를 만나러 간다.

3장은 휴가에서 돌아온 프레데릭은 방을 같이 쓰는 군의관 리날디와 휴가에서 만난 여자들 이야기를 한다. 식당에서 만난 신부는 여전히 놀림을 받고 그가 "이 전쟁에서 할 수 있는 건 아무것도 없다"(무기, 29)는 말까지 듣지만 프레데릭은 여전히 신부에게 호의적이다. 이는 유럽인과 달리 미국인이 아직도 기독교적임을 보여준다.

4장은 리날디가 호감을 갖는 지원 간호사(VAD) 캐서린을 프레데릭이 처음 만나는 장면을 보여준다. 그들의 대화만을 요약하면 다음과 같다 (이하 마찬가지로 대화만을 요약한다).

"처음 뵙겠어요. 선생님은 이탈리아 사람이 아니시죠?"

"네, 아닙니다."

"참 이상한 일이네요. …이탈리아 군대에 소속되어 계시다니요."

"군대라고도 할 수 없죠. 앰뷸런스 부대일 뿐인걸요."

"그래도 이상해요. 왜 그러셨어요?"

"나도 모르겠습니다. 세상일이라는 게 언제나 설명할 수 있는 건 아니잖아요."

"어머나, 그런가요? 나는 언제나 설명할 수 있다고 배웠는데요."

(무기, 34)

그녀는 자신의 약혼자가 작년에 솜 전투(Battle of the Somme)*에서 죽었
다고 하며 "죽으면 그걸로 모든 게 끝"(무기, 37)이라고 단호하게 말한다.
죽음에 대한 서구의 전통적인 기독교적 사고가 완전히 부정되는 것이다.
또 그녀는 약혼자의 참전 뒤 부상당한 그를 치료하고자 간호사가 되었지
만 꿈이 "산산이 부서져서 날아간"(무기, 38) 것을 알고 전쟁에 대한 환상
에서 벗어난다.

전쟁에 대한 환상은 앞에서 본 미국의 경우와 같이 영국이나 프랑스,
이탈리아나 독일에서 똑같이 전쟁에 국민을 동원하기 위하여 치열하게
전개되었다. 특히 기독교적인 전통을 이용하여 전쟁은 '최후의 만찬'에,
군인의 죽음은 '예수의 순교'와 같은 것으로 선전되었는데, 이는 아군은
물론 적군에서도 동일하게 이용되었다.

그런 선전에 속은 캐서린의 약혼자는 1914년 제1차 세계대전이 터지자
마자 참전했고 캐서린도 뒤를 이어 간호사가 되었다. 반면 미국은 전쟁이
거의 끝나갈 무렵인 1917년 4월에 참전했기 때문에 영국과 프랑스의 군

■   *   1916년 서부 전선에서 벌어진 솜 전투는 전투 첫날 58,000여 명에 달하는 영국군 사상자
(그때까지 하루 사상자 기록으로는 최고 기록이었으며 이 중 3분의 1이 전사자였다)로 인해
악명이 높아진 전투다. 1916년 7월 1일 아라스와 알메르트 사이의 솜 강 북쪽 30킬로미터에
걸친 전선에서 시작되어 11월 18일까지 계속되었다.

부상당한 독일군과 영국군들이 근처 버나파이에 마련된 응급치료소로 이동하고 있다(1916).

대가 겪은 비참한 '참호전쟁'을 경험하지는 못했다. 특히 1916년 7월 1일의 솜 전투에서는 불과 몇 시간 만에 영국군 19,240명이 죽고 35,493명이 부상을 당했다. 미군인 프레데릭은 이런 전투의 실상을 제대로 알지 못했다.

5장에서 프레데릭과 캐서린은 키스를 나누지만, 6장에서 프레데릭의 마음은 다음과 같이 묘사된다.

> 나는 캐서린 바클리를 사랑하지 않았으며, 또 앞으로도 사랑하지 않으리라는 사실을 잘 알았다. 이것은 마치 카드 대신 말로 하는 브리지 게임 같은 것이었다. 브리지처럼 돈을 따기 위해 게임을 하거나, 아니면 뭔가 내기를 걸고 게임을 하는 척하면 되는 것이다. 무엇을 건 게임인지는 아무도 말하지 않았다. 나야 아무래도 좋았다.(무기, 55)

6장에서는 캐서린도 그들의 만남이 게임인 것을 아는 것으로 묘사된다.(무기, 56) 그런 가운데 7장에서 처음으로 전장에 대한 묘사가 나온다. 어느 병사가 프레데릭에게 묻는다.

> "이 빌어먹을 전쟁에 대해 어떻게 생각하시나요?"
> "지긋지긋하지, 뭐."
> "정말 지긋지긋해요. 빌어먹을, 지긋지긋하다고요."(무기, 61~62)

그렇지만 그는 자신이 전사하지 않을 것이라고 믿는다. "이 전쟁은 나와 아무런 상관이 없다. 나에게 이 전쟁은 영화 속의 전쟁만큼이나 위험해 보이지 않았다"고 생각한 탓이다. 이를 반전사상으로 보는 견해도 있지만, 이 시점에서 프레데릭의 반전사상은 아직 제대로 형성되지 못한 것이고, 그의 반전의식은 차차 형성되어 간다고 보는 것이 옳지 않을까?

8장에서 프레데릭은 출동을 하면서 캐서린과 작별을 하지만 그에게는 그다지 심각한 일로 느껴지지 않는다. 이어 9장에서는 프레데릭 부대 운전병들 대화에서 전쟁에 대한 회의가 다시 나타난다.

"모두가 공격하기 싫어하면 전쟁은 끝날 텐데."

"중위님, 이런 소리를 지껄이게 그냥 내버려둬선 안 되겠는데요. 군대 만세!"

"나도 전쟁이 끝나야 한다고 생각해. 한쪽이 전투를 그만둔다고 해서 끝나진 않아. 우리가 싸우는 걸 그만둔다면 사정은 더욱 나빠질 뿐이지."

"이보다 더 어떻게 나빠지겠어요? 전쟁보다 나쁜 게 또 있으려고요."

"패배가 더 나빠."

"전 그렇게 생각하지 않습니다. 패전이란 게 뭡니까? 고향으로 돌아가는 거라고요."

"그러면 적들이 자네 뒤를 쫓아오겠지. 자네 집을 빼앗고, 또 자네 누이동생을 겁탈하고."

"전 그렇게 생각하지 않아요. 적이라고 모든 사람한테 그런 짓을 하진 않아요. 물론 각자 자기 집은 자기가 지켜야지요. 누이동생들은 집 밖에 얼씬거리지 못하게 하고요."

■ * 앞의 글, 94쪽.

"그렇게 되면 자넨 교수형을 받게 돼. 놈들이 와서 자네를 또다시 군인으로 끌어낼 거야. 이번에는 앰뷸런스 운전병이 아니라 보병으로 말이지."

"모든 사람을 교수형에 처할 순 없죠."

"남의 나라 사람이 우리를 자기네 군인으로 쓰지는 않겠죠. 첫 전투에서 모두 내뺄 테니까요."

"체코 사람들처럼 말이지."

"자네들은 정복당하는 게 어떤 건지 전혀 모르는 것 같군. 그러니 패배해도 별로 나쁘지 않다고 생각하는 거야."(무기, 83~86)

병사는 "시골 농부들도 전쟁을 믿을 만큼 무지하지 않은" 반면 "아무 것도 깨닫지 못하고 더 깨달을 능력도 없는 우둔한 계급이 있고, 그자들이 지금 한 나라를 지배"하고, "그런 부류 때문에 지금 이런 전쟁이 벌어지고 있다"(무기, 87)고 말한다. 이때만 하더라도 프레데릭은 전쟁 자체에 대해 근본적으로 회의한 것은 아니고, 승리해야 한다고 믿는다. 그러다 오스트리아군의 포격으로 인해 프레데릭과 부대원들은 치즈를 먹던 중에 큰 부상을 겪거나 죽게 된다. 죽기 전에 성모 마리아를 찾지만 아무 소용이 없다.

10장에서 프레데릭은 작전 중에 부상을 입은 것이 아니라 그저 치즈를 먹다가 부상을 당했을 뿐이라 훈장을 주겠다는 말에 자신은 정말 한 게 없고, 받을 이유가 없다고 계속해서 말한다. 전쟁에서 거짓 무공으로 영웅이 되는 이야기는 흔하지만 이처럼 주인공이 진실을 말하는 경우는 거의 없다.

11장에서 프레데릭은 문병 온 신부와 전쟁과 신을 회의하는 대화를 나누면서 자신은 누구도 사랑하지 않는다고 하자 신부는 부정하며 사랑을 하게 될 것이라고 한다. 1부의 마지막 12장에서는 프레데릭이 밀라노로 후송된다.

『무기여 잘 있어라』 2부_사랑의 성숙

2부는 밀라노 병원을 묘사하는 13장으로 시작하여 14장에서 캐서린과 재회하는 장면으로 이어진다. 그녀를 다른 장소, 다른 상황에서 다시 만난 그는 신부의 예언처럼 첫눈에 캐서린에게 반하고 둘은 엄청난 속도로 사랑에 빠져버린다.

15~18장의 다리에 박힌 파편들을 제거하는 수술을 거치면서 둘의 사랑은 더욱 성숙한다. 그녀는 간호사이자 미혼임에도 프레데릭과 성행위를 할 정도로 과감하지만 결혼은 거부한다. "당신이 내 종교예요. 당신은 내가 가진 전부라고요."(무기, 185) 이는 당시의 종교를 전면 거부하는 태도다.

19장에서 차츰 몸을 회복한 프레데릭은 20장에서 경마에도 가는 등 마치 전쟁이 없어진 듯 즐겁게 지내다가 21장에서 3주 휴가 뒤 전선에 복귀하라는 명령을 받는다. 캐서린은 아이를 가졌다고 말한다. 여러 가지 방법으로 낙태하려고 했지만 불가능했다고 말하는 그녀를 그는 용감하다고 칭찬한다.

"용감한 사람에게는 아무 일도 일어나지 않아."

"그들도 물론 죽겠죠."

"하지만 한 번밖에 죽지 않지."

"잘 생각이 안 나네요. 누가 한 말이죠?"

"비겁한 자는 천 번 죽지만 용감한 자는 단 한 번 죽을 뿐이다, 라는 말?"

(무기, 222)

22장에서 그들은 마조레 호수로 여행을 떠나려고 하지만 휴가가 취소되고, 23장에서는 병원을 떠나 캐서린과 마지막 밤을 보낸다. 그날 대화에서 그들은 자기들의 아버지를 만날 필요가 없다고 서로 말한다. 그리고 24장에서 군대로 돌아가게 된다.

『무기여 잘 있어라』 3부_탈영

25장에서 그가 돌아간 군대는 예전의 군대가 아니었다. 다시 만난 리날디는 "전쟁 때문에 죽을 지경이야. 우울해 죽겠다고", "생각이란 건 아예 안 하고 산다고. 전혀 할 수도 없어", "정말 지긋지긋한 전쟁이야"(무기, 263)라고 말한다.

26장에는 재회한 신부와의 대화가 나온다. 그는 전쟁이 곧 끝날 것이라고 본다.

"많은 병사가 늘 이렇게 느껴왔습니다. 반드시 전쟁에 패배했다고 해서 그렇게 느끼는 건 아니지요."

"그들은 처음부터 패배한 겁니다. 농장에서 군대로 끌려왔을 때 벌써 패배한 거죠. 농부들에게 분별력이 있는 건, 처음부터 패배했기 때문이죠. 그들에게 권력을 줘보세요. 얼마나 분별력이 있는지 곧 알게 될 겁니다."

"나도 이젠 용기가 꺾였어요. 그래서 이런 일들에 대해선 생각하지 않습니다. 절대로요. 그런데도 일단 말하기 시작하면 생각해보지도 않고 머릿속에 떠오르는 걸 그냥 지껄여댑니다."

"전에는 그래도 줄곧 기대하고 있었어요."

"패배를요?"

"아뇨, 그 이상의 어떤 것 말입니다."

"그 이상의 것은 없어요. 승리 말고는요. 그게 더 나쁠지도 모르지만요."

"나는 오랫동안 승리를 바라고 있었습니다."

"저도 마찬가지죠."

"하지만 이제는 모르겠어요."

"이제는 승리든 패배든, 둘 중 어느 하나가 돼야 해요."

"이제 더 이상 승리할 거라고는 믿지 않아요."

"나 역시 마찬가지입니다. 하지만 패배도 믿지 않아요. 그게 더 나을지도 모르지만."

"그럼 중위님은 뭘 믿습니까?"

"잠자는 것을 믿지요."(무기, 281)

27장에서 프레데릭이 애국자인 동료에게 전쟁에 질지도 모른다고 하자 그 동료는 그런 이야기에 신물이 난다고 하지만 그는 아무 답도 하지 않는다.

> 나는 아무 대답도 하지 않았다. 신성이니 영광이니 희생이니 하는 공허한 표현을 들으면 언제나 당혹스러웠다. 이따금 우리는 고함 소리만 겨우 들릴 뿐 목소리도 잘 들리지 않는 빗속에서 그런 말을 들었다. 또 오랫동안 다른 포고문 위에 부쳐 놓은 포고문에서도 그런 문구를 읽었다. 그러나 나는 신성한 것을 본 적이 한 번도 없으며, 영광스럽다고 부르는 것에서도 조금도 영광스러움을 느낄 수 없었다. 희생은 고깃덩어리를 땅속에 파묻는 것 말고는 달리 할 것이 없는 시카고의 도살장과 같았다. 차마 참고 듣기 힘든 말들이 너무도 많은 까닭에 나중에는 지명만이 위엄을 갖게 되었다. 숫자나 날짜 같은 것들이 지명과 함께 우리가 말할 수 있고 의미를 부여할 수 있는 유일한 것들이었다. 영광이니 명예니 용기니 신성이니 하는 추상적인 말들은 마을의 이름이나 도로의 번호, 강 이름, 연대의 번호나 날짜와 비교해보면 오히려 외설스럽게 느껴졌다.(무기, 290)

28장에서는 격렬한 전투 뒤에 이탈리아 군대는 후퇴하게 된다. 29장에서 프레데릭은 나뭇가지를 꺾어오라는 자기의 명령에 불복했다는 이유만으로 도망도 못 치는 하사관을 사살하게 되지만 이 어처구니없는 사건에 대해 헤밍웨이는 단 한마디의 회오도 적지 않아 그 잔혹성을 더욱 강조한다. 또 프레데릭의 사살 뒤 다시 확인 사살을 한 병사가 사회주의자임을 부각시킨다. 병사들은 프레데릭에게 자신들은 사회주의자들이라고 하면서 아름다운 자기 고향 사람들은 모두 사회주의자라고 하며 전쟁이 끝나면 꼭 오라고 권한다. "중위님도 사회주의자로 만들어드리겠습니다"라고 하지만(무기, 325) 헤밍웨이는 이데올로기의 허구성을 비판하는 듯이 보인다.

30장에서 같이 후퇴하는 이탈리아 병사들이 소총을 땅에 버리면서 "평화 만세! 우리는 지금 고향으로 돌아간다네"라고 외친다.(무기, 342) 그리고 "장교를 타도하라"라고도 한다. 그러던 중 헌병들이 부대를 이탈한 장교를 심문하는 장면이 나온다.

> "야만인들이 이 신성한 조국 땅을 짓밟은 것은 당신과 당신 같은 사람들 때문이요."
> "지금 뭐라고 했습니까?"
> "우리가 승리의 결실을 잃게 된 것은 당신 같은 사람들의 반역행위 때문이란 말이오."
> "후퇴해본 경험이 있소?"
> "이탈리아군은 결코 후퇴하지 않소."
> "나를 총살할 작정이라면 더 이상 심문하지 말고 당장 하시오. 심문은 바보짓이야."
> "부대 이탈 죄로 총살에 처함."(무기, 348)

프레데릭은 총살을 대기하는 줄에 서 있다가 다리 아래 강으로 뛰어든다. 그것이 전쟁과의 결별을 뜻하는 것이 분명하지만, 의도적인 일이 아니라 우연한 사건에 불과한 것이었다. 즉 프레데릭의 전쟁과의 결별은 반전사상에서 나온 것이 아니라 살기 위한 몸부림으로서의 탈영이었다.

31장에서 그는 물살을 타고 들판을 걷고 32장에서 열차의 짐칸에 몰래 타서 처음 부대가 있었던 마을로 돌아오면서 스스로에게 다짐한다.

> 분노는 모든 의무와 함께 강 속에서 씻겨 내려갔다. 의무는 헌병이 내 멱살을 잡을 때 사라졌지만 말이다. 나는 외적인 형식에 별로 관심을 두지 않는 편이지만 군복을 벗어버리고 싶었다. 소매에서 별을 떼어버린 것은 그게 편해서였다. 명예를 위해서가 아니었다. 그들을 반대한 것도 아니었다. 나는 이미 그 일에서 손을 뗐다. 나는 그들 모두에게 행운을 빌었다. 착한 사람도, 용감한 사람도, 침착한 사람도, 현명한 사람도 있었다. 그들 모두는 행운을 누려 마땅했다. 그러나 이제 더 이상 내가 나설 일은 아니었다. 나는 이 빌어 먹을 열차가 메스트레에 도착하면 뭘 좀 먹고 생각하는 것을 그만두고 싶을 뿐이다. 어쨌든 생각을 그만해야 했다.(무기, 361)

『무기여 잘 있어라』 4부_탈출

33장에서 프레데릭은 밀라노의 병원을 찾아 캐서린이 그곳을 떠나 마조레 호수의 스트레사(Stresa)로 갔음을 알게 되어 그곳으로 탈출하려고 한다. 34장에서 더 이상 전쟁을 생각하지 않고 "단독 강화(separate peace)"(무기, 376)를 맺는 그는 스트레사에서 캐서린을 만난다.

사람들이 이 세상에 너무 많은 용기를 갖고 오면 세상은 그런 사람들을 꺾기 위해 죽여야 하고, 그래서 결국에는 죽음에 이르게 한다. 이 세상은 모든 사람을 부러뜨리지만 많은 사람은 그 부러진 곳에서 더욱 강해진다. 그러나 세상은 부러지지 않으려고 하는 사람들을 죽이고 만다. 아주 선량한 사람들이든, 아주 부드러운 사람들이든, 아주 용감한 사람들이든 아무런 차별을 두지 않고 공평하게 죽인다. 당신이 그 어디에 속하지 않는다 해도 이 세상은 당신 역시 틀림없이 죽이고 말겠지만, 특별히 서두를 필요는 없을 것이다.(무기, 385)

36장에서 두 사람은 호수 건너 편 스위스 땅으로 탈출한다. 8시간 뒤의 사투 끝에 그곳에 도착한 37장에서 그들은 스위스 경찰에 의해 로카르노로 이송된다. 그리고 스키를 즐기려고 몽트뢰(Montreux)로 간다.

『무기여 잘 있어라』 5부_죽음

38~39장은 몽트뢰에서의 평화로운 겨울 일상을 묘사한다. 40장에서 그들은 산장을 내려와 병원이 있는 로잔의 호텔로 내려온다. 41장에서는 진통이 와서 병원을 찾지만 캐서린은 힘들어한다.

가엾고 가엾은 내 귀여운 캣! 그래, 이것이 바로 함께 잠을 잔 것에 대한 대가구나. 이것이 그 덫의 끝이구나. 이것이 인간이 사랑해서 얻게 되는 결과구나. 어쨌든 마취제에 대해선 하느님께 감사해야겠다. 마취제가 나오기 전에는 어땠을까? 진통이란 일단 시작되면 물방아 속의 물줄기처럼 멈출 줄을 모른다. 캐서린은 임신 중에 정말 건강했어. 임신의 고통도 없었지. 입덧도 거의 없었고. 마지막까지도 전혀 힘들어 하지 않았어. 그런데 이제 마침내 그녀가 붙잡힌 거야. 무슨 짓을 해도 벗어날 길이 없어. 벗어나다니, 당치도 않은 소리!(무기, 485) ·

아기가 태어나지만 캐서린을 걱정하는 그는 "아기에 대해 아무런 감정도 느낄 수 없었다. 나와는 아무런 관계없는 아기 같았다. 아버지라는 느낌도 전혀 들지 않았다." 그러나 아기는 죽는다.(무기, 492)

불쌍한 어린 것. 제기랄, 차라리 내가 그렇게 질식했더라면 좋았을걸. 아냐, 그건 거짓말이야. 하지만 그랬더라면 이런 식으로 죽음을 경험하지는 않았을 텐데. 이제 캐서린은 죽겠지. 내가 바로 그렇게 만든 거야. 인간은 죽는다. 그것이 무엇인지 몰랐어. 그것에 대해 배울 시간이 없었던 거야. 경기장에 던져놓은 몇 가지 규칙을 알려주고는 베이스를 벗어나는 순간 공을 던져 잡아버리거든. (중략) 결국 살아남는다 해도 종국에는 죽임을 당하는 거야.(무기, 496)

이와 비슷한 이야기로 프레데릭은 캠프에서 본 불타는 장작 위에 붙은 개미 떼를 연상한다.

언젠가 캠프를 할 때 나는 모닥불 위에 통나무 하나를 얹어놓은 적이 있다.

통나무에는 개미가 잔뜩 붙어 있었다. 통나무에 불이 붙기 시작하자 개미들은 우글우글 기어 나와 처음에는 불이 있는 한가운데로 기어갔다. 그러다가 나무 끄트머리 쪽으로 돌아갔다. 개미 떼는 끄트머리 쪽에 잔뜩 모여 있다가 불속으로 뚝뚝 떨어졌다. 그중 몇 마리는 기어 나왔지만 몸이 불에 타서 납작해진 채로 어디로 가는 줄도 모르고 무작정 달아났다. 그러나 대부분의 개미들은 불쪽으로 갔다가 나무 끄트머리 쪽으로 돌아가서 뜨겁지 않은 곳에 모여 있다가 결국은 불속으로 떨어졌다. 나는 그때 바로 이것이야말로 세계의 종말이라고 생각했다. 구세주가 되어 통나무를 불속에서 끄집어내어 개미들이 땅바닥으로 달아날 수 있는 곳으로 던져줄 수 있는 절호의 기회라고 생각했다. 그러나 나는 아무것도 하지 않았다. 다만 함석 컵의 물을 통나무에 끼얹었을 뿐이다. 그것도 컵을 비워 거기에 위스키를 따르고 물을 타기 위해서였다. 활활 불타고 있는 통나무에 물 한 컵을 끼얹은 것은 개미를 삶아 죽이는 일에 불과했다.(무기, 496~497)

이 장면은 흔히 『무기여 잘 있어라』의 철학적 절정, 즉 인간의 실존적 부조리성과 무신론적인 실존주의 사상이라는 헤밍웨이의 비관적 세계관을 보여준다고 한다. 그러나 캐서린이 죽어가자 신을 믿지 않는 프레데릭도 "지금 그녀가 죽었다는 것을 알았고, 그래서 제발 죽지 않게 해달라고 기도를 드렸다."(무기, 500) 반면 죽기 전 신부가 와서 기도하는 것을 거부한 그녀는 "나는 하나도 두렵지 않아요. 다만 죽음이 미울 뿐이에요"(무기, 501), 그리고 "이건 비열한 장난일 뿐이에요"(무기, 502)라고 말한다. 그리고 그녀는 죽는다. 죽음에 용기 있게 대처하는 것은 프레데릭이 아니라 캐서린이다.

『무기여 잘 있어라』는 어떤 성격의 소설인가?

『무기여 잘 있어라』를 전쟁소설로 볼 것인가, 아니면 연애소설로 볼 것인가를 둘러싼 논쟁이 있지만, 그 두 가지 모두에 해당되는 것이라고 봄이 당연하다. 그러나 김욱동처럼 『로미오와 줄리엣』과 달리 『무기여 잘 있어라』는 "생물학적 우연이나 우주의 질서가 주인공을 파멸로 몰아넣는 점이 다르다"(무기, 511)고 함에는 의문이 있다. 『무기여 잘 있어라』의 파멸은 인간이 만든 전쟁에 의한 것이기 때문이다.

그 소설을 '인식론적 소설'로 보기도 한다. 즉 "주인공이 온갖 고통과 좌절을 겪으면서 삶에 대한 지식이나 통찰을 조금씩 터득해가는 과정을 그린 작품"(무기, 512)이라는 의미에서다. 그러나 소설 치고 그런 내용의 소설이 아닌 것이 있는가? 한편 이러한 견해와 반대로 프레데릭과 캐서린이 그들의 사랑에만 충실하고 세상에 배타적이었으므로 배움이나 이해나 성장에 대한 노력을 전혀 하지 않았다고 보는 입장(Hovey, 78)도 있다.

또한 이 소설을 "인간의 존엄성을 포기한 문학"이라고 보는 견해(윤동곤, 91)에는 찬성할 수 없다. 전쟁을 비판하는 것은 그것이 인간의 존엄성을 침해하는 것, 그런 침해 요인 중에서도 가장 극단적인 것이기 때문이다.

이 소설에 대한 논쟁 중에는 캐서린을 어떻게 볼 것이냐에 대한 것도 있었다. 특히 마지막 장면에서 캐서린이 신부의 임종 기도를 거부하는 장면을 비롯하여 종교에 대한 부정적 묘사는 그 소설이 1929년에 〈스크리브너 매거진*Scribner's Magazine*〉에 연재될 때 보스턴에서 판금조치를 당하게 했다. 평론가들 중에서도 캐서린을 남자를 유혹하여 파멸에 이르게 하는 팜므파탈적인 인물로 부정적으로 다룬 사람들이 있었지만 그들은 대체로 가부장적 입장이었다고 볼 수 있다. 도리어 프레데릭보다 더 전쟁에 비판적인 그녀를 통해, 그리고 그녀의 죽음을 통해 반전소설로서『무기여 잘 있어라』가 보여주는 감동은 영원할 것으로 나는 믿는다.

4장

1920년대 파리,
『에덴동산』의 반윤리와
자유

제1차 세계대전 직후

1919년 1월에 헤밍웨이는 전쟁에서 입은 부상 때문에 제대하고 집으로 돌아왔다. 지팡이에 의지한 채 고향으로 돌아온 그를 취재한 기자는 〈뉴욕 선*New York Sun*〉 1919년 1월 22일 호에서 "그는 아마도 제복을 입은 사람이건 아니건 동맹국의 유산탄에 저항한 사람들 중 가장 많은 상흔을 가진 사람일 것이다"라고 한 뒤 헤밍웨이가 적군의 금속 파편에 227군데를 맞았으나 상처가 낫기 무섭게 다시 전선으로 돌아갔다고 썼다. 이 기사는 헤밍웨이를 처음으로 미국에 알린 계기가 되었다.

고향에서 헤밍웨이는 아그네스의 편지를 간절히 기다렸으나, 한 달이 되기도 전에 그녀는 헤밍웨이가 너무 어리다는 이유로 절교를 선언하고 자신은 부대장과 사귄다고 알려왔다. 헤밍웨이는 술을 마시기 시작했다.

당시 그의 생활상은 『우리 시대에』의 일곱 번째 소설 「병사의 집*Soldiers's Home*」에 잘 나타나 있다. 제1차 세계대전에 참전한 병사가 고향에 돌아와 겪는 허무감과 무력한 생활을 다룬 그 작품은 『태양은 다시 떠오른다』

일리노이 오크파크로 돌아온 헤밍웨이(1919)

의 예고편이었다. 그 병사는 전쟁 이야기를 과장하거나 구애를 위해 거짓말을 하지만 그 모든 것을 부질없는 짓으로 느낀다는 이야기다. "삶은 어느 것 하나 그에게 감동을 주지 않았다."(단편1, 199)

1920년 1월, 헤밍웨이는 토론토로 가서 〈토론토 스타 위클리Toronto Star Weekly〉지의 프리랜스 기자 생활을 시작했다. 그 신문은 진보 성향으로서 당시 보수파인 토론토 시장을 비롯한 지도계층에 대해 비판적이었다. 「시장님은 왜 경기를 안 보고 유권자들만 챙기나Sporting Major At Boxing Bouts」 같은 당시 헤밍웨이가 쓴 기사가 그런 경향을 보여준다. 그는 그 주간지에 30여 편의 글을 썼다.

그해 10월에는 시카고에 머물면서 해들리 리처드슨을 만나 이듬해까지 편지를 교환했다. 그리고 헤밍웨이의 문학적 재능을 발견한 셔우드 앤더슨(Sherwood Anderson, 1876~1941)과 만났다. 앤더슨을 유명하게 한 『와인스버그 오하이오』(1919)는 그로테스크 소설로서 호평을 받았고, 헤밍웨이를 비롯한 많은 작가들에게 영향을 끼쳤다. 1925년 헤밍웨이는 셔우드 앤더슨의 그 소설이 자신이 발표한 첫 번째 소설의 모델이라고 했으나, 『봄의 분류』를 통해 앤더슨의 그림자를 완전히 청산했다.(도널드슨, 252)

당시 헤밍웨이는 시카고 농민소비조합에서 발행한 중서부 농민들을 위한 잡지인 〈협동공동체Cooperative Commonwealth〉*의 작가 겸 편집인으로 활동하면서 당시에 터진 러시아혁명과 노동문제에 대해 독서하고 토론했다. 당시 그를 사회주의에 기울었다고 보기는 힘들어도 노동자 농민에게 대한

* 〈협동나라〉로 번역하는 경우도 있다.(소수만, 28)

관심은 깊었다고 볼 수 있다.

리처드슨은 쿠로스키처럼 큰 키에 아름다운 8살 연상의 여인이었다. 어쩌면 그런 면 때문에 헤밍웨이는 그녀를 사랑했고 결혼했을지도 모른다. 게다가 독립적인 쿠로스키에 비해 리처드슨은 순종적이고 헌신적이었다. 1921년 9월에 미시건 주 호튼 베이에서 결혼한 그들은 6년밖에 같이 살지 않았지만 이혼 뒤에도 서로를 존중했다.

결혼 후 헤밍웨이는 제1차 세계대전 때 갔던 이탈리아로 다시 가려고 했지만, 앤드슨은 그에게 파리로 가라고 권했다. 마침 〈토론토 데일리 스타〉지에서 헤밍웨이를 유럽 특파원(특집기사 작가)으로 임명해 그는 파리로 가야 했다.

헤밍웨이의 파리 시절

1921년 12월, 헤밍웨이는 아내와 함께 파리로 건너가 7년을 살았다. 헤밍웨이는 왜 파리로 갔을까? 앤더슨의 권유가 결정적이었다. 그는 파리에 있는 친구들에게 헤밍웨이를 추천하는 편지를 써주었다.

당시엔 미국의 달러 가치가 유럽 화폐 가치보다 훨씬 높았기에 많은 미국인들이 생활비가 적게 드는 유럽 쪽을 택하곤 했다. 1921년부터 1924년 사이에 파리에 거주한 미국인 수는 6,000~30,000명이었고, 영어 사용자 수는 20만 명을 넘었다. 게다가 당시의 미국은 1922년 조이스의 『율리시즈』를 불태우고 금서로 지정했을 만큼 보수적이었다. 반면 유럽 대륙은 미국은 물론 영국이나 아일랜드보다 훨씬 자유로웠다. 그래서 거트루드 스타인, 피츠제럴드, 존 도스 패서스, 에즈라 파운드, 헨리 밀러, 포크너, 윌리엄 버드, 맥스 이스트먼, 링컨 스티븐스, 해럴드 롭, 아치볼드 매클리시, 어니스트 월시, 제럴드 머피 같은 미국 작가들과 함께 맥스 비어봄, 윈드햄 루이스, 찰스 스위니, 헨리 스트레이터, 로버트 맥어먼, 에드워드 오브라이언, 포드 매덕스 포드, 진 리스 같은 영국 작가들, 사뮈엘 베케트, 제임스 조이스* 같은 아일랜드 작가들이 파리로 와서 글을 썼다. 헤밍웨이는 그들 대부분과 교류했다.

지금까지 잘 알려지지 않은 사실 중에는 그가 〈토론토 스타 위클리〉의 1922년 3월 25일자에 쓴 『수상작이 폭풍의 한가운데Prize-Winning Book is Centre of Storm』라는 글에서 흑인 작가 르네 마랑의 공쿠르상 수상 소식을 전하며 프랑스 제국주의가 식민지 원주민에게 범한 죄악을 고발한 점도 있다. 마랑은 『바투알라』라는 소설 서문에서 현재의 중앙아프리카공화국인 지역에서 평화롭게 살았던 1만 여 명의 원주민이 프랑스 치하에서 1천 명으로 줄어든 처절한 과정을 묘사했다. 프랑스 권력자들은 그가 프랑스를 배신했다고 비난했지만, 소설 자체는 마을 추장인 바투알라의 소박한 일상을 기록한 것이다. 마지막 장면에서 그가 표범에게 던진 창살이 빗나가고 표범이 그의 몸을 할퀴어 죽어가는 모습은 헤밍웨이가 그 기사를 쓰고 30년이 지난 1951년에 발표한 『노인과 바다』를 연상하게 한다.

또 하나 언급할 필요가 있는 점은 헤밍웨이가 파리 시절에 피카소만이 아니라 수많은 진보적 화가들과 친분을 맺었다는 점이다. 그중 한 사람

■ * 헤밍웨이는 『아프리카의 푸른 언덕』에서 헤밍웨이가 아프리카로 오기 전날 밤 만찬에 조이스 부부가 와서 함께 취했다고 썼다.(아프리카, 132)

이 루이스 킨타니야(Luis Quintanilla, 1893~1978)다. 그는 스페인 내란이 터지기 전인 1934년에 노동자 봉기를 주도했다는 이유로 16년 징역을 구형받았다. 그 후 뉴욕의 피에르 마티스 갤러리에서 그의 석방을 돕기 위한 자선 전시회가 열리자 헤밍웨이는 소개글을 써서 〈에스콰이어〉지 1935년 2월호에 발표했다. "총파업을 겪으며 굶주린 경험이 없고 다이너마이트로 날아간 철로 위에서 기차를 운행해본 경험이 없는 자"를 위시하여 "혁명이라는 단어를 일삼는 이들로부터 약간의 세금을 걷어 그 돈으로 루이스 킨타니야나 다른 수감자들의 변호 비용을 대주는 게 어떨까"(저널, 131~132)라고 하면서 헤밍웨이는 그 화가를 다음과 같이 소개한다.

> 그는 디에고 리베라처럼 돈을 받고 영혼 없이 혁명을 외치는 자와 다르다. (중략) 그는 누군가를 일정한 잣대로 판단하려 하지 않는다. 있는 그대로의 모습을 보여준다. 사람들 앞에서 행동을 이끌어냈기 때문에 가능한 일이다. 뒤에서 따르는 사람들은 대상을 우상화하게 마련이다. 앞에서 이끄는 사람만이 대상을 있는 그대로 보여주고 비판할 수 있으며 풍자할 자격을 갖게 된다. 이들은 대상을 증오할 때도 이성적으로 증오하는 법을 안다.(저널, 133)

화가의 그림을 "고야 이래로 가장 정확하게 묘사된 마드리드의 모습"(저널, 137)이라고 한 헤밍웨이는 자신의 글쓰기를 화가의 그림 그리기와 일치시키고 있다.

파리에서 헤밍웨이가 만난 화가들은 그 밖에도 많았다. 앙드레 마송, 쥘 파스킨, 후안 미로, 파블로 피카소 등이었다. 그러나 문학의 경우와 마찬가지로 그는 세잔처럼 고인이 된 거장으로부터 많이 배웠다. 또 틴토레토, 히에로니무스 바스크, 피터르 브뤼헐, 패트니에르, 고야, 지오토, 반 고흐, 고갱, 마네, 모네로부터도 작품 쓰는 법을 배웠다고 했다.

거트루드 스타인을 스승으로 삼다

파리 시절 헤밍웨이에게 가장 큰 영향을 미친 사람은 거트루드 스타인 (Gertrude Stein, 1874~1946)이었다. 그는 파리로 오기 전 앤더슨에게 추천서를 받았다. 헤밍웨이 부부는 파리에 도착한 지 3개월 만인 1922년 3월 8일에 스타인과 그녀의 동성애 애인인 앨리스 B. 토클라스가 살고 있는 아파트로 찾아갔다. 그 뒤에도 헤밍웨이는 피카소와 세잔의 그림들이 걸려 있는 스타인의 스튜디오를 몇 번이나 찾아 레슨을 받았다. 그리고 스타인과 토클라스는 헤밍웨이 장남의 대모가 되어주기도 했다. 그러나 그 뒤로 그들의 관계는 서서히 악화되어 헤밍웨이가 그녀의 작품을 야유한 『봄의 분류The Torrents of Spring』(1926)를 출판한 뒤 사제관계는 끝났다. 헤밍웨이 최초의 장편소설인 그 작품은 그동안 거의 무시되어 왔고 우리말 번역도 없다.

그 뒤 헤밍웨이는 스타인과의 관계에 대해 특별히 언급하지 않았다. 가령 유고로 사후에 출판된 『파리는 날마다 축제』에서도 세잔의 영향을 언급하면서도 스타인에 대해서는 전혀 말하지 않았다. 스타인이 오빠 레오와 함께 세잔의 그림을 파리의 화상 보랄로에게 처음 구입한 것은 세잔이 죽기 2년 전인 1904년경이었다. 당시 세잔은 무명으로 엑스 프로방스에서 외롭게 그림을 그리며 우울하게 살고 있었다.

1922년 1월 스위스를 방문한
헤밍웨이와 그의 아내 해들리

거트루드 스타인과 헤밍웨이의 아들 잭(1924)

스타인은 세잔에게 공간예술인 회화 기법으로부터 영감을 얻어 소설을 썼다. 이는 개별 예술 형태에 고유한 한계로부터 벗어나고자 시도한 모더니즘의 하나였다. 입체파 화가들이 3차원의 입체를 전개도로 평면상에 두는 것으로 2차원인 캔버스의 한계를 타파하고자 시도했듯이, 모더니즘 작가들은 언어 자체가 갖는 제약, 즉 시간적 계기(繼起)에 따라 말한다는 제약으로부터 벗어나, 시각예술에 의해 실현되고 있는 공간성이나 동시성의 효과를 작품에서 얻고자 했다.

헤밍웨이는 이러한 스타인의 시도를 그대로 받아들였다. 앞에서 말했듯이 헤밍웨이와 스타인의 관계가 곧 끝나버린 탓에 헤밍웨이는 더 이상 스타인에 대해 언급하지 않지만, 반면 스타인은 헤밍웨이에 대한 기록을 남겼다. 스타인에 의하면 그녀는 어느 날 헤밍웨이에게 신문사를 그만두라고 했다. "신문 일을 계속하면 사물을 볼 수 없게 된다. 단어로만 보게 되면 제대로 안 된다. 이는 물론 네가 작가가 되고자 하는 경우의 이야기이지만."*

스타인의 가르침을 언급하는 대신 헤밍웨이는 파리에서 거의 매일처럼 뤽상부르미술관에 세잔을 보러가 세잔에게 배웠음을 언급했다.

나는 거의 매일처럼 그곳에 세잔(중략)의 그림들을 보러갔다. 나는 세잔의 그림들로부터 무엇인가를 배웠다. 즉 당시 자신의 스토리에 차원들(dimensions)이 생기도록 시도했는데, 거기에는 전적으로 불충분하다고 생각

■　*　Gertrude Stein, *The Autobiography of Alice B. Toklas, Selected Writings of Gertrude Stein*, ed., Carl van Vechtan, Vintage, 1990, p.201.

되는 단순하고 진실한 문장을 쓰게 하는 무엇인가를 세잔의 그림에서 배웠다. 나는 세잔으로부터 매우 많은 것을 배웠지만 그것을 누구에게도 설명하지 않았다. 게다가 그것은 비밀이기도 했다.*

위에서 '차원들'이란 '공간적 차원'을 뜻한다. 여기서 우리는 시간의 경과에 따라 전개하는 언어의 제약에서 벗어나 회화처럼 공간적 형식을 소설 속에 실현하고자 하는 모더니스트 헤밍웨이의 의욕을 읽을 수 있다. 세잔은 모든 사물의 기본 형태를 원통, 구체, 원추로 다루어 영원히 불변하는 공간적이고 입체적인 자연을 구성해야 한다고 했다. 그리고 그 결과 전체를 일괄적으로 보는 원근법을 무시하고, 시점을 이동해서라도 각각의 형체를 그것대로 표현하게 되었다. 나아가 각 대상의 형체적 특질을 표현하기 위해 대상의 일부를 변형하거나 생략하기도 했다. 여기서 수식어를 가능한 한 사용하지 않고 짧은 단문을 주로 사용하는 이른바 '하드보일드 문장'이 태어났다. 헤밍웨이는 1924년 8월 15일에 스타인에게 보낸 편지에서 다음과 같이 말했다.

두 편의 긴 단편을 끝냈습니다. 하나는 그다지 좋지 않지만, 긴 쪽, 즉 스페인에 가기 전에 쓰기 시작한 글에서 풍경을 세잔처럼 하고자 했습니다. (중략) 100쪽 정도의 길이로 아무 일도 생기지 않지만 풍경은 멋집니다.(*Letters*, 122)

■　*　Ernest Hemingway, *A Moveable Feast*, Simon, 1996, p.13. 번역서 19쪽의 이 부분에는 '차원들'이라는 말이 생략되어 있어서 새로 번역한다.

위에서 말한 두 편의 단편이란 앞에서 본 「심장이 두 개인 큰 강」 1, 2부를 말한다. 뒤에 『우리 시대에』 14장과 15장으로 들어간 「심장이 두 개인 큰 강」의 1, 2의 문장은 평균 12개 단어로 구성된다. 이러한 평균보다 5개 이상 적은 문장은 전체의 43%이고, 10개 이상 많은 문장은 전체의 12%에 불과하며, 전체의 73%가 단문이다.

『파리는 날마다 축제』

파리에서의 생활에 대해 헤밍웨이는 30여 년 뒤인 1957년부터 1961년에 죽기 1년 전인 1960년 봄까지, 첫째 부인과 함께 지낸 파리 생활을 회상하는 기록을 썼다. 그것을 쓰게 된 계기는 1928년 3월 헤밍웨이가 둘째 아내 폴린(Pauline Pfeiffer, 1895~1951)과 함께 파리에서 미국으로 여행을 떠났을 때 파리의 호텔에 둔 두 개의 원고 가방이 1956년에 발견된 것이었다.

그 원고에 기초해 쓴 책이 네 번째 부인인 메리 헤밍웨이(본명은 메리 웰시, Mary Welsh Monks, 1908~1986)가 헤밍웨이 사후 1964년에 출판한 『움직이는 축제Movable Feast』로, 우리말로는 『헤밍웨이 파리에서 보낸 7년』으로 번역되었다. 이어 2010년에 두 번째 아내인 파이프의 손자인 숀 헤밍웨이가 미완성 또는 미발표 원고들과 함께 같은 제목으로 낸 증보판이 나왔고, 우리말 번역은 『파리는 날마다 축제』였다. 그 제목은 1950년 헤밍웨이가 친구 호체너에게 보낸 다음 글에서 따왔다.

헤밍웨이와 둘째 아내 폴린(ca.1927)

만일 너에게 젊은이로 파리에 살 수 있는 행운이 있다면

나머지 삶에 어디로 가든 파리는 너와 함께일 것이다.

파리는 움직이는 축제니까.

20개의 스케치로 엮어진 그 책에는 당시 미국의 젊은 작가들을 '잃어버린 세대(Lost Generation)'라고 부르게 된 연유를 포함하여 흥미로운 이야기가 많이 나온다. 즉 스타인이 자신의 고장 난 차를 고치려고 정비소에 맡겼는데, 젊은 직원이 빨리 고치지 못하자 정비소 사장이 "너희들은 전부 잃어버린 세대야"라고 호통 치는 소리를 듣고 그 말을 헤밍웨이 등에게 그대로 적용했다는 것이다. "자네들은 아무것도 존중하지 않잖아. 죽도록 술만 퍼마실 뿐이지."(파리, 74)

그 스케치 중에는 헤밍웨이의 작가 수업 때 읽은 독서에 대한 이야기도 있다. '셰익스피어 앤 컴퍼니' 서점에서 주로 톨스토이, 투르게네프, 고골, 체호프, 도스토옙스키와 같은 러시아 작품들의 영역본을 읽었다는 것이 흥미롭다. 특히 "간결하고 명쾌하게 글을 쓰는 체호프"(파리, 128)가 그의 문체에 중요한 영향을 끼쳤을 것이다. 그는 '작가가 되고 싶다고 찾아온 청년에게'에서 꼭 읽어야 할 책으로 무엇보다도 먼저 톨스토이의 『전쟁과 평화』와 『안나 카레니나』를 꼽았다.(저널, 249)

그 밖에도 그는 스탕달, 플로베르, 모파상 같은 프랑스 작가들, 토마스 만과 하인리히 만 같은 독일 작가들, 크누트 함순 같은 노르웨이 작가들의 작품도 읽었다. 또 키플링, 콘래드, 로렌스 같은 영국 작가들, 마크 트웨인, 헨리 제임스, 스티븐 크레인, 존 오해러, T. S. 엘리엇 같은 미국 작

가들의 작품도 열심히 읽었다. 그러나 살아 있는 작가들보다 죽은 작가들의 작품을 더 좋아했다.

『파리는 날마다 축제』는 최근 파리에서 다시 베스트셀러가 되었다. 테러를 계기로 재조명된 것이다. 그 탓인지 우리나라에서도 헤밍웨이를 따라 파리를 걷는다는 제목의 책들이 나왔지만, 싸구려 관광안내서 정도에 불과해서 헤밍웨이와 거의 무관하다. 이 책 『파리는 날마다 축제』에는 헤밍웨이가 당시 그리스-터키 전쟁을 보도하고, 제1차 세계대전의 청산을 위해 열린 각종 국제회의를 취재했다는 이야기는 나오지 않는다. 그러나 나는 당시의 취재, 특히 무솔리니 인터뷰가 중요하다고 생각한다.

무솔리니를 취재하다

앞에서 본 소설 「혁명가」를 쓸 무렵, 헤밍웨이는 1922년부터 제1차 세계대전 후의 국제회의를 취재하여 수많은 기사를 썼고, 특히 이탈리아의 파시즘 대두에 주목하여 무솔리니를 인터뷰했다. 이에 대한 소개도 우리나라에는 거의 없으니 여기서 이야기해볼 가치가 있다.

인터뷰 기사는 둘이었다. 그 처음인 「파시스트 당원 50만 명*Fascist Party Half-Million*」에서 무솔리니는 "우리는 군사 조직으로 성장한 정당"이라고 주장한다.(저널, 107) 즉 단순한 정당이 아니라 군대 기능을 갖는 정당이라는 것이다. 그리고 반대 세력에 대해서는 폭력 행사도 불사한다고 하고, 특히 자신들은 공산주의에 반대하는 극단적 보수주의자라고도 주장한다.

둘째 기사인 「이탈리아의 검은 셔츠*Italy's Blackshirts*」에서 헤밍웨이는 폭력을 수단으로 하는 파시즘이 지지세력을 잃고, 더욱 과격한 집단으로 변하는 모습을 전한다. 특히 사회주의자들의 온상인 볼로냐를 습격한 과정을 불법적인 것이라고 비판적으로 묘사한다.(Datelin, 174)

무솔리니 인터뷰 뒤에도 헤밍웨이는 많은 국제회의에 대한 기사와 함께 무솔리니를 비판하는 기사를 썼다. 가령 「유럽 최대의 허풍쟁이, 무솔리니*Mussolini: Biggest Bluff in Europe*」에서 헤밍웨이는 그가 사전을 거꾸로 놓고서 읽는 흉내를 낼 정도로 무식하다는 등의 사례를 언급하고, 나폴레옹과 카이사르도 그랬다고 한 뒤 "진솔하지 못한 인물이 조직력을 이용해 국민의 애국심을 선동하는 건 너무나 위험한 결과를 낳을 것"이라고 하며 무솔리니의 미래를 정확하게 예언한다.(저널, 39)

> 이탈리아는 애국자들의 나라다. 사회가 어지럽고 경제 상황이 악화되고 정부의 탄압과 가혹한 세금 부담이 도를 넘어서도 무솔리니가 다른 나라를 상대로 전쟁을 선포하기만 하면 그의 충실한 애국 시민들은 적을 무찌르겠다는 열의에 눈이 멀어 그간의 불만 따위는 금세 잊어버리고 만다.(저널, 182)

그런데 당시 미국에서는 〈뉴욕 타임스*New York Times*〉를 비롯한 주류 언론들마저 무솔리니에 대해 호의적인 태도를 보였다. 그 이유 중 하나는 이탈리아에 대한 미국인의 관심이 낮았다는 점이다. 이탈리아인 이민은 20세기에 들어 증가했으나 사코-반제티 사건(Sacco and Vanzetti)*에서 보듯

■　*　사코(Nicola Sacco, 1891~1927)와 반제티(Bartolomeo Vanzetti, 1888~1927)는 이탈리아에서 온 이민자로서 무정부주의 신념을 가진 노동자들이었다. 사코는 구두수선공이고, 바르

이 이탈리아인은 편견과 차별의 대상이었다. 따라서 무솔리니나 그의 파시즘은 미국에서 그다지 주목되지 않았다. 도리어 그의 반공주의는 미국에서 호의적으로 받아들여졌다. 매카시즘은 1950년대만의 일이 아니라 이미 1920년대에 당시 법무부장관인 파머에 의해 시작되었다. 이러한 미국의 태도는 지금까지도 마찬가지다.* 여기서 우리는 헤밍웨이가 얼마나 철저한 반전체주의자였는지, 그리고 미국에서 얼마나 소수 입장이었는지를 알 수 있다.

「조국은 너에게 무엇을 호소하는가?」

헤밍웨이는 1927년에 다시 이탈리아를 찾았다. 그 전 해에 『태양은 다시 떠오른다』의 성공에 이어 『무기여 잘 있어라』를 구상하던 참이었다. 당시 10일간의 이탈리아 여행은 「1927년 이탈리아*Italis, 1927*」라는 제목의 기사로 〈뉴 리퍼블릭*New Republic*〉지에 실렸다. 그리고 뒤에 단편집 『여자 없는 남자들』에는 「조국은 너에게 무엇을 호소하는가?*Che Ti Dice La Patria?*」라는 제목으로 실렸다. 이 소설도 우리나라에는 소개된 적이 거의 없고, 소개되는 경우에도 그 작품명이 「이탈리아 기행」으로 소개되며, 그 원제는 '교향에

톨로메오는 반제티였는데 이들은 매사추세츠 주의 한 제화공장에서 회계담당 직원과 수위가 총에 맞아 숨지고 종업원들의 급료를 탈취하는 사건의 용의자로 지목되었다가 결국 전기의자에서 사형 당하는 사법살인의 희생자가 되었다.(다음 기사 참조: http://h21.hani.co.kr/arti/culture/culture_general/25752.html)

* 이는 1925년 테네시 주에서 진화론 교육이 금지되고, 이어 플로리다, 오클라호마, 노스캐롤라이나, 아칸소, 미시시피 등의 여러 주로 확산된 것과도 무관하지 않다. 게다가 캔자스 교육위원회는 1999년 공립학교에서 진화론을 가르치지 말도록 결정했다. 또 미국에서는 1920년부터 1933년까지 금주법이 시행되었다.

서 무슨 소식 있습니까?'로 오해되는 것이 보통이다(소수만, 278)가 최근에야 이종인에 의해 번역되었다.

이야기는 세 부분으로 나누어진다. 첫 이야기는 어느 파시스트 당원이 나와 친구에게 20킬로미터 떨어진 스페치아(Spezia)까지 히치하이크를 부탁하는 것으로 시작한다. 좌석이 두 개뿐인 낡은 자동차에 자리가 없다고 거부하지만, 그는 문제가 없다고 하면서 차의 발판에 매달려 타고 간다. 커브를 돌 때마다 그의 몸이 뒤집혀 차는 균형을 잃지만 그는 상관하지 않는다. 그런 그를 나는 '아주 이탈리아인답지'라고 비꼰다.(여자, 93) 목적지에 도착하자 간단히 인사하고 가버리는 그에 대해 나는 친구에게 "저 사람은 아주 많이 가야 할 것(will go a long way) 같다"고 말하는데, 그 말에는 '출세할 거야'라는 뜻도 포함되어 있다.

둘째 이야기는 집집마다 무솔리니 초상화가 걸려 있는 스페치아에서 식사를 하기 위해 두 사람은 어느 식당에 들어가는데 그곳 여점원 중 한 사람이 속옷을 입지 않고 있음을 알게 된다. 무솔리니는 매춘을 금지했지만 그곳은 매춘을 목적으로 한 식당이었다. 그래도 두 사람은 독일인 관광객인 양 행세한다. 그렇게 행세함은 이탈리아가 제1차 세계대전의 전승국으로 패전국인 독일에 대해 우월감을 갖기 때문이었다. 여점원은 매춘을 요구하지만 우리는 "여자를 싫어한다"고 답한다.(여자, 97)

셋째 이야기는 제노바 교외에 엄청난 비가 내려 차가 흙탕물에 더럽혀진 채로 세스트리에서 점심을 먹고자 들린 식당에 화장실이 없어 친구가 부근 민가에 들어가 화장실을 빌리고자 하지만 도둑으로 몰리는 이야기다. 그만큼 이탈리아에 범죄자가 많고 사람들은 모두 남을 의심하는 현실을 보여준다. 파리로 돌아갈 때 자전거를 탄 파시스트가 따라와 차의 번호판이 더럽다고 벌금을 청구하는데 그것은 공적인 벌금이 아니라 사적인 횡령인 것이 분명하다.

이 작품은 이탈리아의 아름다운 풍경과 함께 극도로 타락한 도덕상을 보여주어 무솔리니가 이탈리아에 '새로운 정신'을 주입한다고 주장한 것이 얼마나 허구적인 것인지를 폭로한다. 이 작품의 제목은 이탈리아의 파시스트 시인 단눈치오(Gabriele d'Annunzio, 1863~1938)가 만든 슬로건이었다. 헤밍웨이는 단눈치오가 파시즘에 가담했음에도 불구하고 그를 존경하여 무솔리니와 구별했다. 한편 헤밍웨이가 무솔리니를 싫어한 이유는 목적을 위해 수단을 가리지 않은 불순한 정치가라고 생각했기 때문이었다. 즉 원래 사회주의자였던 그가 반공으로 돌아서면서 이탈리아와 프랑스의 기업으로부터 돈을 받아 〈이탈리아 인민Il Popolp d'Italia〉이라는 신문을 발간했기 때문이다.

헤밍웨이의 소설은 여기서 그치지만, 그가 비판한 무솔리니는 그 뒤 제국주의와 확장주의로 나아가 에티오피아를 침략하고, 1936년 스페인에서 내란이 터지자 무솔리니는 히틀러와 함께 프랑코 반란군을 지원한다. 거기서 다시 헤밍웨이는 무솔리니와 대결하게 된다.

스페인 내란이 터지기 직전 헤밍웨이는 〈에스콰이어〉지 1936년 1월에 쓴 「아프리카에는 언제나 독수리가 난다: 조류학적 편지Wings Always Over Africa: An Ornithorogical Letter」에서 무솔리니에 대해 다음과 같이 예상했다.

예상컨대 이탈리아는 이번에 자신들이 패전할 경우 '볼셰비즘의 파도가 몰아칠 것'이라며 다른 열강들을 협박할 것이다. 국제사회가 이탈리아에 대한 비난과 제재를 멈출 수 있게 밀실 협약을 이끌어내려는 속셈이다. 소위 민주주의 정부를 이뤘다는 국제 사회의 일원들은 자신들도 제국주의 식민지 점령에 가담했으면서 다른 나라의 독재자가 제국주의 야욕을 실행하려고 하면 연합해서 반대하기도 한다. 그러고는 그 독재자가 볼셰비즘이 몰아치는 꼴을 보고 싶지 않으면 내가 계속 권력과 돈을 유지할 수 있게 협력하라는 소리를 지껄일 때 여기에 맞장구치는 모습을 보인다. 영국 〈로더미어 프레스〉가 '이탈리아를 사회주의 물결에서 구해낸 영웅'으로 무솔리니를 추켜세웠듯이 말이다.(저널, 203)·

『여자 없는 남자들』

『여자 없는 남자들Men Without Women』은 1927년에 나온 헤밍웨이의 두 번째 단편집이지만 그 최초의 완역은 2016년 이종인의 번역에 의해 문예출판사에서 간행되었다. 이종인이 말하듯이 하나의 단편집은 그 전체로 읽어야 한다. 앞에서 말했듯이 첫 번째 단편집 『우리 시대에』도 마찬가지였다. 그 전에는 두 권의 단편집에 실린 단편들이 제각각 다른 단편선집의 단편들과 섞여서 번역되어 출판되었다. 세 번째 단편집 『승자에게는 아무것도 주지 마라』는 지금까지도 그 완전한 형태로 번역되어 있지 못하다.

『여자 없는 남자들』은 종래 '여자 없는 세계'라는 제목으로 번역되었는데 이렇게 의역된 이유를 알 수 없다. 거기에 실은 작품들은 그야말로 여자 없이 사는 남자들의 이야기이지 여자 없는 세계의 이야기가 아니기 때문이다. 헤밍웨이를 흔히 마초(macho)니 가부장주의자니 남성주의자라고 하지만 이 책에서 보는 것처럼 그만큼 여성을 사랑한 사람도 없다.

14편의 단편들은 주제별로 다음과 같이 묶을 수 있다.

첫째 작품 「패배를 거부하는 남자」와 열한 번째 작품인 「시시한 이야기」는 투우사 이야기다. 첫 번째 단편집 『우리 시대에』에도 투우사 이야기가 잠깐 등장했지만 본격적으로 등장하는 것은 뒤에 나오는 『태양은 다시 떠오른다』에서다. 투우에 대해서는 그것을 본격적으로 다루는 5장에서 다시 설명하겠다. 「오늘은 금요일」은 예수의 처형에 관한 희곡 형식의 특이한 작품이지만 투우사 이야기와 통하는 점이 있다.

두 번째 작품인 「다른 나라에서」와 열네 번째 작품인 「이제 제가 눕사오니」는 앞에서 본 『무기여 잘 있어라』의 속편 같은 것으로 제1차 세계대전의 상처를 다룬다. 「간단한 질문」도 군대 이야기이지만 특이하게도 동성애를 다룬다.

『우리 시대에』에도 등장한 닉의 어린 시절을 다룬 것 같은 작품들도 있다. 「살인자들」, 「5만 달러」, 「열 명의 인디언」, 「추격 경주」 등이다. 그 밖의 작품에는 여자도 등장하지만 대부분 부정적인 인물들이다. 이하 주제별로 설명하는데, 다섯 번째 작품인 「조국은」은 앞에서 설명했으니 여기서는 다루지 않는다.

「패배를 거부하는 남자」, 「시시한 이야기」, 「오늘은 금요일」

14편의 단편 중 첫 작품인 「패배를 거부하는 남자The Undefeated」는 늙은 투우사 마누엘 가르시아(Manuel Garcia)의 이야기다. 소뿔에 받힌 뒤 병원에서 치료를 받고 막 퇴원한 그는 투우에 두려움을 느끼면서도 다시 황소와 대결한다. 그 전에 친구는 그에게 하지 말라고 말한다.

"자넨 너무 늙었어." 주리토가 말했다. (중략) "나는 그렇게 늙지 않았어." 마누엘이 말했다. (중략) "자네 경기는 보고 싶지 않았어." 주리토가 말했다. "너무 긴장이 되니까."(여자, 21)

긴장감에 넘치는 그의 투우 모습에 대해서는 여기서 서술하기 어렵다. 여하튼 이처럼 역경 속에서의 용기를 '고난 앞에서의 품위(grace under pressure)'라고 하는데 이는 헤밍웨이 작품을 즐겨 읽은 케네디 대통령이 자주 언급해 유명해지기도 했다.

마누엘은 치열한 격투 끝에 황소를 제압하지만 중상을 입는다.

봤지, 이 개새끼들아! 마누엘은 뭔가 말하려고 했지만, 기침이 나기 시작했다. 그것은 뜨거웠고 숨이 막혔다. 그는 아래를 보며 물레타를 찾았다. 그는 대회장 쪽으로 가서 인사를 해야 했다. 제길, 대회장 따위 알게 뭐야! 그는 쓰러지듯 앉아 뭔가를 봤다. 그가 보는 건 황소였다. 놈은 네 발을 공중으로 들어 올린 채 두꺼운 혀를 빼물고 있었다. 뭔가가 황소의 뼈와 다리 밑에서 흘러내리고 있었다. 털이 듬성한 곳에 흘러내렸다. 황소는 죽었다. 빌어먹을 놈의 황소! 저 개새끼들도 다 지옥에나 가라! 그는 일어서면서 기침을 하기 시작했다. 그는 다시 주저앉아 콜록거렸다. 누군가가 다가와 그를 일으

켜 세웠다.(여자, 53)

그리고 그는 병원으로 후송된다.

망할 수술대 같으니. 전에도 수술대엔 많이 누워봤다. 그는 죽지 않을 것이
었다. 만약 그랬다면 사제가 이 자리에 있을 것이다.(여자, 54)

마지막으로 그는 변발을 자르지 말아달라고 부탁한다. 이 작품에 나타
나는 죽음에 대한 강박증은 전쟁의 상처가 남긴 것이다. 따라서 황소는
죽음을 상징한다. 소설은 마누엘이 죽는지 아닌지 말하지 않지만, 아마
도 그는 죽을 것이다.

열세 번째 작품인 「시시한 이야기_Banal Story_」는 잡지를 광고하는 소책자
에 실린 이런저런 시시한 기사를 나열한 뒤 「패배를 거부하는 남자」에
나오는 마누엘의 죽음에 대한 기사를 강조하는 이야기다.

투우사들은 그가 죽어서 크게 안도했다. 그는 투우장에서 그들이 가끔 해
보이는 행동을 언제나 해보였기 때문이다. 그들은 비를 맞으며 그의 관을
따라갔고 (중략) 장례식 후에 모두들 비를 피해 카페에 들어가 앉았고, 많
은 남자들이 마에라의 천연색 사진을 사서 둘둘 말아 호주머니에 집어넣었
다.(여자, 195)

열두 번째 작품인 「오늘은 금요일_Today is Friday_」은 희곡의 형식을 띤다. 금

요일은 예수가 십자가에 못 박혀 죽은 요일이다. 다음의 첫 문장은 희곡의 무대 지시문과 같다.

> 세 명의 로마 병사가 밤 11시에 술집에 앉아 있다. 벽 주변에는 술통들이 있다. 나무로 된 판매대 뒤엔 유대인 와인상이 있다. 로마 병사 세 명 모두 조금은 술에 취한 상태다.(여자, 185)

속이 안 좋은 병사3이 약물을 마시고는 "젠장, 예수 그리스도 같군"이라고 하자 병사2가 "그 가짜 경고꾼!"이라고 하지만 병사1은 예수가 훌륭했다고 한다. 병사1은 "그를 따라다니던 떨거지들은" 다 사라지고 "여자들만 남아서 붙어 있었다"고 하며 자신이 예수에게 "낡은 창을 찔러 넣었다"고 하며 "내가 그에게 해줄 수 있는 게 그것밖에 없었다"고 한다.(여자, 186~189) 이는 힘겹게 죽어가는 황소를 제대로 죽도록 마지막으로 힘껏 찌르는 것과 같다.

「다른 나라에서」, 「간단한 질문」, 「이제 제가 눕사오니」

두 번째 작품인 「다른 나라에서In Another Country」의 제목은 크리스토퍼 말로(Christopher Marlowe, 1564~1593)의 희곡 『몰타의 유대인』에서 따온 것으로 다른 나라인 이탈리아에서는 전쟁이 터져 사람을 잘 죽이는 자가 훈장을 받는데, '나도 훈장을 받지만 그것은 사람을 죽인 것이 아니라 우연히 부상을 당했는데도 미국인이기에 때문에 받았다는 것이다. 그런 그는 전쟁이 두려움을 다음과 같이 보여준다.

> 때때로 칵테일을 마시고서 그들에게 훈장을 가져다준 행동을 내가 직접 해
> 내는 장면을 상상해보기도 했다. 하지만 밤중에 차가운 바람이 부는 가운
> 데 모든 가게가 닫힌 텅 빈 거리를 걸어서 집으로 돌아갈 때, 가로등 가까이
> 붙어가려고 하면서, 내가 절대로 그런 일을 하지 못한다는 것을 알았다. 나
> 는 죽는 게 무서웠다. 밤에 침대에 누워 있을 때도 종종 죽는 게 두려웠고
> 다시 전선으로 돌아가면 어떻게 해야 하나, 라고 걱정했다.
>
> 훈장을 가진 세 사람은 일종의 사냥용 매였다. 나는 매가 아니었다.(여자, 60)

이 작품의 이야기가 헤밍웨이의 실제 경험에서 나온 것임은 물론이며,
『무기여 잘 있어라』와 마찬가지로 전쟁에 대한 혐오를 보여주는 것이다.

일곱 번째 작품 「간단한 질문」은 군대에서 소령이 당번병에게 성적인
질문을 하는 내용이다. 당연히 프라이버시 침해로 문제가 될 수 있는 내
용인데, 질문의 핵심은 '동성애를 하느냐 아니냐'이다. 소설에서는 동성애
라는 말은 나오지 않고 '타락'이라는 말이 나온다. 당번병이 무슨 말인지
모르겠다고 하자 소령은 "자네는 정말로 그건 원하지 않는단…", "자넨 정
말로 커다란 욕망을…"이라고 하다가 "다른 누가 나타나서 자네를 업어
가지 않도록 조심해야 돼", "난 자넬 건드리지 않을 거야"라고 한다.(여자,
148) 그리고 당번병은 "어색한 모습으로", "얼굴은 상기되어" 방을 나온다.

그래서 두 남자 사이에 동성애 감정이 있었음을 알게 한다. 단편집의
제목을 생각해보면 군대에서 동성애는 '여자 없는 남자'의 성적 욕망을

해소하는 방법일 수 있다.

열네 번째 작품은 「이제 제가 눕사오니Now I Lay Me」는 전쟁 후유증으로 잠들면 죽을지 모른다는 공포에 사는 미군 닉의 이야기다. 닉은 『태양은 다시 떠오른다』의 제이크 반즈나 『무기여 잘 있어라』의 프레데릭 헨리와 같이 제1차 세계대전에서 이탈리아 전선에 참전했다가 육체적으로나 정신적으로 상처를 입고, 그 상처를 잊기 위해 과거의 경험 등에 몰두한다. 가령 어린 시절의 송어잡이 등이다.

종래 '이제 내 몸을 누이며' 등으로 번역된 소설 제목을 '이제 제가 눕사오니'라고 번역한 이유는 그 말이 다음 기도문에 나오기 때문이다.

> 이제 제가 잠들기 위해 눕사오니
> 저는 주님에게 제 영혼을 지켜달라고 기도드리나이다.
> 만약 제가 깨어나기 전에 죽는다면
> 주님께서 내 영혼을 가져가시기를 기도드리나이다.(여자, 233)

그러나 소설은 기독교와는 아무런 관련이 없다. 제1차 세계대전에 참전한 이유를 묻는 질문에 닉은 "잘 모르겠어. 존. 그 당시에 나는 그러고 싶었어"(여자, 205)라고 답하는 장면이 나온다. 아마도 헤밍웨이 자신의 솔직한 고백일 것이다. 이어 나오는 "그냥 결혼하는 겁니다"(여자, 206)라는 말도 마찬가지다.

「하얀 코끼리 같은 산」, 「딸을 위한 카나리아」, 「알프스의 목가」

세 번째 작품인 「하얀 코끼리 같은 산Hills Like White Elephant」에서 '하얀 코끼리'
는 남자의 사랑을 받지 못하는 여자가 바라보는 환상이기도 하고 여자
가 원하지 않는 낙태 수술을 뜻하기도 하는데, 여자는 남자에게 제발 입
을 다물라고 말한다.

아홉 번째 작품인 「딸을 위한 카나리아A Canary for One」의 제목은 '저마다의
카나리아'라는 뜻이다. 즉 카나리아는 여러 사람의 상징이다. 가령 미국인
부인은 '미국인들은 미국인들과 결혼해야 한다'는 편견 속에 사는 카나리
아이고, 그녀의 딸도 '어머니의 조롱에 갇혀 사는' 카나리아다. 내레이터
역시 카나리아로 편견에 의해 아내와 별거하기 위해 파리로 돌아간다.

열 번째 작품 「알프스의 목가An Alpine Idyll」는 알프스에서 벌어진 죽음 이
야기다. 어느 농부가 그의 아내가 죽었는데 죽은 그녀를 세워두고 그 입
에 등불을 걸고 일했다는 것이다. 따라서 목가가 아니라 죽음의 노래다.

「살인자」, 「5만 달러」, 「열 명의 인디언」, 「추격 경주」

네 번째 작품은 영화화된 대표작인 「살인자The Killers」다. 소설은 간이식당
에 두 남자가 들어오고 "카운터 한쪽 끝에 있던 닉 애덤스가 그들을 쳐
다봤다"(여자, 73)는 것으로 시작하여 그가 "자기가 살해당하리라는 것을
알면서도 방 안에서 기다리기만 하다니. 그 사람 생각만 하면 견딜 수가
없어. 그건 너무 끔찍한 일이야"(여자, 89)라고 말하는 것으로 끝난다. 살
해당하는 남자는 내기권투의 선수로 져주기로 한 시합에서 이겨 돈을

따간 스웨덴 사람 올 안데르센(Ol Andreson)이다. 이 소설은 빙산이론을 비롯하여 하드보일드 등 헤밍웨이 소설의 특이한 기법을 충분히 구사한 단편으로 명성이 높은데 이 점에 대해서는 기존의 문헌에 충분히 설명되었으므로 여기서 덧붙일 점은 없다.

여섯 번째 작품인 「5만 달러」는 뉴욕에서의 내기권투 시합에 대한 이야기다. 내레이터인 제리 도와일(Jerry Doyle)은 주인공 잭 브레난(Jack Brennan)의 트레이너다. 잭은 지미 왈코트(Jimmy Walcott)와의 큰 경기를 앞두고 있다. 잭은 적당히 져주면 큰돈을 벌줄 알았던 내기에서 상대의 기만술에 속아 5만 달러를 잃게 된다.

여덟 번째 작품은 「열 명의 인디언」은 배신의 이야기다. 닉과 조 가너(Joe Garner)의 가족 등이 야구 경기를 보고 돌아오는 길에 길가에 쓰러진 인디언을 아홉 번째 발견한다. 가너의 아들들이 닉이 여자 친구인 프루디 미첼(Prudie Mitchell)을 가졌다고 놀리는데 열 번째 인디언이 그녀였다. 그리고 아버지로부터 그녀가 다른 남자를 만났다는 이야기를 듣고 가슴이 미어짐을 소설의 다음 마지막 문장으로 알 수 있다.

> 한밤중에 잠에서 깨었을 때 오두막집 바깥 솔송나무에 바람이 부는 소리와 호숫가로 파도가 밀려오는 소리가 들렸다. 그는 다시 잠이 들었다. 아침에는 폭풍이 불어 호숫가에 파도가 높이 일었다. 그는 오랫동안 눈을 뜬 채 누워 있다가 비로소 자신의 가슴이 미어졌다는 사실을 기억해냈다.(단편1, 23)

열한 번째 작품인 「추격 경주 *A Pursuit Race*」는 자전거 경주에서 어느 선수가 앞지르면 뒤처지는 선수는 경기에서 제외되고, 앞지르는 사람이 없으면 가장 먼 거리를 달린 자가 승리한다는 경기를 말하지만, 소설에 그런 자전거 경주는 나타나지 않는다. 소설에 나오는 것은 선발대와 어릿광대 사이의 경주다. 어릿광대패의 지배인이고 지혜로운 터너(Turner)는 캠벨을 동정하고 그에 대해 호의적이다. 어릿광대패의 선발대이고 주정뱅이인 캠벨(William Campbell)은 경기에 이길 수 없어 술을 마시고 마약까지 복용하는데 특히 그는 여자들을 노골적으로 혐오한다.

『에덴동산』

헤밍웨이는 1946년부터 1961년 죽기 전까지 15년간 『에덴동산*The Garden of Eden*』을 썼다. 비슷한 시기에 쓴 『파리는 날마다 축제』는 이 책의 앞에서 다루었으나, 『에덴동산』을 마지막에 다루는 이유는 이 소설이 성에 대한 헤밍웨이의 새로운 견해를 보여주기 때문이다. 젊은 부부와 젊은 여성의 삼각관계 속에서 반복되는 섹스에서의 남녀 역할 교대, 그리고 이성애와 동성애와 양성애의 혼교를 묘사한 그 소설은 종래의 남성중심주의적인 성관념을 부정한 작품이라고 할만 했다. 그래서 1986년에 그 소설이 발표되자 헤밍웨이에 대한 새로운 평가가 나오기 시작했다.

남자 주인공인 데이빗 본(David Bourne)의 캐릭터도 헤밍웨이의 전형적인 남성상과 달리 사냥을 싫어하고 수동적이고 유약하며 여자의 유혹에 무력하며 역경에 처해도 속수무책이다. 반면 여성 주인공인 캐서린 힐(Cathrine Hill)은 능동적이고 강렬한 캐릭터로 성적인 자유만을 추구하여 상대에게 고통을 주는 자기중심적 여성상으로 남자 주인공과 마찬가지로 전통적인 헤밍웨이 여성상과 다르다. 그녀는 남편을 문학에 빼앗기지 않으려고 한다. 따라서 그녀는 데이빗의 내면세계인 창작을 방해하는 외부세력을 상징한다. 결국 소설은 그 두 세계의 갈등을 다룬다.

소설은 4부 30장으로 구성된다. 1, 2, 4부는 3~6개의 장이지만 3부는 16개의 장으로 다른 부에 비해 대단히 길다.

『에덴동산』 1부_양성구유의 아내

1부의 무대는 프랑스 남부 해안 르 그로 뒤 르와(Le Grau du Roi)로서 1927년 5월에 헤밍웨이와 두 번째 아내 폴린이 신혼여행을 갔던 '에덴동산'이다. 그들처럼 소설에서도 24세의 데이빗 본은 21세의 아내 캐서린 본과 신혼여행을 와서 행복한 나날을 보낸다.

그런 나날을 보여주던 1장 끝머리에서 신혼 3주 만에 캐서린이 머리를 소년처럼 짧게 자르면서 변화가 온다. 그 전의 긴 머리는 『무기여 잘 있어라』에 나오는 캐서린 버클리의 긴 머리처럼 여성성의 상징이지만, 그 뒤의 짧은 머리는 『태양은 다시 떠오른다』에 나오는 브렛 애슐리의 짧은 머리처럼 성적 방종의 상징이기도 했다.

머리를 깎은 뒤 캐서린은 데이빗에게 "난 여자야. 하지만 지금은 남자도 된 거고, 뭐든지 뭐든지 뭐든지 다 할 수 있어"라고 선언한다.(에덴, 21) "당신이 갖고 싶은 걸 내가 가질래, 그게 왜 위험한 일인지 알겠어?", "왜 우리가 다른 사람들 규칙에 따라 살아가야 돼? 우리는 우리야"라고도

『에덴동산』 초판본

한다.(에덴, 22) 즉 양성을 지닌 복합 성격을 갖게 된 것이다. 이제 그녀는 남편을 자기 이름으로 부르며 말한다.

아, 당신은 달라지고 있어. 달라지고 있어. 그래 당신은, 내 아름다운 사랑 캐서린이야. 좋은 사람이야. 당신, 그렇게 변해주니. 오 캐서린, 정말 정말 고마워. 제발 이해해줘. 제발 알아주고 또 이해해줘. 영원히 사랑행위를 해줄 테니까.(에덴, 24)

그러면서 그녀는 "내가 사악하다고 생각지 않아?"라고 묻는다.(에덴, 24) 이러한 성적 역할의 교환은 이브가 금단의 열매를 먹은 뒤 아담에게도 먹으라고 권하는 모습을 연상하게 한다. 그리고 그 결과인 파괴는 이미 1장의 처음에 캐서린이 데이빗에게 "나는 파괴적인 타입이야", "그래, 난 당신을 파괴시킬 거야"(에덴, 11)라고 하는 말로 묘사된다. 데이빗도 그것을 안다. 그래서 "그의 가슴 속에서는 잘 가거라 캐서린, 잘 가거라, 안녕, 잘 가거라 하고 있었다."(에덴, 24)

2장에서는 성행위에서 남녀의 위치가 바뀐 것을 암시하는 장면이 나온다.

그는 지난밤에 그녀의 손이 자기의 몸에 와 닿는 것을 느꼈다. 그리고 그가 잠을 깨자 달빛 아래서 그녀는 다시금 헤아릴 수 없는 변신을 하고 있었다. 그녀가 그에게 말을 걸어오고 질문을 했을 때, 그는 "아니야"라고 말을 하지 않았고, 그녀의 그런 또 다른 변모를 느꼈기에 내내 그의 가슴이 아팠다. 두 사람이 모두 지칠 대로 지친 나머지 그것이 끝났을 때, 그녀는 떨고 있었고 그에게 속삭였다. "우린 해냈어, 정말 해낸 거야."(에덴, 26)

그러나 데이빗은 불안해한다. "일이 이처럼 겨냥 없이 위험스럽고, 빠르게 되어 간다면 우리는 어떻게 될 것인가? 이처럼 맹렬하게 타오르는 불길 속에서 타 없어져버리지 않는 것이 무엇이 있겠는가?"(에덴, 26~27) 한편 데이빗은 자신의 책에 대한 서평을 읽지만 캐서린은 무관심하다. 서평에 집착하는 그는 글쓰기 자체보다도 자신을 칭송하는 서평에 관심이 큰 것으로 보인다. 마치 자신의 존재 가치를 외부의 평가에만 의존하는 듯한 데이빗에 대해 캐서린은 못마땅하다.

3장에서 그들은 아프리카나 스페인으로 가고자 한다. 캐서린이 "더 검게 태워 다른 사람들하고 달라지기 위해서"였다.(에덴, 36) 즉 백인이어서 희다는 것을 벗어나 인디언이나 흑인이 되기 위한 시도였다.

『에덴동산』 2부_악마 부부

『에덴동산』 2부는 스페인을 배경으로 한다. 4장에서 캐서린은 "내가 우리에게 나쁜 짓은 하지 않았어. 난 그것을 해야만 했어. 당신도 그건 알지"(에덴, 43)라고 한다. 그리고 계속 피부를 검게 태우고 남자 역할을 하는 것을 계속한다. 부부의 그런 일상이 계속되는 5~6장에서 이어 7장에서는 미술관 같은 공공장소에서도 그런 일이 되풀이된다. 그녀는 데이빗의 친구인 존 보일(John Boyle) 대령에게 "프라도에선 내가 사내였다는 것을 어떻게 아셨어요?"라고 물음으로써 자신의 성역할 변신을 세상에 공개한다.(에덴, 72) 그러나 대령에게 그런 말을 한 것이 데이빗에게는 "가슴속에 쇠막대기가 가로질러 있는 듯한 느낌"(에덴, 76)을 준다. 8장에서 부부는 서로를 악마라고 부른다.

『에덴동산』 3부_마리따

3부는 다시 프로방스의 해변가를 배경으로 한다. 9장에서 데이빗은 아내처럼 머리를 짧게 자른다. 10장에서 캐서린은 카페에서 만난 마리따(Marita)를 이발소로 데리고 가 머리를 짧게 자르게 하고 호텔로 돌아와 데이빗과 함께 지내자고 한다. 11장에서 데이빗은 집필에 방해가 된다고 화를 내고 거부하지만 캐서린의 설득에 포기한다. 캐서린은 마리따와 동성애 관계를 맺고 데이빗에게도 그녀와 성관계를 하도록 종용한다. 12장에서 마리따는 부부 모두에게 반하고 두 사람을 함께 사랑한다. 13~16장에서 세 사람은 호텔에서 수영과 음주와 잡담으로 시간을 보내고 온갖 유희에 도취되지만 차츰 캐서린의 정신이 이상해진다. 데이빗의 소설을 읽은 마리따와 가까워진 남편은 물론 그런 결과를 초래한 자신도 책망하고, 남편의 창작을 질투하고 결혼생활을 파멸로 몰아간다.

17장에는 데이빗이 쓰는 소년 시절의 자서저적인 이야기가 나온다. 그 이야기는 18장에서 코끼리의 꿈으로 나타난다. 21장에서는 소년 데이빗이 고무총으로 새 두 마리를 잡지만 아버지와 사냥꾼들이 코끼리를 죽일 것을 알고 불안해한다.

나의 아버지는 코끼리를 죽이지 않아도 먹고살 수 있어, 데이빗은 생각했다. 내가 그 큰 수놈 코끼리를 본 적이 없었다면 쥬마는 그 코끼리를 찾아내지 못했을 것이다. 쥬마는 그 코끼리하고 맞서볼 기회가 있었지만 그가 힐끗 했다는 짓은 코끼리에 상처를 입히고 그의 친구를 죽인 것뿐이었다. 키보와 내가 그 코끼리를 발견했고 나는 결코 그들에게 이것을 알리지 않았어야 했고, 그 코끼리를 비밀로 해두었더라면 그 코끼리는 언제나 내 것이었을 테고…(에덴, 204).

코끼리가 죽지 않기를 바라는 데이빗은 "망할 놈의 코끼리사냥"(에덴, 205)이라고 말한다.

24장에서 코끼리는 무참하게 사살된다. "움직이지는 않았지만 눈은 살아 있어 데이빗을 바라보았다. 속눈썹이 꽤나 길었고 그처럼 생기에 찬 눈매를 데이빗은 여태 본 일이 없었다."(에덴, 224) 마지막 확인사살이 가해지면서 코끼리는 죽는다.

첫 발을 맞자 코끼리는 눈을 번쩍 크게 떴었는데, 그러자 눈이 흐려지기 시작했고 이어 귀에서 피가 흘러나와 새빨갛게 두 갈래가 되어 주름진 잿빛 가죽위를 흘러내렸다. 그 피는 색깔이 이전보다 다른 것이었고 그때 데이빗은 그 사실을 기억해야겠다고 생각했었고 또 기억도 해두었던 것이지만 그에겐 아직껏 아무런 소용이 없었다. 이젠 모든 위풍, 모든 장엄, 모든 아름다움은 그 코끼리에게서 사라져버렸고 코끼리는 하나의 엄청나게 큼직한 쭈글쭈글한 더미가 되어 있었다.(에덴, 225)

아프리카 이야기는 데이빗이 캐서린에 의해 침해당한 남성성을 다시 갖도록 만들어주는 효과적인 수단이자, 동시에 전통적인 남녀 역할을 스스로에게 효과적으로 전달하는 수단이기도 하다. 데이빗은 캐서린이 자신의 남성적 세계를 파괴하려고 하면 할수록 아프리카 이야기를 지키기 위해 소설의 세계에 몰두한다. 그리고 유년 시절에 이해하지 못한 아버지의 남성성을 이해하고 수용한다. 아프리카 이야기를 완성한 뒤 그는 마리따만이 자신의 세계를 온전히 이해해줄 수 있는 여성임을 깨닫고 그녀에게 자신의 완성작을 보여준다. 그는 캐서린의 비정상적 세계에서 벗어나 자신의 세계에서 마리따와 함께 '올바른 이성애주의'를 추구하는 삶을 계획하지만 이는 그가 캐서린의 파괴력을 간과한 것이었다.

『에덴동산』 4부_파괴

26장에서 데이빗은 그의 소설이 없어졌음을 알게 된다. 데이빗과 마리따가 해변에 갔을 때 캐서린이 태워버린 것이다. 그녀는 그를 돕기 위해 태웠다고 말한다. "당신의 안목이 더 성숙해지면 아프리카에 가서 그것들을 다시 쓸 수 있어."(에덴, 249) 그녀는 그 소설이 싫었다. 그녀는 데이빗을 떠난다.

27장에서 마리따는 데이빗에게 그 소설을 다시 쓰라고 하지만 데이빗은 다시 쓸 수 없다고 한다. 28~29장에서 그들의 사랑은 더 깊어진 반면 소설을 다시 쓰기란 여간 어렵지 않다. 그러나 마지막 30장에서 그는 다시 소설을 써서 완성한다. 타락한 이브는 떠났지만 아담은 새로운 이브와 함께 에덴동산에서 계속 행복하게 살아간다는 것일까?

5장

1920년대 스페인,
『태양은 다시 떠오른다』의
반도덕과 자유

헤밍웨이의 스페인

앞에서 보았듯이 헤밍웨이는 1921년 12월에 〈데일리 스타〉의 특파원으로 대서양 연안의 해안도시 비고(Vigo)를 찾은 후부터 거의 매년 스페인을 찾아 모두 18회에 이르렀다. 24세였던 1923년 5월, 마드리드에서 남쪽으로 48킬로미터 정도 떨어진 아랑후에즈(Aranjuez)에서 처음으로 투우를 보았고, 거기에서 깊은 감동을 받은 그는 그해 7월 6일 팜플로나(Pamplona)를 방문하여 투우가 중심 프로그램인 산페르민 축제(Fiesta de San Ferrmin)에 참가했다.

초기의 관심은 주로 투우였음을 우리는 앞의 『태양은 다시 떠오른다』(1926)를 통해 살펴보았다. 스페인을 찾은 회수의 반인 아홉 번이 산페르민 축제를 보기 위해서였다. 매년 7월 6일에서 14일까지 열리는 산페르민 축제를 보기 위해 그는 친구들과 함께 24세 때부터 32세까지 두 번을 제외하고 매년 팜플로나를 방문했다. 그 뒤로도 54세에 한 번, 60세에 마지막으로 그 광란의 축제에 몸을 담았다.

스페인 팜플로나에서 여름을 보내는 헤밍웨이.
테이블 맨 왼쪽부터 오른쪽으로 제럴드 머피, 사라 머피, 폴린 파이퍼, 어니스트 헤밍웨이, 해들리 헤밍웨이(1926)

산페르민 축제는 스페인의 북부 나바라 주의 수호성인이자 3세기 말 주교였던 세인트 페르민을 기리기 위해 매년 7월 6일에 나바라(Navarra) 주의 주도인 팜플로나에서 개최된다. 7월 6일 정오에 시작하여 7월 14일 자정에 끝나는 그 축제에는 매년 100만 명 이상의 관람객이 방문한다.

그러나 헤밍웨이의 관심은 투우에만 그치지 않았다. 그가 처음 스페인을 찾은 1923년에 보수 세력 지지 하에 군부를 이끌고 무혈 쿠데타를 일으킨 프리모 데 리베라(Primo de Rivera, 1870~1930)가 국왕의 승인을 얻어 국회를 해산하고 헌법을 정지시켜 군사독재를 확립했다. 그는 1925년 프랑스의 원조를 얻어 모로코의 압델 크림의 반란을 진압하고 국내 개혁을 시도하였으나 세계 대공황으로 경제는 큰 타격을 받아 1930년 그의 독재정부는 붕괴되었다.

이후 군사 정권을 지지하던 왕가를 내쫓고 1931년에 공화국으로 재출발했으나 경제 위기와 왕당파의 준동으로 혼란을 거듭하다 1936년 선거에서 좌파와 중도 세력의 연합전선인 인민전선이 승리를 거두었다. 그러나 군부와 기득권층이 쿠데타를 일으켜 스페인 시민전쟁(1936~1939)이 발생했다.

1939년 3월 프란시스코 프랑코(1892~1975)가 이끄는 쿠데타군이 마드리드를 제압하고 내전을 종식시킨 이후 프랑코에 의한 철저한 철권통치가 시작되었다. 헤밍웨이는 공화국을 위해 싸웠기 때문에 당연히 프랑코에 반대했고, 최초의 방문 시 독재자였던 리베라에 대해서도 반대했을 것임에 틀림없다.

『오후의 죽음』

헤밍웨이가 1932년에 쓴 논픽션인 『오후의 죽음*Death in the Afternoon*』도 투우 이야기였다. 그 책의 1장은 다음과 같이 시작한다.

처음으로 투우 구경을 하러 갔을 때 나는 몸서리를 치게 되리라고, 또 아마도 구역질이 나게 되리라고 생각했다. 사람들로부터 말이 어떻게 된다는 것을 들은 일이 있었기 때문이리라. 내가 투우장에 관하여 읽은 것은 모두 이 점을 강조하고 있었다. 투우에 관하여 글을 쓴 사람들은 대개 그것을 어리석고 야만적인 일이라고 정면으로 비난하였지만, 솜씨 자랑으로, 또 구경거리로 그것을 좋게 말하는 사람들도 말을 사용하는 데에 대해서는 유감스럽게 생각하고 투우 전반에 관하여 변명하는 투로 말하고 있었다.

투우장에서 말을 죽이는 것은 변명할 여지가 없는 것이라고 생각되었다. 내 생각에는 현대의 도덕적 견지에서 보면 투우 전체가 변명의 여지가 없는 것이다. 확실히 잔인한 구석이 많고, 스스로 구하는 것이건 예측하지 않은 것이건 간에 언제나 위험이 있으며 항상 죽음이 따르기 마련이다. 나는 지금 투우를 변호할 생각은 없고 다만 내가 투우에서 정말이라고 생각한 것들을 정직하게 이야기하려고 할 뿐이다.(오후, 265)

위 문장에서 헤밍웨이는 말을 죽이는 것만이 문제라고 하는 것은, 투우사가 소를 죽이기 전에 말을 탄 피카도르가 창으로 소를 찌를 때 그 소에 떠받혀 말이 죽는 경우가 많다는 것을 말한다. 그러나 앞에서도 보았듯이 투우가 최근 금지된 것은, 투우 전체가 동물에 대한 학대이기 때문이다. 여하튼 헤밍웨이는 투우에 대한 자신의 진심을 다음과 같이 말한다. "전쟁이 끝난 뒤인지라 삶과 죽음, 다시 말하면 격렬한 죽음을 볼 수 있는 곳은 오로지 투우장뿐이었고, 나는 그것을 잘 살필 수 있는 스페인으로 몹시 가고 싶었다."(오후, 266)

여기서 투우에 대한 간단한 소개를 해본다. 투우는 투우사가 황소에게 붉은 천을 흔들고, 작살을 꽂은 뒤 심장을 찌르는 식으로 진행된다. 소를 약 올리다가 찔러 죽이는 것이기 때문에 스페인의 투우는 해외 동물보호단체에서 동물학대로 비난이 크고, 2012년부터 카탈루냐에서는 금지되었다.

투우사는 주역을 마타도르(matador)라 하고, 그 밖에 작살을 꽂는 반데리예로(banderillero)가 두 사람, 말을 타고 창으로 소를 찌르는 피카도르(picador)가 두 사람, 페네오(peneo)라는 조수 여러 명이 한 조를 이룬다. 투우에 쓰이는 황소는 거친 들소 중에서 골라, 투우장에 내보내기 전 24시간을 완전히 빛이 차단된 암흑의 방에 가두어 둔다. 황소는 어두운 데 갇혀 있다가 갑자기 밝은 햇살 속에 나오고, 움직이는 천의 조롱을 받아 흥분하여 날뛰게 된다.

마타도르가 황소를 흥분시키면 말을 탄 피카도르가 창으로 황소를 찌른 다음 반데리예로가 등장하여 황소의 돌진을 피하면서 6개의 작살을 차례로 황소의 목과 등에 꽂는다. 황소는 상처를 입으면서 점차 쇠약해지지만 더욱 흥분하여 약 20분 뒤, 흥분이 최고조에 이를 무렵 마타도르는 정면에서 돌진해 오는 황소를 목에서 심장을 향해 검을 찔러 죽임으로써 투우는 끝난다.

헤밍웨이는 투우가 예술이라고 한다. 『오후의 죽음』 10장에 나오는 다음 글을 읽어보자.

> 투우라는 것은 노래나 춤과 마찬가지로 레오나르도 다 빈치가 피하는 것이 좋다고 충고한 비영구적인 예술이며, 연기자가 사라지고 나면 그것을 본 사람들의 기억 속에만 존재할 뿐, 그 사람들의 죽음과 함께 죽어버리는 예술이다. (중략) 투우는 죽음을 다루는 예술이며 또한 죽음이 이것을 쓸어 없애버린다.(오후, 245) ·

헤밍웨이 작품에는 투우와 투우사에 대한 다양한 이야기들이 나오지만 나는 이에 대해 더 이상 소개할 생각이 없다. 여하튼 이 책에 대한 평도 좋지 않았다. 가령 윌슨은 그것이 지나치게 감상적이라고 평했다.(도널드슨, 428)

『태양은 다시 떠오른다』는 반전소설이다

앞에서 보았듯이 『무기여 잘 있어라』보다 『태양은 다시 떠오른다*The Sun Also Rises*』가 3년 먼저 나왔지만 그 소재는 제1차 세계대전 이후를 다룬 후자보다 제1차 세계대전 자체를 다룬 점에서 전자보다 시기적으로 빠르다. 그런데 그것이 1926년에 나왔다는 점에서 1년 먼저 미국에서 나온 『우리 시대에』와 유사하게 애매모호한 입장을 보인다. 즉 1929년 대공황 이후의 진보적인 분위기에서 나온 『무기여 잘 있어라』가 그보다 명확하게 반전과 친사회주의적 경향을 보임에 반해 1920년대 후반의 자본주의 융성기에 나온 『태양은 다시 떠오른다』에서는 그런 진보적 경향을 노골적으로 보이기 어렵다.

그래서 이 소설의 주제를 사랑이니 종교니 가치관이니 하며 말하는 견해도 있다. 그러나 『태양은 다시 떠오른다』에서도 반전사상은 분명하다. 제1차 세계대전은 소설 시작 6년 전에 끝났지만 그 상처는 깊다. 전쟁에서 입은 부상으로 불구자가 된 주인공 제이크 반스(Jake Barnes)에게 "전쟁은 문명에 재앙을 가져오며, 어쩌면 그런 전쟁은 피하는 것이 좋을 것이었다."(태양, 32) 그래서 그는 "그 해묵은 괴로운 상처. 아, 이탈리아 전선 같은 우스꽝스러운 전선에서 부상을 입고 후송되다니 참으로 어처구니없는 노릇이 아닌가"(태양, 54)라고 개탄한다.

이 상처에 대해 명시적으로 밝혀지는 내용은 소설에 없지만, 전장에서 폭탄을 맞아 성기가 절단된 것처럼 보인다. 그런데 헤밍웨이는 소설이 출판되고 25년이 지난 뒤 제이크의 생식기가 기능 상실에 이른 것은 아니라고 했으므로(Letters, 745), 성욕이 상실된 것은 아니라고 볼 수도 있다. 그래서 가령 소설 7장에서 미피포폴로(Count Mippipopolous)가 샴페인을 사러간 제이크와 브렛 에슐리(Brett Ashley) 사이에 어떤 성적인 행위가 있었던 것처럼 묘사되는 부분도 있다. 그러나 제이크의 상처는 브렛에 대한 그의 사랑을 파괴한다. 브렛의 첫사랑도 전사한 탓에 그녀는 사랑의 순수성에 대한 믿음을 잃고 여러 남자를 방황한다.

미피포폴로에게도 "전쟁에 일곱 번 참가하고, 혁명도 네 차례나"(태양, 99) 경험한 뒤에 얻은 상처가 있다. 그중 화살에 맞은 상처는 스물한 살

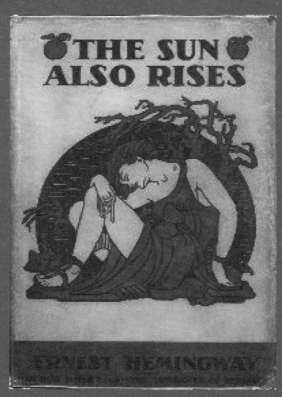

「태양은 다시 떠오른다」의 초판본

때 사업차 여행하다가 에티오피아의 아비시니아에서 얻은 상처다. 그러나 두 사람의 상처가 각자에게 미친 영향은 엄청나게 다르다. 외상에 불과한 화살 상처는 미피포폴로에게 "모든 걸 만끽할 수 있는 건 온갖 풍상을 겪었기 때문"이라며 자랑스러워했지만 제이크의 상처는 그를 완전히 파멸시키고 그와 사랑하는 여인과의 사랑도 불가능하게 만들어 그의 인간성을 철저히 유린했다.

이러한 차이는 두 사람의 상처에 대한 태도에서도 분명히 나타난다. 즉 미피포폴로는 자신의 상처를 제이크와 브렛에게 당당하게 보여주는 반면, 제이크는 자신의 파괴된 성기를 보여줄 수 없다. 이는 화살 상처가 치욕이나 오점이나 낙인으로서의 스티그마(stigma)가 아닌 반면, 성기 절단은 소설에서 명시되지 못할 정도로 치욕적인 스티그마임을 보여준다.

이 소설에는 또 하나의 상처가 나온다. 그것은 유대인 로버트의 민족적 증명으로서의 할례에 의한 상처다. 이에 대해서는 소설에서 전혀 언급되지 않지만, 인종적 상처로서 그가 인간적으로 차별받고 멸시받는 유대인성의 상징이다. 그러나 그의 성적 기능은 그대로여서 브렛과 성행위를 하는 데에 아무런 문제가 없다는 것이 소설에서 몇 번이나 강조된다. 그러나 남에게 보일 수 없는 국가적 또는 민족적 상처를 공유한다는 점에서 로버트와 제이크는 서로 분신과 같은 관계라고 볼 수 있다.

미피포폴로가 상처를 보여주기 직전에 제이크는 브렛과 성적인 교섭을 했을 때에 자신의 상처를 브렛에게 보여주고 로버트 역시 성행위를 할 때 브렛에게 자신의 성기를 보여준다. 이처럼 이 소설에 나오는 세 남자의 상처를 목격한 유일한 인물인 브렛은 등장인물들의 상처를 목격한다는 점에서 특권적인 존재이다. 그래서 그녀는 "사람을 돌봐주는 걸 좋아하잖아. 우리가 함께 돌아다니게 된 것도 그 때문이었다"(태양, 307)는 소리를 듣는다. 따라서 그녀를 단순히 여러 남자와 바람을 피우는 '화냥년'으로 비난할 수만은 없다.

위에서 말한 이탈리아 전선에서 제이크가 입은 상처 부분 이야기는 '연락장교 대령'(태양, 54)의 연설 이야기로 이어진다. "귀관은 외국인, 영국인(외국인은 누구나 영국인이었다)으로서 목숨보다도 더 소중한 것을 바쳤다."(태양, 55) 그러나 제이크는 "그런 상태를 농담으로 삼을 뿐"(태양, 55)이다.

투우와 사회주의

이 소설은 본래 투우에 대한 논픽션으로 구상되었다가 소설로 바뀐 점에서도 알 수 있듯이 소설의 후반부는 투우와 투우사를 중심으로 한다. 투우사가 싸우는 투우는 자본주의 내지 그 앞잡이들을 상징한다고 보는 사회주의적인 견해도 없지 않지만, 『태양은 다시 떠오른다』에서 그렇게 볼 가능성은 없다. 『태양은 다시 떠오른다』의 머리에 '한 세대는 가고 한 세대는 오되'라고 시작하는 『전도서』의 인용이 나온다. 이를 필연적으로 도래하는 미래 공산사회를 뜻한다고 보는 것이 사회주의적인 견해이지만 역시 그렇게 볼 가능성은 없다. 그러나 전쟁이 없는 미래사회를 그리고 있다는 점까지 부정할 필요는 없을 것이다.

실제로 이 소설이 나왔을 때 사회주의자들은 주인공들의 비도덕적 생활을 부르주아적이라고 비판했다. 소련에서 이 소설이 검열을 거쳐 출판된 이유도 마찬가지로 그런 부르주아의 비도덕적 생활을 그린 탓일 것이다. 그리고 지금까지도 그 소설이 범세계적으로 인기가 높은 이유도 마찬가지 이유에서일 것이다.

『태양은 다시 떠오른다』는 3부로 되어 있다. 1부 앞에는 "당신들은 모두 길을 잃은 세대요"라는 스타인의 말이 제사로 『전도서』 인용 앞에 적혀있다. 소설의 시대와 배경은 1925년 파리와 스페인의 투우 마을 팜플로나인데, '길을 잃은 세대'라는 첫 제사는 파리에, 그리고 '한 세대는 오되'라는 제사는 투우 마을에 각각 해당되는 것처럼 보인다. 결국 잃어버린 세대가 가고 새로운 세대가 온다는 것이다. 그렇다면 이 소설은 '잃어버린 세대'의 소설이 아니라 그 극복의 소설로 '새로운 세대'를 대망하는 작품이 된다.

1부는 파리, 2부는 스페인 시골, 3부는 마드리드다. 여기서 도시는 황무지이고 시골은 풍요와 치유의 땅이다. 그러나 같은 도시이지만 파리와 마드리드는 다르다. 파리는 오로지 퇴폐의 상징이지만 마드리드는 구원의 상징이다. 도시를 황무지로 그린다는 점에서 이 소설은 그보다 4년 먼저 출판된 T. S. 엘리엇의 『황무지』와의 유사성이 지적되어 왔다. 그 시의 중심인물인 어부 왕(Fisher King)은 제이크처럼 성불구자로, 그는 나라 전체를 불모지로 만든다. 그러나 어부 왕의 병이 치유되어 나라도 평화롭게 바뀜과 달리 제이크의 몸은 영원히 치유될 수 없다.

「태양은 다시 떠오른다」의 등장인물

『태양은 다시 떠오른다』에는 등장인물이 상당히 많고 복잡하다. 헤밍웨이는 그들에 대해 친절하게 설명하지 않는다. 그래서 다른 작품과 달리 그 소설을 읽기 전에 그들에 대한 설명이 약간 필요하다고 생각한다.

주인공인 내레이터 제이크 반스는 20대 중반의 미국인이지만 파리에서 기자로 활동하고 있다. 그러니 헤밍웨이의 다른 소설에서처럼 제이크도 작가의 분신이지만 제이크가 제1차 세계대전의 이탈리아 전선에서 성기 부위에 부상을 당해 성불구가 되었다는 것은 다르다. 그러나 병원에서 만난 영국 여성 브렛 애슐리와 사랑하는 사이라는 점은 작가의 경험과 일치한다. 성불구인 그는 브렛과 실제로 사랑을 나눌 수 없어 친구들과 정사를 나누는 그녀를 지켜본다. 파리에서 제이크가 폭음과 폭식, 밤새 카페 돌기와 이색적인 성적 행동의 구경 같은 퇴폐 일색으로 살아가는 점도 헤밍웨이의 경험과 유사하다. 제이크가 사냥과 낚시를 좋아하는 점도 헤밍웨이와 같은 점이다. 가톨릭신자라고 하지만 사실은 종교를 믿지 않는 점도 같다.

브렛이 자원 간호원(VAD) 출신인 점도 『무기여 잘 있어라』의 캐서린과 같고, 헤밍웨이의 애인이었던 쿠로스키와 유사한 점이다. 단 브렛이 이미 두 번 이혼했고 지금은 스코틀랜드 출신 술주정꾼인 마이클 캠벨(Michael Campbell)과 사랑하는 사이라는 점이 다르다. 게다가 파리에서 마이클 외에도 로버트 콘(Robert Cohn)과 빌 고튼(Bill Gorton), 그리고 스페인에서 투우사 페드로 로메로(Pedro Romero)와 분방하게 사랑하는 점도 다르다. 실제로 브렛은 헤밍웨이의 파리 시절 여자 친구인 메어리 더프 트와이스텐

(Mary Duff Twysden, 1893~1938)을 모델로 삼은 인물이다.

혜밍웨이는 피츠제럴드의 충고에 따라 출판하기 전 이 소설의 앞부분 15페이지를 삭제했는데, 그 부분은 브렛 애슐리에 관한 이야기라고 시작하는 것이다. 그녀는 당시 자유로운 성관계를 추구하는 신여성의 전형을 보여주었는데, 이는 제이크의 성불능과 대비되어 남녀의 전통적인 성역할이 서로 뒤바뀌어졌음을 뜻했다. 그런 신여성의 상징이 남자처럼 머리를 짧게 깎는 것이라는 점은 혜밍웨이 소설에서 머리를 짧게 깎는 여성이 다양하게 등장한다는 점과 관련되어 매우 흥미롭다. 가령『에덴동산』에서 캐서린은 남녀의 경계를 허물고자 하는 욕망을 표현하기 위해 머리를 짧게 깎는다. 게다가 브렛은 남자용 모자도 쓰고 다닌다. 이는『무기여 잘 있어라』의 캐서린이 긴 머리카락을 통해 순종적인 여인으로 묘사되는 것과 대비를 이룬다.

이 소설에는 위 두 남녀 주인공을 중심으로 하여 많은 인물들이 나온다. 그중에서 가장 중요한 사람인 로버트는 제이크의 친구이지만 제이크는 그를 반유대인이라고 욕하는 빌이나 마이크처럼 혐오한다. 이 소설의 다른 인물들과 달리 그는 낭만주의자이고 이방인이다. 미국의 명문인 프린스턴대학교를 다닌 유일한 유대인일 정도로 뛰어난 지성을 자랑하는 그는 부유한 집안 출신의 소설가다. 게다가 그는 다른 사람들이 전쟁으로 인해 파멸했음을 이해하지 못하는 유일한 사람이다. 그들과 달리 그는 경험이 아니라 책으로만 인생을 배웠기 때문이다.

한편 브렛의 약혼자인 마이클은 부유한 집안 출신이지만 파산한 상태이면서도 계속 빚을 늘려간다. 반유대주의자인 그는 언제나 유대인인 로버트에게 불만을 쏟아낸다. 게다가 로버트는 브렛을 가로채려 했기 때문에 더욱 미워한다. 제이크의 친구인 빌도 폭음을 일삼는데 어떤 믿음도 없는 그는 인생을 비웃으며 살아간다. 브렛의 친구인 그리스인 미피포폴로는 화계사이고, 몬토야(Montoya)는 팜플로나 호텔의 주인이다.

이 소설의 등장인물 중에서 유일하게 긍정적인 인물은 투우사인 페드로다. 자기 일을 잘 알고 행하는 그는 속임수나 과시가 아니라 신념을 가지고 순수하고 아름답게 투우를 하는 프로다. 사랑을 믿기에 브렛을 사랑하면서도 로버트처럼 위엄과 품위를 잃지 않는다. 그는 언제나 자신감에 차 있고 단호하다.

『태양은 다시 떠오른다』 1부_파리의 술집

1부는 주인공 제이크가 전쟁 직후 파리에 와서 알게 된 로버트 콘의 이야기를 다룬 1장으로 시작한다. 첫 문장은 "그는 한때 프린스턴 대학의 미들급 챔피언이었다"이다.(태양, 11) 그런데 그는 권투 시합에서 다른 선수가 "그의 코를 영원히 납작코가 되도록" 만든 것에 "이상야릇한 만족감을 느끼"고 "그 때문에 납작해졌던 코도 점차 회복되었다."(태양, 12) 이러한 표현을 유대인 콘의 특별한 형태의 묘사로 유대교의 전통의식인 할례로 손상을 입은 '작은 페니스'와 그 배타성을 상징한다고 볼 수도 있다. 여하튼 부유한 유대인 가문 출신인 그는 대학을 졸업하고 결혼했으나 엄청난 유산을 다 날려버려 결혼생활은 불행하게 끝나버리고 파리에 와서 가난하게 살며 글을 쓰고 있다.

2장에서 여행을 가려고 하는 로버트와의 대화 중 "투우사가 아니고서야 자신의 삶을 철저하게 사는 사람이 어디 있을라고"(태양, 22) 하고 제이크가 말하는데 투우사에 대한 이 같은 찬양이 소설의 주제이다. 그리고 투우사에 흥미가 없어 남아메리카로 여행하자고 조르는 로버트에게 제이크는 다음과 같이 말한다.

다른 나라에 간다고 해서 달라지는 건 없어. 나도 벌써 그런 짓은 모조리 해 봤어. 이 나라에서 저 나라로 옮겨 다닌다고 해서 너 자신한테서 달아날 수 있는 건 아냐. 그래 봤자 별거 없어.(태양, 24)

제이크의 부상이 어렴풋이 밝혀지는 3장의 식당에서 그가 사랑하는 전쟁미망인 브렛이 등장하고 로버트가 그녀에게 반하지만 그녀는 제이크와 떠난다. 4장에서 제이크는 그녀에게 키스를 하지만 그 이상의 접촉을 거부당한다. 그녀는 "또 다시 그런 끔찍한 걸 겪고 싶지 않아서"(태양, 47)라고 말하지만, 그 '끔찍한 것'이 무엇인지 밝혀지지 않는다. 그리고 제이크처럼 전상으로 성불구자가 된 부유한 그리스인인 미피포폴로가 등장한다.

5장에서 로버트는 제이크에게 브렛과 무슨 일을 했느냐고 몰아세우고, 7장에서 마이크는 브렛과 함께 스페인 북부의 산세바스찬(San Sebastian)으로 여행을 가는데 로버트가 합류한다. 그는 브렛을 소유했다고 느껴 화가 나서 브렛 주변을 맴돈다. 이상 1부의 대부분은 파리의 여러 술집을 드나들며 브렛을 둘러싼 연애로 이루어진다.

『태양은 다시 떠오른다』 2부_스페인의 투우 축제

2부는 팜플로나 지방의 투우 축제를 보기 위해 여행을 떠나는 것으로 시작한다. 8장에서 제이크는 옛 친구 빌과 함께 스페인 피레네 산맥으로 송어낚시를 간다. 10장에서 이어지는 그 여정은 몬토야(Montoya) 호텔에서 끝난다. 그곳으로 많은 친구들이 모여든다. 11장은 부르게테로 송어낚시를 가며 바스크인들을 만나는 이야기다. 12장에서 제이크는 친구 빌에게 자신의 국적상실에 대한 이야기를 듣는다.

> "네 고민이 뭔지 알아? 넌 국적 상실자야. 그것도 최악의 타입이지. 그런 소리 못 들었어? 자고로 자기 나라를 버린 사람치고 인쇄할 가치가 있는 글을 쓴 적이 없다는 말 말이야." (중략) "사이비 유럽 기준 때문에 넌 망치고 만 거야. 죽도록 술만 퍼마시고, 섹스에 사로잡혀 있고, 넌 모든 시간을 일하는 데 쓰는 게 아니라 지껄이는 데 허비하거든. (중략) 어떤 패거리 말로는, 여자들이 널 먹여 살린다고 하더군. 네가 성불구자라고 하는 패도 있고."(태양, 178)

그들이 자연 속에서 팜플로나로 돌아온 13장에서는 페르민 축제를 보고자 준비한다. 브렛과 로버트 등은 이미 그곳에 도착해 있다. 그 첫날, 그들은 소들의 싸움을 구경한다. 제이크는 브렛과 만나는 콘에 대한 질투의 마음을 내비친다.

15장에서는 농부들의 일요일 정오 축제가 폭발하는 가운데 19세의 투우사 페드로 로메로가 등장한다. 여기서 다시 상처가 생겨난다. 그것도 지금까지는 과거의 상처, 즉 말라버린 상처이지만 이제는 피가 흐르는 뜨거운 상처이다. 이 축제의 중심이 농부들인 점을 주목할 필요가 있다. 그들의 축제는 무질서와 아나키즘, 과식과 오물로 가득 찬 바흐친 류의 카니발과는 달리, 기하학적 대칭성을 수반한 역전이 반복되는 장이다.

이는 17장에서 콘에게 제이크가 브렛이 로메로와 떠났다고 말해주자 싸움이 벌어지는 것으로부터 시작한다. 콘은 다음날 팜플로나를 떠나고, 다음날 제이크는 콘이 싸움 뒤 로메로의 방에 가서 그가 브렛과 함께 있는 것을 보고 로메로를 폭행했음을 알게 된다. 이어 브렛은 자신이 작위를 받은 계기가 된 결혼이 행복하지 않았다고 말한다. 남편인 남작은 브렛을 침대가 아닌 바닥에서 자게 하고, 잠을 자면서도 군용 피스톨을 휴대했다. 그 피스톨에서 브렛이 총알을 빼내는 행위는 정상적으로 성취할 수 없는 성행위에 대한 대가로 보인다.(태양, 308)

18장에서는 로메로가 상처에도 불구하고 멋지게 투우를 한다.

로메로가 첫 번째 황소와 싸울 때는 얼굴 상처가 뚜렷이 보였다. 그가 무슨 동작을 해도 상처가 드러났다. 온 정신을 집중하여 눈이 잘 보이지 않는 소를 서투르면서도 섬세하게 다룰 때도 그 상처가 눈에 띄었다. 콘하고 싸운 것은 그의 정신에는 영향을 끼치지 못했지만 얼굴과 몸은 엉망이 되었다. 그러나 지금 그는 그 모든 것을 말끔히 씻어내고 있었다. 이 소를 상대로 싸우며 기교를 보일 때마다 조금씩 더 말끔히 씻어냈다.(태양, 332)

로메로는 농부를 죽인 가장 사나운 황소를 죽이고 그 소의 귀를 상으로 받고, 피가 흐르는 그것을 사랑의 정표로 브렛에게 준다.

『태양은 다시 떠오른다』 3부_이별

19장에서는 축제가 끝나고 사람들은 헤어진다. 산세바스찬에 머물던 제이크는 브렛에게 마드리드 몬테나 호텔로 와 달라는 전보를 받고 그곳으로 간다. 제이크는 로메로가 브렛과 결혼하기를 원했음을 알게 된다. 그러나 브렛은 로메로를 타락시킬까 봐 두려워 청혼을 거절하고 떠나보냈다고 하면서 다시 콘에게 돌아가겠다고 한다.

> "난 이제 서른넷이야. 어린애들을 망치는 그런 화냥년이 될 생각은 없어."
> "아무렴."
> "그렇게는 되지 않을래. 그러니 기분은 좋아. 기운이 솟아나는 것 같아."
> (태양, 367)

> "화냥년이 되지 않기로 결심하니 기분이 좋아."
> "아무렴."
> "말하자면 그게 우리가 하느님 대신 믿는 거지."
> "하느님을 믿는 사람들도 있지. 그런 사람도 꽤 많아."
> "하느님은 네게는 별로 효험이 없었어."
> (태양, 370)

'화낭년이 되지 않기'로 한 것이 전통의 신앙 대신 그들의 신앙이 되었다는 것이다. 저녁 식사 뒤 제이크와 브렛이 마드리드 시내를 택시로 드라이브하며 다음과 같이 말하는 것으로 소설은 끝난다.

"아, 제이크, 우리 둘이 얼마든지 재미있게 시간을 보낼 수도 있었는데."
"그래 맞아, 그렇게 생각하기만 해도 기분이 좋지 않아?"
(태양, 372~373) ·

그러나 이 대화는 불가능한 가정법에 불과하다. 두 사람 사이에는 소설의 시작에서처럼 연결되는 무엇이 전혀 없다. 아무것도 남는 것이 없다. 그야말로 '잃어버린 세대'다.

국가를 조롱하다

『태양은 다시 떠오른다』를 발표하고 1년 뒤에 쓴 단편 『다른 나라에서』는 위 부분에 대해 더 상세한 이야기를 전해준다. 이탈리아인들이 나의 훈장에 대해 묻기에 보여준 "증서에선 '우애'와 '헌신' 같은 아무 그럴싸한 말들이 적혀 있었지만, 곁가지들을 다 쳐내면 결국 내가 미국인이기 때문에 훈장을 받은 것이라는 소리였다."(여자, 60)

『태양은 다시 떠오른다』 12장에서 제이크는 스스로를 국적 이탈자(expatriate)라고 한다. 즉 조국(patri)에서 밖으로 떠난(ex) 자이다. 'patri'에는 국가라는 뜻과 함께 가족이라는 뜻도 있다. 제이크에게는 가족도 없다.

이는 그가 생식기능을 상실했기 때문이다.

반면 로버트의 민족적 신체는 제이크의 경우와 다르다. 오랫동안 유랑한 유대인은 국가라는 거대한 신체에 포함된 적이 없기 때문이다. 그러나 제1차 세계대전 중인 1917년 11월경부터 유대인에게도 국가가 생길 가능성이 커졌다. 영국의 '밸푸어 선언(Balfour Declaration)'*에 의해 당시 유대인들에게 팔레스타인 입주가 허용된 것이었다.

이를 연상하게 하는 장면이 『태양은 다시 떠오른다』 9장에 나오는 미국에서 온 대규모의 가톨릭 순례단의 이야기다. 열차 안에서 그들 때문에 식사를 못하게 되자 빌은 "클랜에 가입하는 것도 그렇게 무리가 아니군"(태양, 139)이라고 불만을 터뜨린다. 클랜이란 큐 클럭스 클랜(Ku Klux Klan), 즉 KKK단을 뜻한다. 당시 미국에서 가톨릭교도나 유대인은 KKK단의 배척 대상이었다.

그런데 이 소설이 쓰인 무렵의 유럽에서는 유대인들이 대거 팔레스타인 땅으로 떠났다. 소설 2장에서 유대인인 로버트는 그곳이 아니라 남미로 가고자 하지만 영국인인 브렛과 성행위를 하게 된다. 이는 영국인이 당시 유대인들에게 팔레스타인 입주를 허용한 것과 일치한다.

로버트는 프린스턴대학교 출신이지만 그 점보다도 그가 부유한 유대인 가문 출신이라는 점이 소설에서는 더욱 강조된다. 반면 나머지 미국인인 제이크와 빌은 사회적 지위와 부와 관련이 없다. 반면 브렛과 미피포폴로는 귀족이다. 브렛이 제이크에게 다음과 같이 말하는 것은 그들의 성적

■　*　1917년 11월 2일 영국 외무장관 밸푸어가 제1차 세계대전 당시 유대인을 지원하기 위해 팔레스타인에 유대인을 위한 민족국가를 수립하는 데 동의한다고 발표한 선언이다.

갈등과도 연관된다. "참 굉장하군요. 우리 모두 작위가 있네요. 왜 당신에게 작위가 없는 거지, 제이크?"(태양, 94) 미피포폴로 백작은 작위란 도움이 되지 않고 돈만 든다고 하지만 브렛은 "때로는 아주 편리하기도 하죠", "나한테는 엄청난 신용이 생기던데요"라고 반박한다.(태양, 95) 브렛과 제이크는 귀족제를 가졌던 나라와 갖지 못한 나라의 차이를 보여주기도 한다.

이처럼 귀족제는 사람에 따라 장단점이 다르지만, 작위가 경제와 무관하지 않음을 보여주는 점에서 두 사람은 같다. 이는 소설의 13장에서 마이크가 말하는 만찬에서도 나타난다. 그 만찬에는 영국황태자가 전쟁에서 공을 세운 사람들과 만나는 장이어서 참석자는 모두 훈장을 달고 와야 했다. 그런데 제1차 세계대전 때의 영국 육군 원수가 IRA에 의해 암살당해 만찬은 취소되었다. 그 만찬을 위해 훈장을 빌린 마이크는 그것을 나이트클럽의 여인에게 주어버린다. 이처럼 국가는 경멸된다. 이보다 더 아나키즘적인 태도가 또 어디에 있는가?

버지니아 울프의 비평

1920년대에 가장 유명했던 미국의 문학비평가 에드먼드 윌슨(Edmund Wilson, 1895~1972)은 헤밍웨이 작품을 최초로 비평했다는 자부심을 가졌다(사실은 달랐다). 그는 『태양은 다시 떠오른다』를 "신세계 미국 작가들이 거둔 결실을 통틀어 가장 뛰어난 작품이라고 해도 손색이 없을 정도로 굉장한 책"이라고 찬양했다.(도널드슨, 426) 그는 이미 『우리 시대에』를

"지금까지 전쟁을 다룬 미국 작가들의 작품을 통틀어 가장 주목할 만하다"라고도 했다.

반면 영국의 여류 소설가인 버지니아 울프(Virginia Woolf, 1882~1941)는 자신을 비하하는 듯한 『여자 없는 남자』와 『태양은 다시 떠오른다』를 혹평했다. 그녀는 그의 소설에서 "맥주병이나 신문기사와 같은 평범한 사물들이 전면에 부각된다"고 하고서 "피상적인 내용과는 거리가 먼 탁월하고 효율적인 묘사에도 불구하고 아무런 울림도 이끌어내지 못하는데" 놀라움을 금치 못하며 "지나치다 싶을 정도로 서로 뒤얽혀 있는 데다 다소 건조하고 무의미한 대화에 너무 많이 의존한다"고 했다.(도널드슨, 154) 〈뉴욕 헤럴드 트리뷴〉에 실린 그 비평에 헤밍웨이가 분노했음은 두말할 필요가 없지만, 나는 울프의 비평이 틀렸다고는 생각하지 않는다.

당시 비평가들의 입장은 대체로 비판적이었다. 가령 리 윌슨 도드(Lee Wilson Dodd)는 헤밍웨이 단편에 나오는 인물들은 천박하기 그지없고, 투우사, 권투 선수, 호객꾼, 사냥꾼, 직업 군인, 창녀, 술주정뱅이, 마약 중독자가 천편일률적이라고 비판했다. 이에 대해 헤밍웨이는 「리 윌슨 도드 씨와 그의 친구들을 위한 발렌타인」이라는 제목의 풍자시로 다음과 같이 대응했다.

거짓말로 가득 찬
비평의 노래를 부르누나
네 명하고도 스무 명의 비평가들이
그대가 숨이 끊어지기를

그대가 실패하기를

그리하여 약화나 급속한 부패의 징후를

제일 먼저 환영할 수 있기를 바라누나

(천편일률적인 등장인물들, 너저분한 재앙, 운명을 결정짓는 카드패, 천박하기 짝

이 없는 사람들, 사기꾼, 마약 중독자, 군인, 창녀, 쓸개 빠진 남자들의 연대기…)

그런 게 싫으면

그들에게 한 방 먹일밖에

그대를 위해 건배(도널드슨, 428)

6장

1930년대 미국,
『가진 자와 못 가진 자』의
반소유와 자치

키웨스트, 콩크 공화국

1928년 11월 헤밍웨이는 파리 생활을 끝내고 둘째 아내 폴린과 함께 미국 플로리다 주 최남단인 키웨스트(Key West) 섬에서 새로운 삶을 시작하여 1939년까지 살았다. 키웨스트는 과거에 스페인과 영국, 다시 스페인의 지배를 받은 탓에 시가지가 고풍스럽다. 1년 내내 기후가 온화하고, 해변이 있어 관광 휴양 도시로 유명하다. 헤밍웨이 외에도 자연보호가이자 새를 전문적으로 그리는 화가인 존 오듀본(John Audubon, 1785~1851)이 이곳에 살았던 것으로 유명하다.

헤밍웨이가 1931년부터 1939년까지 살았던 흰 이층집은 시내 중앙에 있다. 그의 다른 기념관처럼 사진들이 많이 전시되어 있지만 친구에게 선물로 받은 발가락이 여섯 개인 고양이(snowball)에 대한 이야기와 함께 그 후손들인 고양이들이 그곳에 살고 있다는 점이 특이하다.

그 집에서 여덟 블록 떨어진 헤밍웨이의 단골술집인 슬로피 조 바(Sloppy Joe's Bar)도 아직 남아 있다. 1935년에 문을 연 이 술집은 악명 높

플로리다 키웨스트에 있는 헤밍웨이의 집. 이곳에서 그는 1931년부터 1939년까지 살면서 『가진 자와 못 가진 자』를 집필했다.

존 오듀본이 그린 〈두 마리 흰색 큰매〉

은 점주 밀매업자 하바나 조(Habana Joe)의 단골로도 유명했다. 헤밍웨이는 세 번째 아내가 된 마사 겔혼(Martha Ellis Gellhorn, 1908~1998)을 1936년에 그곳에서 만났다.

키웨스트에는 그곳이 미국의 최남단임을 표시한 원통형 기념비가 있다. 전체가 5층으로 되어 있는데 중앙의 '미국 최남단'이라는 표시 위에 '쿠바에서 90마일'이라고 하는 것까지는 이해되지만, 다시 그 위에 '콩크 공화국(Conch Republic)'이라고 쓰여 있는 것은 이해하기 어렵다. 미국의 일부이면서도 독립국이라니 도대체 무슨 말인가?

스페인과 영국의 식민지를 거쳐 1819년부터 미국 땅이 된 키웨스트는 선주민들과 함께 망명자와 밀입국자 등 쿠바 난민들이 섞여 식민지적 경제 구조 위에서 살아가기 때문에 미국인지 쿠바인지, 제국인지 제3세계인지 알기 어렵다. 키웨스트에서 태어난 사람들을 '콩크'라고 한다.

'콩크 공화국'이라고 하는 상상의 공화국이 탄생한 것은 1982년이다. 그해에 레이건 정부는 카리브해로부터의 밀수와 밀입국을 방지한다는 이유로, 그곳을 통과하는 고속도로 루트 원을 마이애미 부근에서 봉쇄하고 검문검색을 하도록 국경경비대에 지시했다. 플로리다와 키웨스트를 연결하는 해상 고속도로는 키웨스트 관광의 핵심이어서 그 지시는 키웨스트에 엄청난 타격을 주었다.

그러자 당시 시장과 시민들이 4월 23일에 '콩크 공화국' 독립을 선언하고, 그 1분 뒤에 미국에 항복한다고 하고 10억 달러의 전후 부흥지원금을 미국 정부에 요청했다. 이 엉뚱한 행위는 고속도로 봉쇄를 철회하게 했고, 지금까지도 유명한 관광자원이 되어왔다. 1982년에 만든 조가비가 그려진 국기는 거리나 건물에 나부끼고 티셔츠에 그려져 판매되며, 독립 기념일에는 매년 '콩크공화국 독립 축제'가 열린다. 이는 매년 7월 제3주에 열리는 '헤밍웨이 데이스 축제'와 함께 키웨스트 관광의 중심 이벤트가 되어왔다.

그런데 키웨스트 독립은 사실 헤밍웨이의 아이디어였다. 그는 1932년 4월 12일에 도스 패소스에게 보낸 편지에서 그 독립계획에 대해 썼다. 그것은 키웨스트를 육지와 연결하는 해상 철도의 철교를 폭파하고 '남서도 공화국(South West Islands Republic)'을 세워 세계적인 자유항을 만든다는 것이었다. 그러나 구체적인 내용은 흑인을 노예로 삼고, 종교인과 무신론자, 자유사상가, 공산주의자, 반혁명분자, 등대지기를 차례로 학살하고, 도스 패소스 부인을 이성의 여신으로 뽑는 등 황당무계한 것이었다. 물론 이는 개인적 편지에서 쓴 농담이었다.

그러나 이는 종래 『가진 자와 못 가진 자』를 '대공황시대 좌익 프롤레타리아 소설'로 불러온 것이 무리였음을 보여준다. 또한 그 농담은 '콩크 공화국'이라고 하는 키웨스트의 특수성처럼 그 소설을 좌익소설이 아니라 아나키즘 소설, 즉 반(反)국가주의 소설, 그리고 프롤레타리아 소설이 아니라 디아스포라 소설로 읽는 데에 하나의 힌트를 준다.

그런데 이 소설은 종래 철저히 무시되어왔다. 가령 헤밍웨이의 단편소설조차 그 줄거리를 상세히 요약하는 소수만의 책은 『가진 자와 못 가진 자』에 대해서는 그 줄거리조차 소개하지 않고 지나친다. 나는 이러한 태도는 문제라고 생각한다. 한 작가의 작품을 언제나 하나의 일관된 관점에서 바라보아야 한다는 법칙은 없지만, 이유도 없이 한 작가의 작품 중

특정 작품을 무시한다는 것은 문제다. 특히 그것이 사회주의적인 주제를 지녔다는 이유에서 무시한다는 것은 지극히 천박한 반공주의적 문학 이해가 아닐 수 없다.

키웨스트의 특수성

『가진 자와 못 가진 자』를 읽기 전에 그 배경이 되는 키웨스트에 대한 설명이 약간 필요하다. 이는 헤밍웨이의 다른 소설과 달리 그 지역의 특수성을 이해해야 그 소설의 의의가 제대로 전달될 수 있다고 생각되기 때문이다.

키웨스트 섬이 쿠바에서 불과 90마일 떨어졌다는 것은, 19세기 쿠바의 담배산업에서 시가를 그 최대의 소비국으로 하는 미국의 관세 장벽 안에서 생산하여 이윤을 증가시켰고, 시가 생산의 숙련공들이 이민으로 계속 유입되었음을 뜻했다. 1868년부터 1878년 사이에 터진 '10년 전쟁'은 난민의 유입을 더욱 증가시켜 19세기 말 키웨스트는 세계 최대 규모이자 최고 품질을 자랑하는 시가 생산지로 변모했다. 그래서 1840년에 648명에 불과했던 그곳 인구는 1890년에 18,080명으로 30배 늘어나 플로리다 주 최대의 도시이자, 미국에서 1인당 평균소득이 가장 높은 곳이 되었다. 따라서 그곳은 쿠바와 그 종주국인 스페인과 가까운 '가진 자'가 되었다.

그러나 1889년 대규모 노동자 파업이 터지면서 그곳 경제는 급속히 쇠퇴했다. 이 무렵 그곳으로 유럽의 아나키스트들이 대거 몰려왔다. 19세기 말에 아나키스트들은 유럽 여러 나라의 골칫거리였다. 스페인에서는 아나키스트들을 체포하면 즉각 쿠바로 보내는 정책을 채택했다. 이는 이 중의 목표를 가진 것이다. 하나는 치안 차원으로 스페인 본국을 아나키스트들로부터 보호한다는 것이고, 다른 하나는 아나키스트들의 파업 선동에 의해 키웨스트의 시가산업을 쿠바로 되돌려 스페인의 세금 수입을 증가시킨다는 것이었다. 실제로 그런 파업이 스페인 정부와 아나키스트들에 의해 자행되었다. 키웨스트는 그 전의 1850년 나르신 로페스의 침략 시부터 쿠바 혁명의 거점이었고, 독립운동의 거점이기도 하여 1892년 호세 마르티가 그곳에서 쿠바 혁명당을 결성했다.

헤밍웨이가 1928년 11월, 키웨스트로 왔을 때, 시가 생산은 플로리다 주의 텐버로 이전된 뒤였고, 제1차 세계대전 중 수입원이었던 해군기지도 축소되어 경제적으로 '못 가진 자'로 변해 있었다. 게다가 헤밍웨이가 온 이듬해에 닥친 대공황은 어업밖에 남지 않은 키웨스트 경제를 거의 파탄하게 했다. 그 결과 1934년에는 시 공무원의 급료조차 주지 못했고, 같은 해 9월에는 비상사태가 선포되었다. 많은 주민들이 파산했고 실업자는 80%에 이르렀다. 주인공 해리 모건의 '봄-가을-겨울'로 3부를 구성한 『가진 자와 못 가진 자』는 그런 키웨스트의 몰락을 보여준 작품이다.

이런 상황에서 미국 정부는 뉴딜정책의 일환으로 키웨스트를 관광지로 개발하고자 키웨스트와 육지를 연결하는 고속도로를 건설하고 트럭 수천 대를 동원하여 섬 전체를 대대적으로 청소하며, 해군의 잠수함기지를 요트 승선장으로 바꾸고, 벽화 제작과 수공예 진작과 같은 문화사업에 나섰다. 특히 키웨스트의 이국성을 강조하기 위해 쿠바의 축제들을 이벤트로 도입했다. 『가진 자와 못 가진 자』에 나오는 앨버트 트레이시가 주급 7달러를 받고 하수를 치우는 일을 하는 것은 그런 현실을 반영한 것이다. 소설의 5장에서 주인공이 쓰레기를 소각하여 나는 연기를 목격하는 것도 마찬가지다.

그 결과 키웨스트는 급격하게 관광지로 변했다. 키웨스트 역사상 최악의 해였다는 1934년 겨울에 4만 명 전후의 관광객이 찾아왔고, 그중 3천여 명은 겨울 내내 그곳에서 지냈다. 『가진 자와 못 가진 자』는 그런 변화를 배경으로 한 것이다. 키웨스트 개발의 성공은 당시 미국에서 뉴딜의 모범적인 사례로 널리 알려졌다. 그러나 헤밍웨이는 그런 정부 선전과 정반대되는 내용의 소설을 썼다. 이는 그 전의 제1차 세계대전이나 스페인 시민전쟁에 대한 정부의 선전에 반대하여 그가 소설을 쓴 것의 연장이자 그의 일관된 반국가주의의 표현이었다. 즉 그 소설은 뉴딜정책에 대한 가장 신랄한 풍자였다. 주인공 해리 모건의 비통한 삶과 죽음은 강력한 국가권력의 엄청난 해류에 휘말린 작은 섬 키웨스트와 그 사람들이 보여준 최후의 저항과 다름이 없다.

국가, 퇴역 군인들을 제거하다

앞의 1장에서 존슨의 헤밍웨이론(論)을 설명하면서 언급했듯이 1935년 9월에 터진 '세기의 허리케인'으로 인해 개발사업에 동원된 퇴역 군인 수백 명이 죽은 것을 계기로 헤밍웨이의 반국가주의는 더욱 강화되었다. 이 사건은 『가진 자와 못 가진 자』를 집필하던 중에 발생했기에 소설에 그대로 반영될 수 있었는데, 퇴역 군인들을 열차에 태워 육지로 피난시키는 것이 지연되는 바람에 발생한 사건이었다. 제1차 세계대전 후 퇴역 군인들은 보상금을 지급받기 위해 '보너스 아미(Bonus Army)'를 조직했으나 정부는 이에 반대했다. 그래서 후버 대통령이 1932년 워싱턴에서 그들을 일소하라고 군에 명령해 상당수의 사상자를 낸 결과 프랭클린 D. 루스벨트에게 정권을 내어주어야 했다. 새 정권은 퇴역 군인들을 키웨스트 개발사업에 동원했다. 이는 퇴역 군인들에게 일자리를 제공하여 그들을 달램과 동시에 그들을 워싱턴에서 쫓아내는 이중의 효과를 노린 정책이었다.

헤밍웨이는 잡지 〈뉴 메시즈*New Masses*〉에 기고한 「누가 퇴역 군인들을 죽였는가?*Who Murdered the Vets?*」라는 글에서 이 사건을 상세히 적은 뒤 "도대체 누가 너희 퇴역 군인들을 제거했는가? 그리고 그 살인에 대한 처벌은 어떻게 내려지고 있는가?"라는 문장으로 끝을 맺었다. 헤밍웨이는 정권 자체가 살인에 책임이 있다고 명시하지는 않았으나, 그 글을 읽은 사람이라면 누구라고 국가가 살인을 했다고 주장하는 글의 숨은 뜻을 알 수 있었다.

이러한 퇴역 군인들의 모습은 『가진 자와 못 가진 자』의 백미인 22장에 극명하게 묘사되었다. 헤밍웨이는 허리케인에 대해서는 전혀 언급하지 않았지만, 퇴역 군인 한 사람으로 하여금 다음과 같이 말하게 한다. "후버 대통령은 우릴 안티코스티 섬에서 몰아냈고, 루스벨트 대통령은

* Ernest Hemingway, "Who Murdered the Vets?: A First-Hand Report on the Florida Hurricane" *New Masses*, (Sept. 17, 1935), p.10.

우릴 없애려고 배에 실어 여기로 내려 보냈죠."(가진, 229) 이는 허리케인 뒤에 유행한 "후버는 퇴역 군인을 총으로 쏘고, 루스벨트는 그들을 익사시켰다"고 한 여론을 반영한 것이다. 헤밍웨이는 위의 잡지 기고에서 다음과 같이 썼다.

> 그러나 필자는 알고 있다. 부자들, 요트를 타고 낚시를 하는 무리들, 즉 후버 대통령이나 루스벨트 대통령과 같은 무리는 허리케인 계절에 일부러 키웨스트에 오지 않는다. …그것은 재산을 위험하게 만드는 것을 뜻하기 때문이다. 그런데 퇴역 군인들, 특히 보너스 행진을 하는 퇴역 군인들은 재산이라고는 아무것도 없다. 그들은 인간에 불과하다. 그것도 낙오자다. 목숨 이외에 더 이상 잃을 것이 없는 불쌍한 인간에 불과하다. 퇴역 군인들은 월급이 고작 45달러로 힘들게 살고, 나쁜 짓을 하지 않도록 플로리다 섬에 흘러왔다.*

여기서 헤밍웨이는 무산계급 이야기를 하고 있지만, 그것은 국가에 의해 자행된 것이라고 말하고 있다. 위의 대사에 이어지는 소설의 다음 부분에서도 이를 알 수 있다.

> 왜냐하면 우리는 궁지에 몰린 놈들이니까. 우린 철저히 학대당한 놈들이요. 고대 스파르타쿠스의 동료들보다 훨씬 더 독종이지.(가진, 231)

■　*　같은 글, p.10.

퇴역 군인들의 생명을 빼어간 해방 고속도로는 소설이 간행되고 1년 뒤인 1938년에 완성되었다. 루스벨트가 이곳을 시찰한 1939년에 헤밍웨이는 쿠바로 이사를 갔다. 헤밍웨이를 '파파'라고 부른 것은 키웨스트에서 사람들이 별명을 즐겨 부르는 관행에서 비롯되었을 정도로 그곳 문화는 그에게 각인되었다. 그리고 그곳 사람들은 헤밍웨이 축제 때 헤밍웨이와 닮은 사람들을 뽑는 콘테스트를 열어 그를 기념한다.

『승자에게는 아무것도 주지 마라』의 동성애 혐오

헤밍웨이는 1933년에 단편집 『승자에게는 아무것도 주지 마라*Winner Take Nothing*』를 냈다. 거기 실린 14편의 단편들 중에서 주제별로 가장 많이 다루어진 것은 동성애다.

먼저 세 번째 단편인 「세상의 빛*The Light of the World*」은 미시간 북부를 배경으로 동성애를 다룬 작품이다. 남성 내레이터인 '나'와 친구인 톰은 술집에 들어간다. 바텐더가 그들을 보자마자 혐오감을 드러내자 톰은 왜 그러는지 묻는다. 바텐더는 답하지 않으면서 톰이 무료 점심 요리인 족발을 먹지 못하도록 그릇 뚜껑을 덮는다. 나와 톰은 맥주를 주문하지만 바텐더는 "너희 같은 호모새끼들은 모두 냄새가 나"라고 한다. 여기서 '호모새끼'라고 번역한 말은 'punks'이다. 이를 김욱동은 '건달놈들'이라고 번역하지만 이는 그 말이 헤밍웨이 작품에서 자주 동성애자를 낮추어 부

■　*　이 단편집은 아직 완역되지 않았다.

르는 말인 점을 무시한 것이다. 바텐더의 그런 이상한 태도는 뒤의 대합실 장면에서 그 의미가 밝혀진다.

그런 태도에 화가 난 나와 톰은 술집을 나선다. 그 뒤 기차역 대합실에서 매춘부 5명, 백인 남성 6명, 인디언 4명과 함께 기차를 기다린다. 백인 중 한 사람은 동성애자인 요리사로 사람들에게 놀림을 당한다. 그중 한 명이 나에게 '요리사하고 붙어본 적이 있는가'라고 묻는데 이는 내가 동성애자일 가능성을 보여주는 것이라고 할 수 있다. 요리사가 우리의 나이를 묻자 96세와 69세라고 답하는데 그 둘은 성교 체위를 뜻한다는 점에서 동성애자일 가능성을 더욱 높여준다. 하지만 요리사가 다시 '어디로 가는지' 묻자 톰은 '너와 반대 방향'이라고 답하는 것으로 소설은 끝난다. 즉 자신들은 동성애자가 아니라 이성애자임을 드러낸 것이다.

일곱 번째 단편인 「여왕의 어머니*The Mother of a Queen*」도 스페인에서 멕시코로 온 동성애자 투우사 파코(Paco)의 이야기다. 제목의 '여왕'은 동성애자를 가리키는 속어로 '호모새끼' 정도로 번역됨이 옳다. 물론 이는 파코를 부르는 말이다. 그의 애인은 첫 매니저였고 지금의 매니저는 내레이터인 로저(Roger)다. 소설은 다음과 같이 시작한다.

그 사람의 아버지가 사망했을 때는 그가 아직 어린 아이였기 때문에 그의 매니저는 그의 아버지를 영구 묘지에 매장했다. 말하자면 그의 아버지는 묘지 하나를 영원히 차지하게 되었다는 뜻이다. 그러나 그의 어머니가 사망했을 때 그의 매니저는 자신과 그 사람이 늘 그렇게 열렬한 사이는 아니었을지도 모른다고 생각했다. 매니저와 그는 서로 좋아하는 연인 사이였다. 하지만 그 사람은 누가 봐도 '여왕'이었다. 두말할 나위 없이 그랬다. 그래서 그의 매니저는 그의 어머니를 5년 동안만 한시적으로 매장했다.(단편2, 282)

위 번역은 김욱동의 번역이지만, '여왕'은 '호모' 정도로 번역됨이 옳고 '아니었을지도'는 '아닐지도'로 번역됨이 옳다. 소설은 내레이터가 처음부터 끝까지 호모인 투우사를 욕하는 이야기다. 그는 돈을 많이 벌면서도 어머니의 영구 매장비도 내지 않을 정도로 인색하고, 투우사로서의 실력도 없으면서 투우복에는 엄청난 돈을 쏟아붓지만 정작 바닷물에 젖게 해 못 쓰게 만든다. 로저는 결국 그와 헤어지면서 '어미 없는 자식'이라고 욕한다.(단편2, 269)

두 작품 모두 헤밍웨이의 동성애 혐오를 노골적으로 보여준다.

「아버지들과 아들들」, 「깨끗하고 밝은 곳」

『승자에게는 아무것도 주지 마라』의 나머지 작품들 중 마지막인 열네 번째 단편 「아버지들과 아들들Fathers and Sons」은 앞에서 본 닉이 주인공이니 그것부터 살펴보자. 그렇지만 앞에서 본 아이 닉이 아니라 38세의 장년 닉이고 그에게는 열 살쯤의 아들도 있다. 앞에서 본 「인디언 캠프」에서는 닉이 열 살쯤이었다. 그는 인디언인 오지브웨이족 여자 친구인 트루디(Trudy)와 사랑을 나누는데 한 번은 트루디의 남동생인 빌리(Billy) 앞에서였고, 또 한 번은 빌리가 사냥할 때였다. 인디언 여성의 사랑이 상당히 노골적으로 그려지는 것은 「인디언 캠프」에 나오는 인디언 여성들의 당당함을 연상하게 한다.

두 번째로 실린 「깨끗하고 밝은 곳*A Clean Well-Lighted Place*」에는 닉이 등장하지 않지만, 거기에 나오는 늙은 웨이터를 닉으로 볼 수도 있다. 소설은 마드리드를 배경으로 도시의 허무를 다룬다. 여든 살 정도로 매우 늙고 귀머거리인 노인이 밤늦게 카페에서 술을 마시는데 젊은 웨이터는 노인이 빨리 집으로 돌아가기 바란다. 집에서 그를 기다리고 있는 아내에게 빨리 가고 싶어서다. 반면 혼자 사는 나이든 웨이터는 노인이 얼마 전 자살을 기도했기에 깨끗하고 밝은 곳을 찾아다니는 것이라고 설명하지만 젊은 웨이터는 이해하지 못한다. 나이 든 웨이터는 가게를 닫으며 자신과 대화를 한다.

> 도대체 그가 두려워하는 게 무엇일까? 그것은 두려움도 공포도 아니야. 그
> 것은 그가 너무나도 잘 알고 있는 허무라는 거지. 그것은 모두 허무였고, 인
> 간도 한낱 허무에 지나지 않거든. 모든 것이 오직 허무뿐, 필요한 것은 밝은
> 불빛과 어떤 종류의 깨끗함과 질서야. 허무 속에 살면서 전혀 그것을 알아
> 채지 못하는 사람들도 있지만 그는 그것을 잘 알고 있지.(단편1, 203)

그리고 자신도 한잔해야겠다고 하며 다른 술집에 들르지만 그곳이 마음에 들지 않는다. 그는 집에 돌아가지만 잠을 잘 수 없다. "많은 사람이 불면증에 시달리고 있음에 틀림없었다"(단편1, 205)는 문장으로 소설은 끝난다.

『승자에게는 아무것도 주지 마라』에는 그 밖에도 여러 작품이 실려 있지만 주목할 만한 작품은 별로 없다. 첫 번째로 실린 「폭풍 후*After Storm*」는

키웨스트를 배경으로 한 것이고, 네 번째 단편인 「신이여 신사 여러분에게 즐거운 휴식을 주소서God Rest You Merry Gentlemen」는 캔자스의 병원에서 크리스마스 오후에 벌어지는 사건을 다룬다.

다섯 번째 단편인 「바다의 변화The Sea Change」, 여섯 번째 단편인 「당신은 그럴 수 없어A Way You Will Never Be」에는 특별히 주목할 점이 없다. 여덟 번째 단편인 「한 독자의 편지One Reader Writes」는 매독에 걸린 남편을 둔 여자가 의사에게 어떻게 하면 좋을지 묻는 편지 이야기다. 아홉 번째 작품인 「스위스 찬가Homage to Switzerland」는 3부작으로 각 부에 등장하는 각 인물은 파리행 셍플롱 오리엔트 특급열차를 기다리는데, 앞의 두 남자는 웨이트리스를 유혹하고, 셋째 남자는 거짓말에 말려든다는 이야기다.

열 번째 「하루 동안의 기다림A Day's Wait」은 체온을 착각한 아이가 죽음의 공포에서 해방된다는 이야기다. 열한 번째는 「시체의 박물관A Natural History of the Dead」이고, 열두 번째인 「와이오밍 주의 포도주Wine of Wyoming」는 프랑스에서 온 사람들의 이야기다. 그리고 열세 번째인 「도박사와 수녀와 라디오The Gambler, the Nun, and the Radio」는 심야식당에서 총격을 당한 러시아인과 멕시코인 도박사, 그리고 그들을 병실에서 돌보는 수녀와 병실의 라디오에 관한 이야기다.

이상 『승자에게는 아무것도 주지 마라』에 포함된 단편들 외에 1936년에 발표한 단편 「세계의 수도The Capital of the World」에는, 앞에서 본 「여왕의 어머니」에 나왔던 파코가 다시 등장하지만 젊은 시절 마드리드에서 투우사가 되기 전 투우사들의 하숙집에서 웨이터 일을 할 때의 이야기다. 파코는 스페인 시민전쟁을 다룬 단편 「산마루 아래에서Under the Ridge」에도 나온다.

『가진 자와 못 가진 자』의 제목에 대하여

헤밍웨이는 평생 쓴 작품의 70%를 키웨스트에서 썼지만, 그의 조국인 미국, 그것도 키웨스트를 배경으로 한 장편소설은 『가진 자와 못 가진 자*To Have and Have Not*』가 유일하다. 1937년에 나온 『가진 자와 못 가진 자』는 헤밍웨이 장편소설 중에서 가장 인기 없는 작품이다. 반공국가인 한국에서는 더욱 그러하여 1967년에 '빈부'라는 제목으로 번역된 이래 반세기가 지난 2014년에야 다시 번역되어 '가진 자와 못 가진 자'로 나왔다.

새 번역의 한글전용은 좋은 것이지만, 그 제목이 갖는 '빈부격차'나 '빈부갈등'의 의미를 담아내지 못한다는 문제점이 없지 않다. 따라서 '유산자와 무산자'라는 식의 번역이 더 좋을 수도 있다. 그러나 원제의 'To Have'나 'Have Not'은 단순히 경제적인 의미의 소유와 무소유를 뜻하는 것만은 아니다. 즉 돈만이 아니라 권력도 그 소유의 대상에 포함된다. 나아가 그런 사람들도 뜻하는데, 그 소유자는 돈의 소유자인 자본가나 부유한 관광객만이 아니라 권력의 소유자인 정부관리 등도 포함된다. 반면 무소유자에는 돈도 없고 직업도 없고 힘도 없는 실직자나 밀수꾼 또는 상이군인까지 포함한다.

나아가 'To Have'나 'Have Not'에는 각각 미국과 쿠바라는 나라도 포함된다. 즉 나라 사이의 격차도 나타나는 것이다. 이 점은 종래 전적으로 무시된 측면이었으나 앞에서 본 헤밍웨이의 소설들이 국제적인 차원의 인간해방을 추구한 점에서 당연히 유추될 수 있는 점이다.

빈부격차의 상징적인 예는 소설에 나오는 앨버트와 헨리 카펜터의 경우이다. 먼저 9장에서 앨버트는 구호금을 받고 하수구를 파거나 낡은 노

『가진 자와 못 가진 자』 초판본

면 전차 철길도 고치는 일을 해서 주당 7달러 50센트를 받는다. 이는 당시의 평균 주급 40달러(가구 소득은 2,000달러)의 5분의 1도 안 되는 액수다. 게다가 그에게는 "점심 굶고 학교 다니는 아이가 셋"(가진, 110)이나 있으니 얼마나 곤궁했는지 알 수 있다. 그렇게라도 하지 않을 수 없는 것은 "어디에도 먹고살 길이 없기"(가진, 111) 때문이다. 반면 부자들은 대다수 사람들의 가난을 이용하여 부를 축적한다고 해리는 말한다.

> 놈들 속셈이 뭐냐면, 당신네 콩크를 여기서 쫓아내고 움막을 불태운 뒤 아파트를 지어 관광촌을 만들려는 거야. 나는 그렇게 들었어. 놈들이 땅을 사들이고 있대. 가난한 사람들이 굶주리다 못해 다른 데로 떠나 더 굶주리게 될 때쯤 놈들이 들어와 관광객을 위한 명승지를 만들 거라는군.(가진, 111)

1930년대 미국이나 2018년 한국이나 부자들이 하는 짓은 똑같다. 24장에 나오는 거대한 범선의 선주인 윌레스 존스톤은 "서른여덟 살로, 허버드 대학 석사면서 작곡가였고 실크 공장에서 돈을 벌고 있었으며 미혼이었다."(가진, 258) 그리고 그 범선의 손님인 헨리 카펜터는 "하버드 대학 인문학 석사로 매달 어머니의 신탁기금에서 나오는 200달러의 수입이 있었"는데 그 전의 수입이 매달 450달러였을 때에는 "1.5킬로미터 상공에서 낙하산 없이 떨어져도 부잣집 탁자 밑에 무릎을 대고 사뿐히 착지할 거라는 말이 오랫동안 돈 적이 있었다."(가진, 258~259) 그리고 도박으로 300달러를 잃기도 했다. 카펜터의 월수입은 앨버트의 월수입 30달러보다 7배나 많았다.

「가진 자와 못 가진 자」 1~2부_봄부터 가을까지

1부는 마이애미 출신 전직 경찰관인 주인공 해리 모건이 불황으로 실직한 뒤 부인과 세 딸을 부양하기 위해 낚싯배를 관광객에게 빌려주는 일을 하던 도중 존슨(Johnson)이라는 관광객에게 사기를 당해 밀입국자와 거래를 하다가 살인을 저지른다는 이야기다. 1장은 아바나의 새벽 묘사로 시작한다.

> 아바나의 새벽이 어떤지를 잘 알 것이다. 부랑자들이 건물 벽에 기대 잠들어 있고 얼음 배달차가 술집에 얼음을 배달하기 전 꼭두새벽에 우리는 부두에서 광장을 가로 질러 '샌프란시스코의 진주 카페'로 커피를 마시러 갔다. 광장에는 어느 거지가 홀로 깨어 문수대의 물을 마시고 있었다.(가진, 9)

이야기는, 낚싯배 주인 해리가 외지인 셋을 태워달라고 부탁한 쿠바인의 머리가 터져 죽는 걸 목격하는 것으로 시작된다. 그는 존슨의 낚싯배 노릇을 3주째 하고 있는데 처음에만 계약금을 주고는 3주 동안 돈을 주지 않는다. 낚시를 끝낸 존슨은 이제 돌아가겠다며 다음날 아침 돈을 지불하겠다고 한다. 그러나 그는 비행기를 타고 도망간다.

2장에서 해리는 낚싯대도 망가졌고 무엇이든 돈이 될 일을 찾아야 해서 범죄행위인 중국인 비밀 수송을 하게 된다. 3장에서 해리는 "어려울 때일수록 우리 콩크끼리 뭉쳐야지"(가진, 54)라고 말하는 동료를 배에 태워준다. 4장에서 해리는 중국인들을 배에 태우다가 중국인 수송을 부탁한 중국인을 죽이게 된다.

2부 6장에서 해리는 쿠바로부터 술을 밀수하다가 쿠바 해안경비병에게 총을 맞은 뒤 키웨스트로 도망친다. 7장에서 그는 미국정부의 관리인 프레데릭 해리슨(Frederick Harrison)에게 들켜 자신의 전 재산인 배를 압류당하고 한쪽 팔까지 잃게 된다.

『가진 자와 못 가진 자』 3부_겨울

3부 9~17장에는 해리의 가족과 친구들 그리고 자신의 신세타령이 나온다. "난 배도 돈도 배운 것도 없는데 외팔이 남자가 할 수 있는 일이 뭐냐 말이야? 가진 거라곤 뒷거래할 배짱밖엔 없는데."(가진, 166) 그 자신만이 아니다. "이 마을엔 지금도 배를 곯는 인간들이 널렸는데 옴짝도 하지 않아. 그저 날마다 조금씩 굶고 살지. 태어날 때부터 굶주리기 시작한 이들도 있어, 일부는."(가진, 167)

18장에서는 은행을 턴 쿠바 혁명가들을 해리가 수송하게 된다. 동료인 엘버트가 그들이 은행강도라고 하자 그는 총을 맞고 죽는다. 젊은 혁명가 에밀리오(Emilio)는 해리에게 미안하다고 하며 두목에 대해 다음과 같이 불평한다.

> 이제 당신도 알 거요. 이 로베르트라는 남자가 악당이란 걸. 훌륭한 혁명가지만 악당이에요. 마차도 정권 땐 사람을 하도 죽이다가 아예 그 짓을 좋아하게 됐어요. 살인을 재미 삼아 하죠. 물론 명분에 따라 죽이기는 하지만. 대의명분 하에.(가진, 177)

해리는 돈을 빌려는 욕심뿐이지 혁명가들의 이념에 공감하지 않지만 만일에 대비해 에밀리오와 친하고자 그와 대화한다. 에밀리오는 자신들에 대해 해리에게 다음과 같이 설명한다.

진정한 혁명 조직은 우리뿐이에요. 우린 구태 정치인들을 모조리 처단하려고 해요. 우리의 숨통을 조이는 미국 제국주의와 그 군대의 폭정도 함께. 새롭게 시작해서 모든 사람에게 기회를 주려는 거죠. 노예로 살아가는 과히로(guajiro), 즉 농부들을 해방하고 거대한 사탕수수 농장들을 거기서 일하는 사람들에게 나눠주려는 거예요. 하지만 우리는 공산주의자는 아니에요. (중략) 지금은 그 싸움을 하기 위해 돈을 마련하고 있어요. 그러기 위해선 나중엔 사용하지 않을 수단을 써야만 하죠. 나중에 쓰지 않을 사람들도 써야 하고요. 하지만 목적은 수단을 정당화하잖아요. 러시아인들도 같은 길을 밟아야 했고요. 스탈린도 혁명 전에는 산적이나 다름없었죠.(가진, 186~187)

에밀리오를 과격분자라고 생각한 해리는 다음과 같이 답한다.

괜찮은 방안 같군. 당신들이 노동자를 도우러 나선다면 말이야. 예전에 키웨스트 시에 공장들이 있었을 땐 나도 파업을 도우러 여러 번 나선 적이 있었어. 당신들이 어떤 조직인지 알았다면 나도 기꺼이 어떻게든 동참했을 거야.(가진, 187)

에밀리오는 쿠바의 현실에 대해 계속 설명한다.

쿠바는 적대국이 없어서 군대가 필요 없는데도 현재 약 2만 5,000명의 군인이 있고 상병 위로 군대 전체가 국민의 피를 빨아먹고 있죠. 모두, 심지어 졸병들까지도 돈을 벌려고 혈안이 돼 있어요. 현재 예비군에는 갖가지 사기꾼부터 악당, 예전 마차도* 시절의 정보원까지 다 모여 있는데 그들은 군대가 눈만 감아주면 뭐든 빼먹어요. 무슨 일이 터지기 전에 우리는 그 군대를 처단해야 해요. 예전엔 곤봉이 우릴 지배했지만 이젠 소총과 권총, 기관총, 총검이 우릴 지배하고 있어요. (중략) 얼마나 심각한지 상상도 못할 거요. 난 불쌍한 내 조국을 사랑하고 현재 우리가 겪고 있는 이 폭정으로부터 조국을 해방시킬 수만 있다면 뭐든 할 수 있어요. 싫은 일까지도요. 수천 배는 더 싫은 일도 할 각오가 돼 있어요.(가진, 187~188)

그러나 해리는 속으로 다음과 같이 생각한다.

해리는 술 생각이 간절했다. 네놈 혁명이 나랑 무슨 상관이야? 혁명 좋아하네. 노동자를 돕는답시고 은행을 털고, 손잡은 동료는 죽이고, 아무 잘못 없는 불쌍한 앨버트까지 죽인 주제에. 네놈들은 노동자를 죽인 거야. 그건 생각 못 하는군. 가정이 있는 남자였는데. 지금 쿠바를 지휘하는 건 쿠바인들이야. 하나같이 서로를 배신하지. 서로를 팔아먹고. 뿌린 대로 거두는 것 아니겠어? 혁명은 개뿔.(가진, 188)

■ * 1925년 대통령에 당선된 헤라르도 마차도는 민중운동을 강력히 탄압하고 대규모 건설 공사 등 전시성 사업을 벌이는 한편, 1935년까지 임기를 연장하기 위한 법안을 통과시켰다. 그러나 1929년 세계 대공황의 여파가 쿠바에도 미치면서 지식인, 노조, 학생, 좌익세력의 사회운동에 의해 정권이 무너지고 마차도는 1933년 미국으로 망명했다.

그러나 결국 23장에서 해리 자신 또한 죽음 앞에 놓이게 된다.

"한 사람만으로는 아무리 발광해도 기회가 없어." 그는 눈을 감았다. 그 말을 하는 데 오랜 시간이 걸렸고 그것을 배우기까지 평생이 걸렸다.(가진, 252)

빈곤은 지금도 진행 중이다.

어떤 이는 아파트나 사무실 창문에서 한참을 추락하기도 했고, 어떤 이는 자동차 두 대용 차고에서 자동차의 시동을 켜고 조용히 떠나기도 했다. 어떤 이는 전통에 따라 콜트나 스미스앤드웨슨 총을 택하기도 했다. 잘 만들어진 그 도구는 불면증을 끝내고 후회를 몰아냈으며 암을 치료했고 파산을 물리쳤다. 손가락 하나로 당기기만 하면 궁지에서 탈출구가 열렸다. 그 훌륭한 미국의 도구는 휴대도 대단히 간편하고 효과도 대단히 탁월해서 악몽으로 변질된 '아메리칸드림'을 끝장내기에는 그만이었지만 친척들이 지저분한 뒤처리를 해야 한다는 유일한 단점이 있었다.(가진, 264~265)

『가진 자와 못 가진 자』에 대한 비평

사회주의자들은 이 작품에 대해 "위대하고 용감한 예술작품, 즉 너무나 용감해서 그 이상의 작품을 생각할 수 없게 만드는 작품이자 인간의 삶을 정확하게 꿰뚫고 있는 작품"이라고 찬양했다. 그러나 그 소설을 '헤밍웨이 판 뽀빠이'라고 부른 에드먼드 윌슨을 비롯하여 그 전에 헤밍웨이에게 호의적이었던 비평가들은 이 작품을 혹평했다.(도널드슨, 309) 특히 윌슨은 그가 악평을 한 『아프리카의 푸른 언덕』을 능가하는 천박한 작품이라고 매도했다.(도널드슨, 429)

7장

스페인 시민전쟁,
『누구를 위하여 종은
울리나』의 반파쇼와 자치

스페인 시민전쟁

스페인은 유럽에서 권력의 탄압으로 인해 시민의 대두가 가장 늦은 나라였다. 1873년에 잠깐 공화정이 시행되었지만 1930년대까지 군주제가 유지되었다. 무능한 국왕이 망명하자 1931년에 제2공화국 체제가 수립되었다. 그러나 1935년까지 행정부가 28번이나 바뀌는 혼란이 계속되었다. 1936년 2월에 선거로 진보적 자유주의자들과 사회주의자와 아나키스트들을 중심으로 한 좌파 세력들의 인민전선이 정권을 잡았지만 파시스트 정당이 급속히 성장했고, 이를 배경으로 프랑코가 지휘하는 군부가 쿠데타를 일으켜 시민전쟁이 터졌다. 군주주의자들, 부유한 상류층, 파시스트 정당원, 가톨릭교회가 그들 편이었다.

이를 보통은 스페인 내란 또는 내전이라고 하지만 이 책에서는 스페인에서 부르는 '스페인 시민전쟁(Guerra Civil Española)'이라는 말을 사용하겠다. 스페인 시민전쟁은 1936년 2월 총선에 의해 새로 수립한 좌파 민주공화국 체제와 그것에 반발한 왕당파와 군부, 우익보수 등 파시스트 세력

소모시에라에서 항복하는 공화파(1936)

사이의 시민전쟁이었다. 즉 스페인 사회주의 노동자당, 좌파 공화파, 스페인 공산당 등으로 구성된 인민 전선이 토지개혁을 포함한 개혁 정책들을 시행하자 지주와 자본가와 가톨릭교회의 불만이 고조되어 터진 것이다.

1936년 7월 17일에 프랑코 장군이 모로코에서 쿠데타를 일으켜 시민전쟁이 시작되었고, 1939년 4월 1일에 공화파 정부가 마드리드에서 항복하여 프랑코 측의 승리로 끝났다. 전쟁의 결과는 비참했다. 약 11만 명이 전투와 공습으로 죽었고, 약 22만 명이 살해되거나 처형당했다. 전쟁이 끝난 뒤 약 20만 명의 공화파 포로들이 감옥에서 총살당하거나 가혹행위로 죽었고, 약 30만 명 이상이 해외로 망명했다.

스페인 시민전쟁은 제2차 세계대전의 전초전으로 전개되었는데, 소련을 비롯하여 각국에서 모여든 의용군으로 구성된 국제여단이 집권 공화국의 인민전선을 지원하고(약 4만 명), 반란을 일으킨 프랑코를 파시스트 진영인 나치 독일(약 1만 명)과 이탈리아의 무솔리니 정권(약 5만 명), 그리고 살라자르가 집권하고 있던 포르투갈(약 2만 명)이 지원했다. 그러나 무기와 장비 면에서 두 세력은 엄청난 차이를 보였다. 당시 군사기술에서 최고였던 독일의 지원을 받은 반란군이 훨씬 우수한 무기와 장비를 가졌기 때문에 전세는 곧 판가름이 났다.

헤밍웨이는 스페인 시민전쟁이 터지기 전에 공화정부가 "교회의 권위를 반대하여 당황"했다고 보는 견해가 있지만(김유조, 81) 이는 전혀 근거 없는 소리다. 헤밍웨이는 그 전부터 이미 무신론자였으니 당황하기는커녕 지극히 당연하게 생각했을 것이다.

〈스페인의 대지〉

1936년 스페인 시민전쟁이 터지자 그해 12월에 마사 겔혼을 만난 헤밍웨이는 그녀와 함께 키웨스트에서 공화파의 구급차 부대를 지원하기 위해 기부금을 보내는 것을 시작으로 전쟁에 관여했다.

그 뒤 1937년 1월에 그는 젊은 소설가 프루덴시오 데 페레다(Prudencio de Pereda)와 함께 〈스페인 불타다(Spain in Flames)〉라는 다큐멘터리 작업에 몰두했다. 그것은 "톨레도의 앨캐저 포위, 구아다라마 산맥에서의 정부군 승리, 무방비 도시에 대한 파시스트 비행기의 공습, 프랑코 측의 무자비한 도심 포격을 피하여 거리를 철수하는 아이들의 모습"(베이커, 251) 등을 담았다.

3월 초 그는 파리에서 화가 루이스 킨타니알라를 만나 시민전쟁에 대해 들었다. 킨타니알라는 감옥에서 나오면서 예술가에서 혁명가로 변신해 여러 전선에 참전했다. 이어 3월 16일에 헤밍웨이는 스페인에 도착한 뒤 1년 동안 시민전쟁을 취재하여 '북아메리카 신문연합'에 속한 신문과 유럽 및 캐나다 신문에 36편의 기사를 보냈다.

이어 3월에서 5월까지 그는 도스 패소스가 시작한 제2의 다큐멘터리인 〈스페인의 대지(The Spanish Earth)〉 작업에 참가했다. 네덜란드의 다큐멘터리 감독 요리스 이벤스(Joris Ivens)가 영화의 대본을 쓰고 해설을 맡았으며 이 영화를 홍보하고 기금을 마련하기 위해 애썼다.

그 후에도 헤밍웨이는 도스 패소스, 릴리언 헬만, 아치 메크리시와 함께 '현대 역사가 협회'를 조직하고 자금 조달을 도모했다. 그러나 도스 패소스와 헤밍웨이는 영화의 중점을 어디에 두느냐를 두고 의견이 대립했

스페인 시민전쟁 중인 1937년에 촬영된 사진으로 가운데가 헤밍웨이,
왼쪽이 네덜란드 영화감독 요리스 이벤스, 오른쪽이 독일인 작가 루트비히 렌이다.

다. 도스 패소스는 스페인 인민의 곤경에 중점을 두어야 한다고 주장한 반면, 헤밍웨이는 군사적 측면을 강조했다. 감독인 이벤스와도 의견이 엇갈렸다.

헤밍웨이는 대본에서 "피 흘리는 전투의 사실적 장면과 무익한 살인, 전쟁의 잔혹상을 생생하게 보여주어 전쟁의 공포를 연상"시킴으로써 공화국의 대의명분을 명확하게 표현해야 한다고 하면서 전쟁의 목적을 다음과 같이 말했다.(Spanish, 12)

> 우리는 민주적 선거에 의해 우리의 토지를 경작할 권리를 얻었다. 지금 군벌들과 부자 지주들이 우리의 땅을 빼앗기 위해 우리를 공격했다. 그러나 우리는 귀족들이 자신의 유희를 위해 방치해둔 스페인의 토지를 경작하고 관개할 권리를 위해 싸웠다.(Spanish, 13)

한편 이벤스는 이를 스페인 인민이 "민주적 선거에 의해 권력을 잡았고, 이를 보호하기 위해 외세 개입과 군벌에 대항하여 싸우면서 하나가 되었고, 과거의 지주보다 농민이 대지를 잘 이용하여 충만한 잠재력을 싹트게 한다"고 보았다.(Baker, 313) 여하튼 그 대본은 헤밍웨이의 요구로 천 권만 인쇄되었다.

상영시간이 53분인 영화는 6부로 나누어진다. 1부는 마드리드 부근의 메마르고 척박한 푸엔테두에나(Fuentudaena) 마을을 보여준다. 그곳에 사는 1,500명 농민들의 얼굴은 거칠고 푸석하다. 50년 동안 불모지였던 그곳에서 관개사업이 시작된다. 마드리드에 식량을 공급하기 위해서는 종전보다 몇 배의 생산량이 필요하다. 노동총동맹이 빵을 배급하고, 농민들은 농사에 적극 나선다.

2부는 그곳에서 전쟁에 나가는 사람들을 비추며 그들이야말로 "진정으로 행동하는 사람들"이라고 한다. 그들은 카메라를 전혀 의식하지 않고 자기 일에 열중한다. 문짝으로 참호를 보강하는 "이 순진한 남자들은 먼저 총을 잡고 쏠 수는 있지만, 일부는 총을 재장전하는 방법도 몰랐다."(Spanish, 23) 일상화된 전쟁의 모습은 이동 이발관과 거대한 확성기로 상징된다. 여기서 변호사 출신 지휘관의 수염이 부각되지만 그는 촬영 직후 전사한다. 그들은 마드리드와 유니버스티시티의 파시스트들을 공격한다. 전장에서 아버지에게 편지를 쓰는 훌리안(Julian)이 처음으로 나타난다.

3부는 각 분대를 시민군에 통합하는 모임에서 대표를 선출하는 모습을 보여준다. 그들은 대부분 노동자 농민 출신들이다. 6개월 만에 사병에서 지휘관으로 오른 대표는 전쟁의 대의명분인 민주주의를 역설한다. 특히 아스투리아스 광부의 아내로 '정열의 꽃'으로 불리는 여성 대표가 두드러진다. "새로운 스페인 국가를 부르짖고, 용기와 훈련을 강조하며 여성의 참을 수 있는 용기와 군인들의 훈련 속에 잘 만들어진 새로운 국가를 이야기한"(Spanish, 32) 그 신여성을 헤밍웨이는 뒤에 『누구를 위하여 종은 울리나』의 필라르(Pilar)로 그렸고, 그 이름은 다시 쿠바에 살았을 때 헤밍웨이가 사랑한 요트의 이름이 되었다.

4부는 전쟁으로 황폐해진 마드리드를 보여준다. 정부군은 파괴된 문화유산을 수습하고 마드리드를 다시 공고하게 구축한다. 전차가 다니는 시가지가 보이지만 시민들은 식량난과 폭격에 항상 걱정이다. 피난 명령이 내려지고 피난민 행렬이 이어진다. 화면에 비춰지는 다양한 시민 중 한 사람은 "정부가 모든 시민에게 마드리드를 떠나도록 촉구했으나 나는 가지 않았다. 나이도 많고 전선에 아이들을 내세울 때를 제외하곤 아이들을 내몰지 말아야 한다"고 외친다.(Spanish, 42) 대통령이 나타나 토지 획득을 위해 싸운다고 말하면서 화면은 다시 관개사업 장면을 보여준다.

5부는 돌격대가 된 투우사와 축구선수를 보여준다. 훌리안이 고향에 돌아온다. 그는 들판에서 아이들에게 제식훈련을 가르친다. 헤밍웨이는 왜 군인들이 전쟁터에 계속 있는 것일까, 하고 물은 뒤 스스로 답한다. "그들의 조국에 묶인 스페인 사람들은 이곳이 그들의 도시이고 그들의 고향이고 그들의 일터이기에 머문다. 그들은 인간다운 삶을 누리기 위해 허락된 싸움을 해나가는 것이다."(Spanish, 45~45) 독일 포병과 비행기가 시가지를 폐허로 만들고 시체들이 거리를 채운다.

6부는 마드리드-발렌시아 길을 공격하는 프랑코군과 정부군의 반격을 보여준다. 정부군은 6명이 한 조가 되어 공격한다. "이것은 6명의 남자가 땅이 그들의 것이라는 신념 하에서 자신의 존재를 증명하려고 적진을 향해 돌진해 죽음으로 나아가는 전쟁의 모든 나머지 부분이 준비되는 순간이다."(Spanish, 51) 부상병이 속출하지만 결국 정부군이 승리한다. 그리고 농촌에서 관개 시설도 성공한다.

『제5열』

헤밍웨이는 스페인 시민전쟁에 2개월 참전하고 돌아온 1937년 6월, 뉴욕 카네기홀에서 열린 '제2차 미국작가연맹' 모임에서 '파시즘은 사기다 (Fascism Is a Lie)'라는 제목으로 반파시즘 연설을 하면서 거짓말을 하지 못하는 작가는 파시즘 하에서 살 수도 없고, 작품 활동도 할 수 없다고 했다. 이어 7월 8일에 그 영화를 루스벨트 대통령(Franklin D. Roosevelt)에게 보여주었고 캘리포니아에서도 여러 차례 그 영화를 상영했다.

이런 그의 맹렬한 활동은 그를 공산주의자로 의심하게 했다. 여러 번 조사를 받았을 뿐 아니라 한창 스페인 시민전쟁에서 활동하던 중 발표한 소설 『가진 자와 못 가진 자』는 디트로이트에서 판매금지 처분을 당하기도 했다. 그는 공산주의자가 아니었으나, 불간섭정책 노선을 고수하는 루스벨트 대통령에게 크게 실망하여 그를 '소아마비 선동 정치가'라는 식으로 공개적으로 비난했다. 심지어 그의 뉴딜정책도 "YMCA 쇼를 보는 것 같다"고 비판했다. 또한 전 세계를 향해 스페인 시민전쟁을 방치할 경우 파시스트에 의해 세계전쟁이 일어날 것을 경고했는데, 결국 제2차 세계대전이 일어남으로써 그의 불길한 예언이 적중했다.

1938년에 발표한 헤밍웨이의 유일한 희곡인 3막극 『제5열 The Fifth Column』의 제목은 스페인 시민전쟁 중 아군을 배반한 사람을 일컫는 말이다. 이는 스페인 시민전쟁 당시 마드리드 공략 작전을 지휘한 파시스트 반란군 측의 에밀리오 몰라 비달 장군이 "앞으로는 제5열이 승패를 좌우한다"고 한 데서 나왔다. 그가 이끄는 부대는 4열로 이루어져 있는데, 5열은 그 행렬이 아닌 다른 부대로서 한마디로 정보 계통이나 방첩, 스파이들이 전쟁의 승패를 좌우한다는 것이다.

연극의 1막은 미국인 작가인 로버트 프레스톤(Robert Preston)과 그의 부인 도로시 브리지스(Dorothy Bridges)가 함께 머무는 마드리드의 플로리다 호텔에서 시작한다. 그들은 같은 미국인인 필립 롤링스(Philip Rawlings)를 만난다. 그는 독일인 맥스(Max)와 함께 제5열을 잡는 일을 하여 큰 공을 세운다. 그들은 과거에 쿠바에서도 활동했다. 그러나 그런 활동 끝에 맥스는 전쟁에 환멸을 느낀다. 맥스는 도로시를 사랑하지만 대의를 위해 결혼을 포기한다.

도로시와 절교한 필립은 가난하고 무식하지만 혁명 정신은 투철한 스페인 여성 아니타(Anita)에게 마음을 돌린다. 그녀는 좌파의 피는 진짜이지만 우파인 미국 여자의 피는 페인트에 비유하며 그에게 동지로서의 사랑을 말한다.

프랑코파의 마드리드 공세 자체는 실패로 끝났으며 제5열의 봉기 같은 것도 전혀 없었지만, 이 '제5열'이라는 표현 자체는 살아남았다. 즉 제2차 세계대전이 발발하면서 연합국 내부의 나치 동조자들을 일컫는 표현으로 '적국의 스파이 및 공작원, 내부의 배신자, 적에게 동조할 가능성이 높아 보이는 집단' 등 내부의 적이라고 볼 수 있을 만한 존재 전반을 나타내는 표현으로 굳어진 것이다.

「때는 지금, 장소는 스페인」

헤밍웨이는 진보적 잡지인 〈켄Ken〉의 1938년 4월 7일 자에 「때는 지금, 장소는 스페인The Time Now, The Place Spain」이라는 글을 발표했다. 그 글에서 헤밍웨이는 파시즘연합을 타파하기 위해서는 그 고리의 가장 약한 부분인 이탈리아의 무솔리니를 스페인에서 타파해야 한다고 주장했다.

히틀러의 연설을 읽어보았는가? 만일 그것을 읽는다면 세계전쟁이 시작되고 있음을 알 것이다. 그것을 늦추는 방법이 있다. 파시즘동맹에 대한 히틀러의 자신감을 파괴하는 것이다. 이를 위해 왜 여기 스페인에서 이탈리아를 타파해야 하는가? 아직 시간은 있다. 이국에 와서 싸우는 사람들이 많다. 세계전쟁을 회피하는 유일한 길이다. 이탈리아군을 이기는 것은 어렵지 않다. (중략) 왜 지금 스페인에서 이탈리아군을 무찌를 수 없는가. 만일 비행기와 총과 탄약을 살 수 있다면 스페인 사람들은 기뻐할 것이다. 그들은 이탈리아군을 두려워하지 않는다. 무솔리니가 군대를 스페인에 보내도 스페인인은 이탈리아를 반드시 이길 것이다. (중략) 하나 확실한 것이 있다. 파시즘을 타파하고자 하면 그 고리의 가장 약한 부분을 잘라야 한다. 그것이 이탈리아다. 파시즘 동맹의 고리가 끊어지면 그것을 재편하기에는 오랜 시간이 걸릴 것이다. 독일과 일본이 동맹에 자신이 없다면 그 시간은 더욱 길어질 것이다. 지금이라면 스페인에서 파시즘을 막을 수 있다. 나폴레옹이 스페인에서 패한 것과 마찬가지다. (중략) 이탈리아를 여기 스페인에서 막아야 한다. 지금이라면 가능하다. 그렇지 않으면 이탈리아보다 더욱 힘센 상대를 맞게 될 것이다. 그 결과가 어떨지는 누구도 예측할 수 없다.

1938년은 스페인 시민전쟁이 2년째 접어든 시점으로 공화국 측의 패배가 거의 확실시되었지만, 헤밍웨이는 희망을 버리지 않고 승리할 가능성이 있다고 보았다. 위 글에 이어 그는 4월 21자의 「잘 죽거나 나쁘게 죽기『Dying, Well or Badly』에서 다음과 같이 썼다.

민주주의 국가가 합법적인 스페인 정부에게 파시즘의 군사적 침략과 싸우기 위해 무기를 구입할 권리를 인정하지 않고, 스페인이 파시즘에 점령되는 것을 묵인한다면, 자신에게 어떤 운명이 초래되어도 감수해야 할 것이다. 영국, 프랑스, 미국의 대다수 외교관은 파시스트이다. 그들은 잘못된 정보를 자국에 보내고 자국 행정부는 이에 근거하여 움직인다. 그러나 민주주의 국가가 스페인에서 파시즘을 타도하여야 할 필요성에 관해 무지함을 지적하는 어떤 말을 해도 스페인 정부에게 적과 싸우기 위한 군대를 거부한다면 역사는 1936~1937년의 민주주의 국가의 행동을 범죄적 우행(愚行)이라고 부를 것이다.

역사상 최초의 파시즘 세계연합의 침략에 대한 스페인 공화국의 저항은 세계 문명을 지키기 위한 위대한 투쟁이었다. 따라서 나폴레옹을 스페인에서 이겼듯이 스페인에서 이탈리아를 이긴다면 세계전쟁을 막을 수 있다고 헤밍웨이는 주장한 것이다. 이어 헤밍웨이는 7월 14일 자의 「위대한 인물을 구하여Call for Greatness」에서 다음과 같이 썼다.

챔버레인은 역사에 이름을 남기지 않는다. 설령 역사에서 언급된다고 해도 그의 역할은 치욕밖에 없다. 나폴레옹 시대가 다시 오고 있다. 챔버레인은 자기 행위의 의미를 모른다. 즉 파시스트가 제안한 것은, 그들이 실행할 생각은 없고 단순한 구실에 불과하다는 것을 그는 모른다. (중략) 프랑스도 챔버레인에 따라 이탈리아와 거래했다. 그 결과 파시스트 비행기가 피레네 산맥을 넘어 프랑스에서 바르셀로나에 보내는 전력 시설을 폭격했다. (중략) 지금의 국제상황에서 영국의 외교정책에 굴복한 정치꾼으로서가 아니라 성실한 정치가로 역사에 이름을 남길 수 있는 유일한 남자가 있다. 바로 프랭클린 루스벨트다. 그는 챔버레인처럼 어리석지 않다. (중략) 미국이 스페인 시민전쟁에 참전하지 않을 이유는 아무것도 없다.

앞에서 보았듯이 헤밍웨이는 1937년 7월에 백악관에서 다큐멘터리 영화 〈스페인의 대지〉를 루스벨트 대통령 부부에게 보여주었을 때부터 그에게 기대를 걸었다. 그러나 루스벨트는 헤밍웨이의 기대에 부응하지 않았다. 결국 스페인 시민전쟁이 공화국 측의 패배로 완전히 끝날 때까지 미국은 미동도 하지 않았다. 루스벨트는 1941년 12월에야 제2차 세계대전 참전을 결정했다.

「다리 위의 노인」과 「아무도 죽지 않는다」

헤밍웨이가 1939년에 〈켄〉에 발표한 단편소설 「다리 위의 노인*Old Mann and Bridge*」도 스페인 전쟁을 주제로 한 작품이다. 파시스트들이 에브로 강을 향하여 어느 지점까지 진격했는가를 알아내는 정찰임무를 맡은 군인 내레이터는 전쟁으로 피난 가는 대열에 끼어 있는 노인을 만나게 된다. 평생 동물 돌보는 일만 하고 살았던 산카를로스 마을을 마지막으로 떠난 75세의 늙은 노인은 12킬로미터의 피난길에 지쳐 강에 놓인 부교(浮橋)에 죽은 듯이 앉아서 두고 온 동물들을 걱정한다. 군인의 도움으로 겨우 일어섰지만 다시 주저앉고 만다. 그날은 부활절로 짙은 구름 때문에 파시스트군 비행기가 뜨지 않아 다행이었다. 그가 말한다. "짐승들을 돌봤을 뿐이라고."(단편2, 143) 아마도 스페인 인민 대부분이 그렇게 생각했을 것이다.

헤밍웨이가 1939년에 〈코스모폴리탄Cosmopolitan〉지에 발표한 단편 「아무도 죽지 않는다Nobody Ever Dies」는 스페인 시민전쟁에 참전하고 중병을 얻어 쿠바로 돌아온 청년 엔리케(Enrike)가 쿠바에서 비합법 혁명운동에 참여했다가 경찰에 의해 총살되지만 그의 뜻을 연인인 마리아(Maria)가 이어 간다는 이야기다. 종래 이 작품은 미국에서 이데올로기 과잉을 이유로 낮게 평가되었으나, 이미 1930년대 말에 스페인과 쿠바의 혁명적 연결을 보여주었다는 점에서 이 작품은 주목된다.

헤밍웨이가 스페인 시민전쟁을 소재로 쓴 단편에는 그 밖에도 다음과 같은 것들이 있지만 특별한 내용이 없어서 설명을 생략한다.

「공격The Denunciation」(1938)

「나비와 전차The Butterfly and the Tank」(1938)

「전투 전야Night Before Battle」(1938)

「분수령 아래에서Under the Ridge」(1939)

앙드레 말로의 「희망」

헤밍웨이는 1937년 스페인 시민전쟁에서 해외 특파원 생활을 하던 중 마드리드에서 프랑스 작가 앙드레 말로(André Malraux, 1901~1976)를 만나 시민전쟁에 대한 소설을 집필하자고 약속했다. 말로가 5개월 만인 1937년 12월에 『희망』을 발표하자 헤밍웨이는 그것이 너무 빠르다고 화를 냈다.(Baker, 335) 헤밍웨이는 3년 뒤인 1940년 10월에 『누구를 위하여 종은 울리나』를 출판했다.

『희망』은 2개 편에 각 2장씩, 전체는 58장으로 구성된다. 각 장에는 여러 인물들이 나오지만 전체적으로 주인공이라고 할 수 있는 사람은 두 사람이다. 한 사람은 국제항공 의용대 대장인 마냥과 육상부대 연대장인 마누엘이다. 말로의 분신인 마냥과 달리 마누엘은 공산주의자로 당과 코민테른의 지령에 따르지만 비인간적인 교조주의자는 아니고 어디까지나 인간의 존엄, 우애, 연대를 지키고자 한다.

등장인물 중에 미국인 기자 쉐이드는 헤밍웨이를 연상시킨다. 그는 포탄이 떨어지는 마드리드 중앙전화국에서도 원고를 계속 읽어 송신한다.

> "파시스트는 파시스트를 도왔고, 코뮤니스트는 코뮤니스트와 스페인의 민주주의까지도 도왔다. 그러나 민주국가는 민주국가를 돕지 않는다."
> "우리들 민주주의자는 모든 것을 믿으나 우리 자신만은 믿지 않는다."
> "우리가 원하는 것을 깨닫자. 아니면 파시스트에게 '여기서 나가라, 그렇지 않으면 우리와 충돌하게 될 것이다!'라고 말하자. 그리고 필요하다면 내일 코뮤니스트에게도 같은 말을 하자. 그렇지 않으면 한 번 더 '유럽을 타도하라'라고 말하자."
> "지금 내가 이 창문으로 내다보는 유럽은 이제는 더 이상 잃어버릴 힘도, 성

심상을 흔드는 모로족들의 신앙도 가르칠 수가 없다. 아메리카의 동지들이여, 우리나라에서 평화를 원하는 모든 것이, 푸줏간 도마 위에 흐른 피살된 푸줏간 주인의 피로써 투표용지를 지우는 자들을 미워하는 모든 것이 이제부터 이 대지에서 멀어지도록, 이성을 잃은 머리와 야만인에 못지않은 정열과 가스 중독자와 같은 얼굴을 하고서 충고하러 오는 이 유럽의 아저씨에게는 싫증이 났다.*

『누구를 위하여 종은 울리나』

『누구를 위하여 종은 울리나For Whom the Bell Tolls』는 1937년 5월 말의 토요일 오후부터 다음 주 화요일 낮까지의 3일간이라는 짧은 시간을 다룬 소설이지만 헤밍웨이 소설 중에서는 가장 길다. 스페인 시민전쟁이 터진 지 10개월 정도 지나 지리멸렬해져 게릴라전으로 접어든 시점, 산악 게릴라전을 다루고 있다. 1937년 5월이라는 시기는 같은 해 4월 26일에 게르니카가 폭격된 직후였다. 그러나 이 소설에는 많은 회상이 포함되어 소설이 다루는 시간대는 시민전쟁 이전과 그 초기 양상, 심지어 조던의 어린 시절까지 소급된다. 또 공간적으로도 산악을 넘어 마드리드, 발렌시아, 바리야돌리드, 사라고사, 심지어 미국의 몬태나 주에 이르기까지 넓혀진다.

소설의 배경은 마드리드와 세고비아 사이에 있는 시에라 데 과다라마(Sierra de Guadarrama) 산악 지역으로 그곳에 있는 게릴라 부대의 다리 폭파 과정이 소설의 중심이지만 그 전에 벌어진 시민전쟁의 여러 측면도

■　*　앙드레 말로, 이가형 옮김, 『희망』, 범우사, 1991, 395~396.

『누구를 위하여 종은 울리나』 초판본

아바나에 있는 호텔 암보스 문도스(Ambos-Mundos)(암보스 문도스는 '양쪽의 세계 즉, 새롭고 낡은 두 개의 세계'를 의미한다)는 헤밍웨이의 쿠바 내 첫 거주지였다(1932~1939). 여기서 그는 『누구를 위하여 종은 울리나』의 첫 번째 챕터를 집필했다.

폭격으로 폐허가 된 게르니카

이야기된다. 가령 이 책의 1장에서 조갑제가 문제 삼은 것과 달리, 공화파가 프랑코파에게 가한 잔학행위도 묘사되고(10장) 게릴라부대 대장의 변덕스러운 행동도 나타난다. 물론 프랑코파의 만행도 묘사된다(31장). 그때 마리아는 프랑코군에 잡혀 강간을 당하고 머리를 깎였다가 게릴라들에게 구출되었다.

게릴라 부대의 대장인 파블로가 다리 폭파에 반대하자 그의 부하들은 그의 정부인 필라르와 조던의 말을 믿고 따른다. 이에 반발한 파블로가 말을 숨기고 폭파장치를 고장 내어 계획을 혼란에 빠트린다. 필라르는 파블로와 담판을 지어 혼란을 수습하지만 공격계획이 적에게 탄로 났음을 조던은 눈치 챈다. 그는 동료를 시켜 상관에게 연락을 취하지만 아군의 전투기는 이미 이륙하여 투하명령만을 남겨둔 상황이어서 공격을 막을 길이 없다.

어쩔 수 없이 조던은 다리를 폭파하려고 어둠을 틈타 교량에 폭약을 설치하지만 파블로가 자동폭파 장치를 없앴기 때문에 수동으로 폭파해야만 했다. 그 와중에 적군이 다리를 건너려고 몰려오고, 안셀모는 도화선을 끌고 와 조던에게 넘겨주고 넘어진다. 조던도 하는 수 없이 다리를 폭파하고 안셀모는 죽는다. 파블로와 필라르가 이끄는 게릴라 무리는 적의 군대를 저지하다가 조던과 합류하여 말을 타고 탈출을 시도하지만 조던은 총상을 입고 말 위에서 떨어진다. 마리아는 조던과 함께 남겠다고 울부짖지만 조던은 다시 만날 것을 약속하며 마리아를 안심시키고 떠나보낸다. 기관총만을 가지고 홀로 남은 조던의 머릿속에는 지난날의 일들이 눈앞에 펼쳐진다.

소설에도 나오듯이 노동자 농민은 시민군을 조직하여 공화파를 지원했지만, 공화파는 시민군의 세력이 커지는 것에 불안을 느껴 방관하는 바람에 반란군의 점령지역이 확산되는 결과를 낳았고, 오히려 시민군이 게릴라 활동을 하는 양상을 보였다. 이 소설에 대한 가장 큰 오해는 앞에서도 말했듯이 『무기여 잘 있어라』에서 전쟁을 부정한 헤밍웨이가 변하여 전쟁을 긍정하게 되었다고 보는 것이다.

『누구를 위하여 종은 울리나』의 제목과 주제

『누구를 위하여 종은 울리나』의 제목은 헤밍웨이가 지은 것이 아니라 영국의 17세기 형이상학파 시인이자 성공회 사제였던 존 던(John Donne, 1572~1631)이 쓴 기도문에서 따온 말이다. 헤밍웨이는 소설 앞에 기도문 일부를 다음과 같이 인용했다.

> 누구도 그 혼자로 온전한 섬이 아니다.
> 모든 사람은 대륙의 한 조각, 본토의 일부다.
> 흙 한 덩이가 바닷물에 씻겨 가면, 유럽은 그만큼 줄어든다.
> 곶이 씻겨 나가도 마찬가지고,
> 그대의 친구나 그대의 영토가 씻겨 나가도 마찬가지다.
> 누구의 죽음이든 그만큼 나를 줄어들게 한다.
> 내가 인류에 속해 있기 때문이다.
> 그러니 저 종소리가 누구의 죽음을 알리는 종소리인가 알아보려고 사람을

수의를 입은 사제 존 던의 초상화.
그는 덧없는 인생의 유품으로 이 초상화를 그리게 하여 벽에 걸었다고 한다.

보내지 마라.

그것은 그대를 위한 종소리이니.

이는 소설의 주제인 연대를 노래한 것이다. 그 주제를 보여주는 장면이 9장의 조던과 필라르의 대화다.

"사람은 누구나 다른 누구와 이야기를 나눌 필요가 있지. 이전에는 종교니 뭐니 하는 터무니없는 것이 있었지만. 지금은 흉금을 터놓고 얘기할 상대가 반드시 필요하단 말이야. 제 아무리 용기가 있다 하더라도 인간이란 본디 외로운 존재니까."

"우린 외롭지 않아요. 모두 함께 있으니까."

"그 놈의 비행기를 본 뒤론 온갖 생각이 머리에 떠오르는구먼. 그런 기계에 비하면 우린 아무것도 아니거든."

"그래도 우리는 그것들을 떨어뜨릴 수 있어요."

"이봐. 내가 자네에게 내 슬픔을 털어놓는다 해서 내 결심이 약해졌다고는 생각하지 말아줘. 내 결심에는 조금도 변함이 없으니까."

"슬픔이란 건 해가 떠오르면 사라지는 법이죠. 마치 안개 같다고 할까요."(누구1, 176~177)

위 대화는 던의 기도문이 종교적인 것임에 반해 헤밍웨이의 소설은 반종교적인 것임을 천명하는 듯 보인다. 또한 헤밍웨이가 『태양은 다시 떠오른다』에서 묘사한 바를 극복한 것처럼 보이기도 한다.

연대라는 주제는 주인공 남녀의 사랑과도 연결되는데, 다음은 마리아를 사랑하는 조던의 고백이다.

> 난 우리가 싸워서 지켜온 모든 것을 사랑하듯 당신을 사랑해. 자유와 존엄, 그리고 모든 사람이 일할 권리, 굶지 않을 권리를 사랑하는 것처럼 당신을 사랑해. 우리가 방어한 마드리드를 사랑하듯, 죽어간 내 동지들을 사랑하듯 당신을 사랑해. 정말 많은 동지가 죽었지.(누구2, 185)

연대라는 주제를 갖는 점에서 『누구를 위하여 종은 울리나』는 그 밖의 헤밍웨이 소설이 개인을 중심으로 한 점과 다르다. 즉 『태양은 다시 떠오른다』에서는 제이크와 브렛, 『무기여 잘 있어라』에서는 프레데릭과 캐서린, 『가진 자와 못 가진 자』에서는 해리와 고든, 『노인과 바다』에서는 노인과 소년이 주인공인 것과 달리 『누구를 위하여 종은 울리나』에는 주인공인 조던과 마리아 외에도 파블로, 필라르, 안셀모 등 많은 인물이 등장한다.

이는 다른 소설에서는 주인공이 개인의 힘, 투쟁, 노력, 의무, 불안 등을 개인적으로 추구하는 반면, 이 소설에서는 많은 사람들이 힘을 합쳐 하나의 목표를 향해 나아가 성사시키려는 과정의 우여곡절을 그린 차이로도 나아간다. 또한 이 소설에는 헤밍웨이 소설의 특징으로 여겨진 소위 빙산이론에 의한 언어 구사 및 기법 사용이 없다는 지적이 종래 있었다. 특히 그 결과 독자에게 작가의 생각을 강요하는 결과를 초래한다고 지적되기도 했다. 이는 『강을 건너 숲속으로』나 『가진 자와 못 가진 자』

가 실패한 원인이기도 했다고 보는 견해가 있다. 그러나 그런 소설들에서 헤밍웨이는 빙산이론의 적용을 의도적으로 포기했다고 보는 것이 옳다. 그리고 그 결과 헤밍웨이가 자신의 사상을 전하는 데에는 성공했으므로 문학평론가들처럼 반드시 실패로 볼 필요는 없다. 그 소설이 초판은 7만 5천 부, 2개월 뒤에는 약 19만 부, 다음 해 4월까지는 50만 부 가까이 팔렸기 때문이다. 이는 성공작이라고 하는 『무기여 잘 있어라』의 판매부수 (초판은 3만 1천 부, 4개월 만에 약 8만 부)를 훨씬 상회하는 것이었다.

자연과 연대하라

『누구를 위하여 좋은 울리나』의 연대는 사람들의 연대만을 뜻하지 않는다. 소설 1장의 첫 문장은 다음과 같이 시작한다. "그는 갈색 솔잎이 깔린 숲 바닥에 두 팔을 포개고 그 위에 턱을 고인 채 납작 엎드려 있었다."(누구1, 11) 지극히 평화스러운 이 묘사는 뒤이어 닥칠 폭력적 장면과 대조를 보여주듯 다음 문장으로 이어진다. "머리 위 높은 소나무 가지 끝으로 바람이 불고 있었다."(누구1, 11) 이 첫 문장은 다음의 마지막 문장과도 대응된다.

> 로버트 조던은 나무 뒤에 엎드려 아주 주의 깊고도 능란하게 두 손이 떨리지 않도록 정신을 바짝 차리고 있었다. 그러고는 장교가 솔밭의 첫 번째 나무들과 초원의 초록빛 경사면이 합쳐지는 양지바른 곳까지 다가오기를 기다렸다. 그는 심장이 숲에 깔려 있는 솔잎에 부딪혀 고동치는 것을 느낄 수 있었다.(누구2, 404)

이처럼 죽음 직전에 조던은 자연과 한 몸이 되는데 그것은 이미 첫 장면에서부터 예상된다. 이러한 자연과의 연대는 소설의 남녀 주인공의 사랑 묘사에서 극치에 이른다.

> 그는 시간이 정지하고, 대지가 요동하더니 두 사람의 밑에서 빠져나가는 것처럼 느꼈다. 그다음 순간 그는 옆으로 누워 머리를 히스 숲속으로 깊이 파묻고 그 뿌리 냄새와 흙냄새를 들이마셨다. 햇빛이 히스 사이로 스며들고 있었고, 벌거벗은 어깨와 옆구리를 히스 가지가 따끔하게 간질였다.(누구1, 307)

사랑을 끝낸 뒤 개울을 따라 걸으면서 그는 그녀에게 "당신과 사랑을 나누고 있을 때는 그만 죽고 싶은 심정이었어"라고 말한다. 그러자 그녀는 "아, 난 그때마다 죽는 걸요"라고 답한다. 그러자 남자는 "그런데 당신은 땅바닥이 움직이는 걸 느꼈어?"라고 묻는다. "그럼요, 느꼈어요. 죽어갈 때요."(누구1, 307~308)

『누구를 위하여 종은 울리나』의 주인공 로버트 조던

『누구를 위하여 종은 울리나』에도 등장인물은 복잡하고 그들에 대한 설명은 친절하지 않다. 주인공인 미국의 젊은 대학 강사 로버트 조던은 스페인의 자유 확립을 돕기 위해 1년간 휴가를 얻어 공화정부군 편 게릴라 부대의 다리 폭파병으로 참전한다. 그는 16장에서 12년 전에 스페인어를 배우러 처음 그곳에 왔다고 말한다.(누구1, 401) 그의 정치적 입장은 앞에서도 보았듯이 6장에서 처음으로 마리아와 필라르와 나눈 대화에 나타난다.

"이분은 공산주의자예요. 공산주의자들은 모두가 아주 진지한 사람들이에요."

"당신, 공산주의자야?"

"아뇨, 난 반파시스트입니다."

"그런 지 오래됐나?"

"파시즘이 뭔지 알게 된 뒤부터죠."

"그게 얼마나 되는데?"

"한 십 년쯤 됐을 겁니다."

"그럼 그다지 오래지 않군. 난 공화당원이 된 지 벌써 이십 년이나 되는데."

"우리 아버지는 일생 동안 공화당원이었어요. 그래서 총살당했죠."

"우리 아버지 역시 일생 동안 공화당원이었지. 할아버지도 그러셨고."

"어느 나라에서요?"

"미국에서."

"그럼 모두 총살당했나?"

"그럴 리가. 미국은 공화주의 나라예요. 그곳에선 공화주의자라고 해서 죽이지 않아요."

"어쨌든 할아버지 때부터 공화당원이었다니 거 대단하군. 혈통이 좋다는 증거지."

"우리 할아버지는 공화당 전국위원회 위원이었죠."

"그래서 당신 아버지는 아직도 공화당에서 활약하고 계신가?"

"아뇨, 돌아가셨어요."

"어떻게 돌아가셨는지 물어봐도 될까?"

"자살했습니다."

"고문받기 싫어서?"

"그렇죠. 고문받기가 싫어서죠."

"우리 아버지는 무기를 손에 넣을 수가 없었어요. 아, 당신 아버지는 무기를 손에 넣을 수 있었다니 운이 좋았군요."(누구1, 131~133)

위 대사는 서로 다른 미국의 공화당과 스페인의 공화주의자, 즉 보수적인 전자와 진보적인 후자를 묘하게 일치시키는 말장난이지만 조던에게는 반파시스트라는 신념이 할아버지 때부터였다는 확신에 의해 더욱 강화되는 것임을 보여준다. 그가 스페인 시민전쟁에 참전한 이유는 소설의 중간쯤인 13장에서 다음과 같이 설명된다.

결국 이 나라를 더 이상 위험이 없고 살기 좋은 곳으로 만들기 위해서다. 진부한 말처럼 들릴지라도 역시 그것은 진실이다.

만약 공화국이 패배한다면 그것을 지지하는 사람들은 더 이상 스페인에서 살 수 없게 된다. 하지만 정말로 그렇게 될까? 그렇다. 파시스트들이 점령하고 있는 지역에서 이미 일어나고 있는 사태로 보아 그렇게 될 것이 뻔하다고 그는 깨닫고 있었다. (중략) 그가 이 전쟁에서 싸우는 것은 이 전쟁이 자기가 사랑하는 나라에서 일어났기 때문이고, 공화주의를 신봉하기 때문이며, 또 만약 이 전쟁에 진다면 공화주의를 신봉하는 사람들의 삶이 비참해지기 때문이다.(누구1, 314)

이는 26장에서 조던이 "난 민중을 믿고, 민중이 바라는 대로 자치할 권리가 있다고 믿어"(누구2, 106)라고 하는 등의 말로도 이어진다. 이러한 여러 묘사는 로버트 조던이 『무기여 잘 있어라』의 프레데릭 헨리와는 다른 사람임을 보여준다. 헨리는 작가인 헤밍웨이처럼 이탈리아를 사랑하거나 공화주의를 신봉하여 제1차 세계대전에 참전한 것이 아니라 당시 미국의 분위기에 편승한 것이었다. 반면 로버트 조던은 스페인을 사랑하고 공화주의를 신봉하기에 스페인 시민전쟁에 참전했다. 게다가 전쟁의 승리에 대한 확신이 없었던 헨리와 달리, 시민군이 반드시 승리해야 한다는 확신을 가졌다.

조던은 『가진 자와 못 가진 자』의 주인공인 모건의 약점을 극복한 인물이기도 하다. 모건은 불황 하에서 가족을 지키기 위해 투쟁하다가 실패한다. 앞에서 보았듯이 그는 죽기 직전에 "혼자서는 안 된다. 혼자서는. 혼자서는 절대로 이길 수 없다"고 말한다. 그런데 그가 그렇게 말하는 근거를 찾기는 어렵다. 그의 불법행위가 어디에 근거하는지, 무엇을 하여 이기고자 하는지, 그것을 방해하는 것이 무엇인지, 특히 "혼자가 아니다"라고 말한 배후에 당연히 상정되어야 할, 모건이 희망하는 연대의 대상이 무엇인지가 불분명해서 그의 죽음을 사회와 관련시켜 긍정적으로 파악하기 어렵다. 반면 조던은 명확한 자기 입장을 가지고 있다.

그러나 조던을 공산주의자라고 보기는 어렵다. 이에 대해 그는 위에서 인용한 문장에 이어진 문장에서 다음과 같이 말한다.

> 이번 전쟁을 치르는 동안 그는 공산당의 통제를 받고 있다. 이곳 스페인에서는 공산주의자들이 전쟁을 수행하는 데 가장 훌륭한 기율, 가장 건전하고 가장 진지한 기율을 지니고 있었다. 그가 전쟁 동안 그들의 통제를 받아들인 것은 전쟁을 수행하는 데 그가 존경할 만한 계획과 기율을 지닌 유일한 당이었기 때문이다.
>
> 그렇다면 그의 정치적 견해는 어떠한가? 지금으로서는 아무런 정치적 견해도 가지고 있지 않지, 하고 그는 혼잣말을 중얼거렸다.(누구1, 314)

그가 정치적 견해를 갖지 않게 된 것은 그 전날 마리아와 잠을 잔 탓이다. 그 전에 그는 '인민의 적'이라는 말을 언제나 입에 달고 다녔으나 이제는 마리아와의 행복만을 꿈꾸게 되었다. 하지만 그러면서도 내면의 고뇌와 방황을 거듭한다.

> 그런데 내가 마리아를 사랑하는 건 괜찮은가?
>
> 그럼, 괜찮고말고, 하고 내면의 그가 대답했다.·
>
> 순수한 유물론적 사회관에서는 사랑 같은 존재는 인정하지 않는다고 해도?
>
> 도대체 언제부터 그런 사회관을 갖게 됐지? 하고 내면의 그가 물었다. 한 번도 가져본 적이 없었지. 또 가지고 싶어도 그럴 수가 없었어. 넌 '자유', '평등',

'박애'를 믿지. '생명', '자유', '행복의 추구'를 신봉하고. 그러니 필요 이상의 변증법으로 자신을 속이지 마. 변증법 같은 건 다른 사람을 위한 것일 뿐 너를 위한 것은 아니니까. 넌 그저 착취자가 되지 않기 위해 그걸 알아둬야 할 뿐이지. 넌 이 전쟁에 승리하기 위해 정말 많은 일을 유보해버렸지. 만약 이 전쟁에 패배한다면 그런 모든 것을 잃어버리게 될 거야.(누구2, 108)

조던은 마지막 장면에서 죽음을 목전에 두고 남북전쟁에서 죽은 할아버지를 생각한다.

나는 내가 믿고 있던 것을 위해 지난 일 년 동안 싸워왔지. 만약 우리가 여기서 승리를 거두면 우리는 어디서나 승리를 거두게 될 거야. 이 세계는 아름다운 곳이고, 그것을 위해 싸울 만한 가치가 있는 곳이지. 그래서 이 세계를 떠나기 싫은 거야. 이렇게 훌륭한 삶을 보낼 수 있었으니 넌 행운아였어, 하고 그는 스스로에게 말했다. 할아버지의 삶처럼 그렇게 길지는 못했어도 할아버지 못지않게 훌륭한 삶을 살았어.(누구2, 395)

그가 할아버지에게 말을 거는 장면은 계속 등장한다.(누구2, 399, 400)

『누구를 위하여 종은 울리나』의 여주인공 마리아

조던은 마리아를 처음 보고 "머리만 저 모양으로 짧게 깎지 않았더라면 참 미인이겠는걸"(누구1, 51) 하고 생각한다. 이 장면은 앞에서 본 헤밍웨이의 누나인 마셀린이 어린 시절 머리를 짧게 깎이어 그 수치심 때문에 밖에 나가지 못했던 것을 연상하게 해준다. 즉 전통적인 여성성의 상징인 긴 머리를 상실한 여성이 갖는 수치심을 보여준다. 그러나 마리아는 헤밍웨이가 창조한 여주인공 중에서 누구보다도 순종적인 여성이다. 그래서 종래 마리아라는 여성의 창조는 페미니즘 입장에서의 비판에 직면했지만, 마리아가 자신의 정체성을 조던과 일치시키려고 하는 것을 남성속에서 여성, 여성 속에서 남성을 느끼는 양성적인 것으로 볼 수도 있다.

이는 『태양은 다시 떠오른다』에서 브렛이 머리를 짧게 깎아 자신의 여성성을 파괴함에 의해 헨리와 닮으려고 한 것이나, 뒤에서 보는 『에덴동산』의 캐서린이 역시 머리를 짧게 깎아 남성으로 되고자 시도하는 것과 대조적이다.

마리아와 조던의 첫 만남을 순수한 것으로 볼 것인지 성적인 것으로 볼 것인지에 대해서는 의견이 갈린다. 가령 다음과 같은 표현이다. "회색 셔츠 속으로는 조그마한 젖가슴이 봉긋 솟아올라 있었다. 로버트 조던은 그녀를 바라볼 때마다 자꾸만 목구멍이 막히는 것 같았다."(누구1, 52)

그러나 조던보다 마리아가 더욱 적극적으로 사랑에 나선다.

> "당신도 하고 싶죠. 나도 키스하고 싶어요."
> "안 돼, 귀여운 토끼."
> "해요. 할 거예요. 뭐든 당신과 똑같이."(누구1, 306쪽)

뒤에 그녀는 31장에서 자신이 파시스트들에게 능욕당한 이야기도 서

슴없이 한다. 먼저 그 원인에 대해 말한다.

"난 결코 누구에게도 굴복하지 않았어요. 계속 저항했기 때문에 봉변을 당할 때는 두 사람 아니면 더 많은 남자들이었어요. 한 사람이 내 머리에 올라타 날 붙잡고 있었어요. 당신의 자긍심을 위해서 말하는 거예요."

"내 자긍심은 당신한테 있어. 그러니 그 얘기는 이제 그만둬."

"아니에요. 난 지금 당신이 아내에게 느낄 필요가 있는 자긍심에 대해서 말하는 거예요. 그리고 또 한 가지. 아버지는 마을 시장으로 훌륭한 분이었어요. 어머니도 정숙하고 신심이 깊은 가톨릭 신자였는데, 놈들은 어머니를 아버지와 함께 죽여버렸어요. 아버지가 공화주의자'였기 때문이죠."(누구2, 189)

이에 대해 조던은 그녀를 진심으로 위로하여 그녀의 상처를 치유한다. 그것은 그녀의 머리카락이 자라나는 것으로 상징된다. 그 결과 그녀는 그와 하나가 되어 행복해한다. 그리고 그녀를 아내라고 부른다.

그들이 첫날밤을 보낸 다음날, 가족을 파시스트들에 의해 잃은 이웃 게릴라 부대 대원인 호아킨(Joaquin)을 그녀는 위로하고 자기가 그의 누이동생이고 모두가 그의 가족이라고 말한다. 그리고 그곳에서 돌아오면서 갖는 사랑의 행위에서도 그녀는 적극적으로 나선다. 그래서 조던은 자신의 임무에 회의하고 그녀와 결혼하려는 생각도 하게 되지만 임무에 대한

■ * 공화주의자를 김욱동은 공화당원으로 오역한다.(누구2, 189)

그의 마음은 변하지 않는다.

셋째 날 밤에 조던은 마리아에게 마드리드로 가면 먼저 이발소에 들러 둘의 머리를 똑같이 이발하자고 제안한다. 이는 마리아의 양성적 사랑의 추구가 조던에게도 전이되었음을 보여준다. 그러나 조던은 곧 생각을 바꾸어 그녀에게 머리를 길러 여성성을 회복하도록 요구하고 마리아도 이에 복종한다. 이를 역시 페미니즘적 입장에서는 비판할 수 있지만, 적극적인 여성성의 추구로 자신의 사랑을 지키려는 것으로도 볼 수 있다. 마지막 날, 마리아는 조던과 죽음을 함께하고자 하지만 조던은 그녀를 떠나보내고 혼자서 죽음을 맞는다. 이는 『무기여 잘 있어라』의 캐서린이 헨리를 전장에서 탈영하게 하여 사랑을 나누려고 하다가 죽는 것과 대조적이다.

『누구를 위하여 종은 울리나』의 게릴라 부대

조던이 처음 만나는 남자 7명과 여자 2명으로 구성된 민간인 게릴라 부대를 이끄는 파블로는 조던의 다리 폭파 계획에 반대한다. 파블로는 처음부터 공화파에 가담했지만 반란군을 잔인하게 학살한 뒤로는 죄의식에 젖어 말과 술로 세월을 보내면서 자기 안위만을 걱정한다. 그래서 최고령 게릴라 동료인 안셀모가 그를 다음과 같이 비난한다.

우린 지금 아주 중요한 임무를 띠고 여기에 왔는데, 네놈은 사는 곳을 조금도 건드리지 않으려고 인도주의의 이익보다 네놈의 여우 굴을 더

소중하게 생각하는구나. 네 인민의 이익보다도 먼저 말이다.(누구, 31)

자네 자신만 생각하게 된 것은 벌써 오래 전부터지. 자네 자신과 자네 말들. 저 말들을 손에 넣기까지만 해도 자네는 우리하고 한 편이었어. 하지만 이제 자네도 자본가가 되었어.(누구1, 39)

2장에서 동료인 집시는 파블로가 "처음에 사람을 너무 많이 죽여서 그렇게" 되었다고 한다. 그러면서 "도대체 어떤 놈이 군대에 들어가고 싶어 하겠어요?", "군대에 가려고 혁명을 일으킨 건가요? 기꺼이 싸울 생각은 있어도 군대에 들어가고 싶은 생각은 추호도 없죠"라고 한다.(누구1, 58~59)

이어 등장하는 파블로의 정부인 필라르는 피블로와 달리 처음부터 끝까지 공화국에 대한 충성이 투철하다. "사내들이란 참. 우리 여자들이 남자들을 낳는다는 게 수치스러워"(누구, 70)라고 할 정도다. 4장에서 다리 폭파에 반대하는 파블로에 맞서서 그녀는 "난 공화정부의 편이야. 그리고 공화정부가 바로 저 다리야"(누구1, 108)라고 외친다. 9장에서도 그녀는 다음과 같이 말한다.

난 공화국에 대해 엄청난 환상을 품고 있어. 공화국을 굳게 믿고 있다는 말이지. 말하자면 신념을 갖고 있는 거야. 마치 종교적 신앙을 갖는 사람들이 신비스러운 것을 믿어 의심하지 않듯이. 난 그렇게 공화국을 열렬히 믿어.(누구1, 179)

게릴라 대원 중에서 최고령자인 안셀모도 마찬가지로 공화국에 충실하지만 그는 살인에 대해서는 주저한다. 다음은 3장에 나오는 조던과 안셀모의 대화다.

"내 생각에는 사람을 죽인다는 건 죄악이거든. 비록 상대가 우리가 꼭 죽여야만 하는 파시스트일지라도 말이야."

"그래도 영감님은 사람을 죽이지 않았습니까?"

"그랬지. 그리고 또 앞으로도 죽일 테고. 하지만 만약 목숨이 붙어 있다면 앞으로는 아무도 해치지 않고 살아가고 싶어. 그러면 언젠가 내 죄를 용서받게 될 테지."

"누구한테 용서 받아요?"

"그걸 누가 알겠어? 이 세상엔 이제 하느님도 안 계시고."

"그렇다면 사람을 죽인 죄를 용서해주는 것도 영감 자신이겠군요."

"전쟁에 승리하려면 사람을 죽여야만 합니다. 그건 태곳적부터 변치 않는 진리죠."

"난 상대가 주교라 할지라도 죽이고 싶지 않아. 또 어떤 종류의 자본가라 할지라도 죽이고 싶지 않아. 지금껏 우리가 들판에서 일해왔듯이, 또 지금 우리가 산에 들어와 벌목하며 일하고 있듯이, 그놈들을 죽을 때까지, 날마다 일하도록 만들고 싶을 뿐이야. 그러면 저들도 사람이 무엇 때문에 태어났는지 알게 되겠지. 또 저들도 우리가 자는 곳에서 잠을 자봐야지. 우리가 먹는 것처럼 먹어봐야 하고. 하지만 무엇보다 저들도 일을 해야 해. 그러면 저들도 알게 될 거야."

"그렇게 되면 놈들은 살아남아 영감님을 또 다시 노예로 삼을 겁니다."

"그렇다고 저들을 죽여 본댔자 어떤 교훈도 얻지 못할 거요. 저들을 근절해버린다는 건 도저히 불가능하거든. 저들의 씨로부터 훨씬 더 많은 사람이 더 큰 증오를 품고 태어날 테니까. 감옥이 무슨 소용이요. 증오만 만들어낼 뿐이지. 저들은 모두 이걸 배워야 해."(누구1, 85~87)

공화주의자의 만행을 폭로하다

앞에서도 말했듯이 『누구를 위하여 좋은 울리나』는 공화주의자파에 대한 찬양이 아니라 그 만행도 기록한다.* 그것이 바로 10장이다. 그 앞 장에서 필라르는 파블로가 내전 초기까지는 "참으로 대단한 남자였어. 어딘지 진지한 데가 있었고. 하지만 이젠 모두 끝장나버렸어. 마개가 빠져 가죽 부대에서 술이 몽땅 흘러나와버린 격이지"(누구1, 177)라고 했다. 10장은 파블로가 타락하는 동기가 된 사건을 필라르가 회상하는 것이다.

파블로가 프랑코군인 민병대를 공격하여 그들이 항복한 날 아침, 민병대가 농부들을 죽였으니 총살한다고 하자 그들은 아무도 죽이지 않았다고 하지만 파블로는 그들 4명을 총살한다. 그리고 마을에 남아 있던 스무 명의 파시스트를 사람들로 하여금 "도리깨로 때려죽인 뒤 절벽 꼭대기에서 강으로 던지게" 한다.(누구1, 203) "총알을 절약하기 위해서. 그리

■ * 가장 비참한 장면인 이를 "가장 감동적인 장면"이라고 하는 번역자 김욱동(누가2, 436)의 견해는 참으로 이해할 수 없다.

고 한 사람 한 사람이 책임을 나눠져야 하니까."(누구1, 209) 학살의 절정
은 신부 학살이다.

> 신부가 성의의 아랫자락을 걷어 올리고 벤치 위로 기어오르려고 하니까 달
> 려든 폭도들이 낫이며 갈고리로 신부를 막 찌르는 거야. 그러자 누군가 신
> 부의 옷자락을 붙들더군. 째지는 듯한 비명이 잇달아 들렸어. 보니까 두 놈
> 이 신부의 등덜미를 낫으로 내리찍고 있는 거야. 그리고 세 번째 녀석이 신
> 부의 옷자락을 잡아당기더군. 신부는 두 팔을 쳐들어 죽을힘을 다해 의자
> 등에 매달렸지.(누구1, 243)

신부에 대한 적대감은 앞에서 본 헤밍웨이의 단편 「세계의 수도Capital of
the World」에도 나온다. 호텔 종업원들은 "스페인에는 저주할 게 두 가지 있
어요. 하나는 지주이고 다른 하나는 성직자예요."(단편2, 118)라고 한다. 여
기서 지주는 'bull'의 번역인데 이를 '투우사'로 오역하는 경우도 있으니
주의해야 한다.(단편2, 118)

파블로의 마을에서 사람들을 죽이기 전, 사람을 죽여본 적이 없는 호
아킨은 운다. 호아킨은 11장에 나오는 인접 게릴라 부대장인 엘소르도
부대의 게릴라원으로 가톨릭 신자이다. 엘소르도나 호아킨이나 모두 공
화국에 헌신적이다. 사회주의자를 지지했다는 이유로 파시스트들에게
가족을 잃은 호아킨을 마리아가 따뜻하게 안아준다. "난 네 누나야. 그
러니 널 사랑해줄게. 네겐 이제 새 가족이 생긴 거야. 우리는 모두 네 가
족이야."(누구1, 269~270) 그리고 엘소르도는 인디언처럼 묘사된다.

13장에 나오는 마리아와 조던의 격렬한 사랑과 조던의 정치적 입장은 앞에서 이미 설명했다. 그는 여러 가지로 고뇌하지만 "마리아만큼은 좋았어"(누구1, 319), "그대로 죽어도 좋을 것 같은 느낌이 들었어. 그런 감정이 있다고 믿은 적도 없었고, 또한 그런 일이 일어나리라고 생각해본 적도 없었거든"(누구1, 321)이라고 생각한다.

> 그래서 만약 네 삶의 칠십 년을 팔아서 칠십 시간을 산다 해도 지금의 나로서는 그런 가치가 있는 셈이야. 그 사실을 알게 되다니 참으로 다행스러운 일이지. 그리고 만약 오랜 시간이나 앞으로 남은 삶도 없고, 또 지금부터의 시간도 없고 오직 있는 것이라곤 현재뿐이라면, 바로 이 현재야말로 찬양해야 할 것이 아니겠는가. 나는 그것을 가지고 있기에 참으로 행복해.(누구1, 321)

14장에서는 다시 파블로의 동굴로 돌아온다. 파블로와 조던 사이에 갈등이 생긴다. 16장에서는 미국 이야기가 나온다. 게릴라들은 토지 소유에 관심이 있다. 조던은 미국에서는 1862년 자작농장법에 의해 개척지에 들어와 사는 사람들에게 2백만 평까지 허용했다고 하면서 대소유주나 착취도 있다고 말한다.

> "하지만 당신 나라에는 파시스트들이 그다지 많지 않겠죠?"
> "자기 자신이 파시스트라는 걸 모르는 사람이 많지만, 때가 되면 알게 되겠지."

"하지만 당신들은 그들이 반항하여 일어설 때까지는 그들을 쳐부술 수 없겠죠?"

"그럴 순 없어. 우리는 그 사람들을 쳐부술 순 없어. 하지만 우리는 국민을 교육시켜서 그들에게 파시즘을 무서워하도록 할 순 있지. 그래서 파시즘이 나타나면 그것을 깨닫고 맞설 수 있을 거네."(누가1, 398)

그러자 스페인에서도 파시스트가 전혀 없는 곳이 있다고 하며 그곳이 파블로의 마을이라고 한다.

『누구를 위하여 종은 울리나』의 파시스트

조던은 파시스트들에 대해 비판적인데, 그들의 계보를 역사적으로 생각하여 소위 '지리상의 발견' 시대의 정복자들로까지 소급한다. 이는 마리아의 봉변을 들은 뒤에 조던이 생각하는 31장의 다음 문장에 나온다.

우리도 놈들에게 가혹한 짓을 했다는 건 나도 알고 있지. 하지만 그것은 우리의 교육이 부족해서 그 밖에 다른 좋은 방법을 알지 못했기 때문이었어. 하지만 놈들은 일부러, 계획적으로 그런 짓을 했거든. 그 짓을 한 놈들은 교육이 낳은 최후의 정화(精華)라고 할 수 있는 녀석들이야. 놈들이야말로 스페인 기사도의 꽃이지. 스페인 사람이란 정말 대단해. 코르테스, 피사로, 메넨데스 데 아빌라로부터 엔리케 리스테르를 거쳐 파블로에 이르기까지 대단한 개자식들 아닌가.(누구2, 196~197)

에르난 코르테스(Hernán Cortés, 1485~1547)는 스페인의 탐험가로 멕시코 지역의 아즈텍 문명을 정복했다. 프란시스코 피사로(Francisco Pizarro, 1475~1541)는 탐험가로서 페루의 잉카제국을 정복하고 리마 시를 건설했다. 페드로 메넨데스 데 아빌라(Pedro Menéndez de Avilés, 1519~1574)는 스페인의 해군 제독이자 탐험가로 미국 플로리다를 처음으로 개척해 초대 총독을 지냈다.

이들을 파시스트의 선조로 보는 조던, 그리고 헤밍웨이의 역사관을 비판하는 사람들도 있겠지만, 특히 스페인 사람들이 그렇겠지만, 나는 헤밍웨이의 견해에 찬성한다. 나아가 헤밍웨이가 말하지 않은 콜럼버스도 마찬가지라고 생각한다. 그러나 헤밍웨이가 스페인 민족을 무조건 매도하지 않은 것을 위 문장에 이어지는 다음 문장에서 볼 수 있다.

그리고 또 얼마나 훌륭한 사람들인가. 이 세상에 이만큼 훌륭한 민족, 이만큼 나쁜 민족도 없을 거야. 또 이만큼 친절하고 이만큼 잔인한 민족도 없을 거야. 도대체 누가 이 민족을 이해할 수 있을까? (중략) 용서라는 건 기독교적 사상인데, 스페인은 기독교 국가였던 적이 한 번도 없었거든. 교회 안에서도 그들 특유의 우상숭배가 있어. 오트라 비르헨 마스(또 하나의 다른 성모님) 말이지. 놈들이 적의 처녀들을 농락하지 않을 수 없는 까닭도 아마 그 때문일 거야. 그건 확실히 그들, 특히 스페인 종교를 광신하는 사람들일 경우에 일반 민중보다 훨씬 뿌리 깊은 것이었지. 교회는 정부와 결탁해 있었고, 정부는 언제나 부패해 있었으므로 민중은 교회에서 이탈해버렸어. 이 나라야말로 종교개혁의 손길이 미치지 않은 유일한 나라였거든. 그들은 이

제 그 이단 심문에 대한 대가를 톡톡히 치르고 있는 거야.(누구2, 197~198)

위의 논쟁적인 견해에 대해 여기서 상세히 검토할 여유가 없다. 아마 지금까지도 유럽에서 가장 기독교적인 국가라고 하면 스페인일 터인데 이를 부정하는 것에는 많은 논의가 필요하다. 헤밍웨이는 사랑의 종교라는 기독교의 본질이 스페인에는 없다고 보는 듯하다. 그러나 종교가 권력과 결탁하는 것은 스페인의 과거만이 아니라 동서고금에서 흔하게 보는 현상이다. 한국도 예외가 아니다. 그러나 조던의 스페인 비판은 어디까지나 그 지도층에 대한 것이다. 파블로의 배신 이후 그는 다음과 같이 욕한다.

비열함이 골수까지 사무친 이놈의 나라 전체가 똥이나 먹어라. 놈들의 이기주의와 놈들의 개인주의, 놈들의 개인주의와 놈들의 이기주의, 놈들의 자만심과 놈들의 배신행위 모두 똥이나 먹어라. 지옥에 떨어져 영원히 똥이나 먹어라. 우리가 놈들을 위해 죽기 전에 똥이나 먹어라. (중략) 하느님, 스페인 인민을 불쌍히 여겨주소서. 그들의 지도자는 그들에게 똥을 먹이는 놈입니다. (중략) 스페인을 지배하고 그 군대를 지휘해온 미친 이기주의자에다 배반자 같은 돼지 놈들도 빠짐없이 똥이나 처먹어라. 그리고 인민이 권력을 장악했을 때 어떻게 되는지 명심해서 지켜봐.(누구2, 223~225) ·

『누구를 위하여 종은 울리나』의 군인들

이상 게릴라 부대원 말고 조던에게 다리 폭파를 지시하는 소련 군인인 골츠(Golz) 장군이 등장한다. 그는 "다리를 폭파하는 것은 아무것도 아니"고 "공격시간을 기준으로 지정된 시각에 다리를 폭파하는 것이 이 일의 관건"이라고 하면서 구체적인 명령은 "나중에 내리겠다"고 하지만(누구1, 18~19) 그 작전의 목적이나 다리 폭파의 의미나 중요성이 독자에게는 충분히 전달되지 않는다. 게다가 조던은 골츠가 상세하게 설명하려고 하자 "모르고 있는 편이 나을 것 같다"(누구1, 22)고 하면서 그것을 막는다.

골츠는 결국 자신이 수립한 다리 폭파 계획이 실패하는 것에 분노하지만 소련 군인으로 소련 정부에 충실하지 스페인 인민에게 충실하지 않는 인물이다. 또 다른 소련인으로는 기자인 카르코프(Karkov)가 있는데 그의 태도도 골츠와 유사하고, 특히 마드리드에 있는 본부인 게이로드 호텔에서 사치를 누린다. 게이로드 호텔 이야기는 18장에서 조던의 회상으로 묘사되고 다시 32장에서 현재의 호텔로 묘사된다.

러시아인들이 점령한 마드리드의 게일로드 호텔에 처음 갔을 때, 그는 그곳이 마음에 들지 않았다. 너무 호화스러운 데다 적군한테 포위당한 도시치고 어울리지 않게 음식도 좋았고, 전시답지 않게 냉소적인 대화만 오갔기 때문이다. (중략) 게일로드는 내전 초기부터 이렇다 할 군사적 소양도 없이 민중 사이에서 무기를 들고 뛰어나온 여러 유명한 노동자들과 농민 출신의 스페인 지휘관들을 만난 곳이었고, 또 그들 대부분이 러시아어를 할 수 있다는 사실을 비로소 알게 된 곳이었다. 그 사실 때문에 몇 달 전 처음으로 심한 환멸을 느꼈고, 그로 인해 스스로에게 냉소적인 기분을 느끼기 시작하게 되었다. 하지만 사정을 알고 보니 그것은 당연한 일이었다. 한때 그들은 농민이었고 노동자였다. 1934년 혁명 때 활약했고, 그것이 실패하자 국외로 망명해야 했다. 그리고 러시아에서 사관학교와 코민테른이 운영하는 레닌연구소에 파견되어 앞으로 있을 투쟁을 위한 준비를 갖추고 군대 지휘관으로서 필요한 교육을 받았다.(누구1, 436)

조던은 게일로드와 대조적인 국제여단 총사령부의 종교적인 분위기도 설명한다.

> 관료주의와 비능률과 당파싸움에도 불구하고 내가 느낀 감정은 처음 성찬에 참석했을 때 기대했다가 느끼지 못한 그런 감정 비슷한 것이었거든. 온 세계에서 압박받는 모든 사람에 대한 의무에 헌신한다는 감정이었지. (중략) 전적으로 완전히 믿을 수 있는 뭔가에 역할을 맡겨주고, 또 그 일에 종사하는 다른 사람들과 완벽한 형제애를 느끼게 해주는 감정이었지.(누구1, 449)

그래서 그는 열심히 싸웠다. 그러나 조던은 "군인은 되기 싫다"고 한다. "난 다만 이 전쟁에서 아군이 승리하기를 바랄 따름이야. 정말 훌륭한 군인이라면 다른 일에서는 훌륭하기가 어려운 게 아닐까, 하고 그는 생각했다."(누구2, 170)

『누구를 위하여 종은 울리나』의 결말

이틀 째 아침에 엘소르도의 게릴라부대가 비행기 폭격으로 전멸한다. 그 전날 밤 말을 세 필 훔쳤는데 눈이 내려서 발자국이 남은 탓에 기병대의 습격과 함께 비행기까지 가세한 것이다. 그 뒤 곧 적이 총공격을 할 것이라고 판단한 조던은 계획 변경 의견서를 작성하여 사령부에 급히 전하게 하지만, 정부군 내부의 무질서로 인해 연락이 곧장 전달되지 못한다. 그리고 밤에는 파블로가 도망가면서 다이너마이트를 손상하는 일이 벌어진다. 뒤에 파블로는 돌아오지만 철교 폭파가 가능할지는 의문이다. 조던은 마리아와 헤어지며 다음과 같이 말한다.

> 고마워. 당신은 이제 무사히, 빨리, 멀리 가는 거야. 그리고 당신 속에서 우리 둘은 함께 가는 거지. 자, 당신 손을 여기 놔봐. (중략) 이젠 쓸데없는 생각을 하지 마. 당신이 해야 할 일을 하는 거야. 이제 얌전하게 내 말을 잘 듣고 있군. 내게가 아니라 우리 두 사람에게지. 당신 속에 있는 내게 말이야. 자, 이제 우리 둘을 위해서 어서 가. 정말이야. 이제 우린 당신 안에서 함께 가는 거야.(누구2, 389)

『누구를 위하여 종은 울리나』에 대한 비평

켄 로치의 영화 〈랜드 앤 프리덤(Land and Freedom)〉*에서는 스페인 시민전쟁의 실패가 아나키스트들을 공산당이 탄압한 탓이라고 보았다. 이는

■ * 짐 앨런이 쓴 각본을 바탕으로 영국의 영화감독 켄 로치가 감독한 스페인 내전 당시 좌익계 민병대원들을 그린 영화다. 칸 영화제 심사위원상과 국제 영화 비평가 협회의 국제비평가상을 수상했다.

조지 오웰이 『카탈루냐 찬가*Hommage to Catalonia*』에서 보인 견해'를 답습한 것이다. 헤밍웨이도 앞에서 보았듯이 『누구를 위하여 종은 울리나』에서 공화국 측의 만행을 상세히 다루었다는 점에서 오웰과 같다. 헤밍웨이가 코민테른이나 소련이 반파시즘 투쟁에서 했던 역할을 부정하지는 않았지만 소련 측으로부터 배신자라는 소리를 들은 것도 사실이다. 이는 헤밍웨이가 오웰이나 말로처럼 공화국 측만을 일관하여 지지하지 않은 데서 비롯된 것이기도 했다.

『누구를 위하여 종은 울리나』는 출간 직후 크게 성공했고 비평도 대부분 호의적이었다. 최고의 비평은 당대 영국의 소설가인 그레이엄 그린(Graham Greene, 1904~1991)이 1941년에 쓴 것인데, 그는 그 소설이 '인류와 연대'를 표명한 그의 최고 걸작이라고 평했다.(*Critical*, 23)

그러나 1950년대 냉전시대에 접어들면서 비평은 변했다. 특히 헤밍웨이 연구의 대표자인 카를로스 베이커가 그 소설의 주제를 '국내외의 스페인에 대한 배신'으로 본 뒤로 그것이 그 작품 이해의 주류가 되었다. 그러나 이는 소련 측이 스페인 시민전쟁을 적극적으로 지원했다고 본 헤밍웨이의 의사에 반하고, 사실에도 반하는 반공주의적인 것이다. 『누구를 위하여 종은 울리나』를 아나키즘적 입장에서 해석한 것은 앞에서도 말했듯이 1994년에 와서 처음으로 나타났다.

■   *   박홍규, 『수정의 야인 조지 오웰』, 푸른들녘, 2017, 183~213쪽.

8장

제2차 세계대전 이탈리아,
『강을 건너 숲속으로』의
반군대와 자치

『강을 건너 숲속으로』

『누구를 위하여 종은 울리나』보다는 8년 뒤이고 『노인과 바다』보다는 2년 앞인 1950년에 발표된 『강을 건너 숲속으로』는 앞에서 본 『가진 자와 못 가진 자』와 함께 헤밍웨이의 실패작으로 취급되어 왔다. 그러나 그 소설의 주제도 헤밍웨이의 고유한 주제인 '위엄을 잃지 않으면서 죽음과 싸우는' 이야기고, 무엇보다도 헤밍웨이의 오랜 주제였던 '전쟁을 포기'하는 이야기로 주목된다. 45장으로 된 이 소설의 1장과 마지막 6개의 장은 현재 시간인 1948년의 어느 일요일 이른 아침으로 서술되지만, 나머지는 과거를 회상하는 것들이다.

주인공이자 내레이터인 캔트웰(Cantwell)은 현재 50세의 미육군 대령으로 1948년 현재 북이탈리아 트리에스테에 주둔 중으로 심장병 때문에 퇴역을 앞두고 있다. 그는 퇴역 뒤에 베니스에서 다음과 같이 살 생각으로 4장에서 이렇게 말한다.

1950년의 헤밍웨이

오전에 독서를 하고 점심 전에는 거리를 산책하며, 매일 미술관으로 틴토레토를 구경하러 가며, 스쿠올라 산로코에 가며, 혹은 시장 뒷골목 싸구려 맛있는 음식점에서 음식을 사먹는다.(강, 261)·

9장에 18세의 이탈리아 여백작인 레나타(Renata)가 등장한다. 대령은 과거에 여기자와 결혼했지만 지금은 독신으로 레나타를 사랑하고 있다. 레나타는 아드리아나 이반이츠(Adriana Ivanichi, 1930~1983)를 모델로 삼았는데 그녀는 헤밍웨이보다 31세 어린 이탈리아 여자 친구였다. 레나타는 캔트웰에게 전쟁 이야기를 듣고 싶어 한다. 그러나 그는 다음과 같은 경험이 있어서 처음에는 그녀의 청을 거부한다.

그는 남이 하는 전쟁 이야기가 얼마나 지루한 것인지를 알고 있었기 때문에 이야기하는 것을 뚝 그쳐버렸다. 상대방은 반드시 자기의 개인적인 경험이나 감정에 비추어서 듣기 마련 아닌가 하고 그는 생각했다. 글쎄 추상적으로 남의 전쟁 이야기에 흥미를 갖는 사람이라곤 병사들밖에 없는데, 세상에는 병사라는 것이 그리 많지는 않잖은가. 병사들을 많이 만들어내고는 있지만 좋은 병사들은 곧 살해당해버리고, 게다가 그들은 줄곧 뭣인가를 목표 삼아 열심히 경쟁하고 있기 때문에 절대로 보지도 듣지도 못한다. 그들은 항상 자기가 본 것만을 골몰히 생각하고, 누가 무슨 이야기를 해도, 자기는 앞으로 무슨 말을 할 것인가 또는 어떡해야 자기는 승진이나 특권으로의 길로 갈 수 있을 것인가, 그런 것들만 생각하고 있다.(강, 243)

전쟁에 대해서는 두 번 다시 쓰지 않겠다

하지만 결국 그는 그녀의 요청을 받아들인다. 전쟁이야말로 그의 생애 전체이고 죽음을 맞아 자신의 전쟁관을 뱉고 싶은 충동에 사로잡히기 때문이다. 전쟁에 대해 이야기하는 것을 시대착오라고 생각하는 헤밍웨이가 대령에게 말하게 함은 이것을 마지막으로 전쟁에 대해서는 다시 쓰지 않겠다는 결단을 위한 통과의례처럼 생각된다. 그의 결의는 책을 통하여 세상에 알려야 한다고 설득하는 레나타를 몇 번이나 거부하는 것으로도 알 수 있다.

따라서 헤밍웨이가 시도한 것은 어떤 의미에서는 그의 소설가로서의 청산, 또는 한계의 설정이라고 할 수 있다. 대령이 자기 기억을 계속 돌이키며 자제심에서 해방된 것처럼 "생애에 세 개의 대대를 잃었고 세 명의 여자를 잃었고"(강, 301) 거짓말로 가득 찬 군대에 대한 불만, 전쟁소설가에 대한 통렬한 풍자 등을 계속 쏟아낸다. 그렇게 자신을 학대하고 타인을 비판하며 실패의 악몽을 회상하여 마음에 고인 낡은 상처를 모두 밝혀낸다.

듣는 역할에 충실한 레나타는 주인공의 행동을 독자가 시대착오로 느끼지 않게 하는 방패제가 된다. 대령은 결코 스스로 전쟁 이야기를 하는 것이 아니다. 언제나 그녀에게 촉발되어 하는 것이다. "나에게 이야기함으로써 당신의 비통함을 제거하는 쪽이 좋다고 생각하지는 않는다." 즉 그는 이야기를 들려주는 것이 아니라 참회하는 것이다. 자신을 '미스터 단테'(강, 413)라고 부르는 대령이 죽음을 맞아 영혼을 구제받는다는 이야기는 베아트리체가 단테를 이끄는 것과 같다.

캔트웰에 의하면 장군이 전투를 하는 일은 없다. 그들은 중위나 대위 시절에는 전투를 하지만 그 뒤로는 퇴각할 때 말고는 바보가 된다. 그는 적이었던 독일군 장군 롬멜은 매우 "참한 인물"이라고 하면서도(강, 322) 아군인 아이젠하워 장군은 혹평한다. 몽고메리 장군도 "15대 1의 우세가 아니면 움직이지 않는 자"로 본다.(강, 325) 이런 식으로 그의 군대 이야기 는 이어진다.

상부의 명령에 의하여 전멸시킨 부대에 대한 이야기를 하면서 "군대에 서는 개같이 복종하기로 돼 있어", "그러기 때문에 항상 좋은 주인을 만 나는 것이 소원이지"(강, 411)라는 대령의 말에는 군대라는 조직사회에 대 한 격렬한 혐오감이 드러난다. 그리고 일요일 저녁, 트리에스테로 돌아오 는 길에 죽는다. 그의 유언이 "아니, 아니, 우리는 강을 건너 숲속 그늘 아래서 휴식해야지"이다. 그러나 이는 남북전쟁 때 토머스 잭슨 장군이 남긴 말이다. 헤밍웨이는 이 작품을 끝으로 다시는 전쟁에 대해 쓰지 않 았다.

9장

1940년대 쿠바,
『노인과 바다』의 반문명과
자연

쿠바에서의 헤밍웨이

앞에서도 말했듯이 1939년 4월, 헤밍웨이는 쿠바의 수도 아바나 근교로 거처를 옮긴 뒤, 죽기 직전인 1960년 6월까지 약 21년을 그곳에서 살았다. 쿠바의 아바나를 선택한 이유에 대해 그는 호체너에게 다음과 같이 말했다.

> 티 없이 맑고 시원한 아침. 일이 무척 잘되는데 마침 그 시각에 블랙 독이 잠을 깨고 쌈닭이 첫 홰를 친다네. 닭을 조련시켜 싸움을 시키고, 더구나 내가 눈독을 들인 놈에게 돈을 걸어도 그게 법률 위반이 안 되는 나라가 어디에 또 있겠는가. 투계는 잔인하다는 식으로 말하는 녀석도 있지 않은가. 더구나 쌈닭이 싸움을 안 하면 어떻게 하겠는가?(호체너, 12)

이에 대해 호체너가 "변화가 없지 않느냐?"라고 되묻자 헤밍웨이는 계절의 변화가 불쑥 찾아오는 뉴잉글랜드 같은 곳은 "수확도 나쁘고 무엇보다 땅이 틀려먹었다"(호체너, 13)고 답한다. 사계절이 분명한 나라에서 그것을 자랑스럽게 여기며 살았던 우리로서도 이해하기 힘든 말일지 모르지만 쿠바와 같은 아열대 지방에서 사는 것에도 나름의 장점이 많다.

반면 헤밍웨이는 뉴욕 같은 대도시를 싫어했다. 그는 아내 메리를 위해 뉴욕에 몇 번 갔지만, 그곳에서 연극, 오페라, 발레 등을 보기 싫어했다. 음악을 좋아했지만 음악회에는 가지 않았다. 반면 권투 시합은 자주 다녔다.(호체너, 29)

헤밍웨이가 그렇게 오래 21년이라는 세월을 산 곳은 아바나가 처음이자 마지막이었다. 그리고 1년쯤 병으로 고생하다가 1961년 7월에 자살했다. 그의 마지막 작품들인 『움직이는 축제』를 완성하고 『위험한 여름』의 교정 작업을 한 곳도 아바나였다. 그리고 그곳을 떠난 뒤 1년, 그는 아무런 작업도 못하고 죽어갔다. 그러나 그의 건강은 이미 나빠졌다. 그 직접적인 요인은 세 번째 아내인 마사 겔혼과의 결혼이었다.

앞에서 말했듯이 그들은 1936년 12월에 키웨스트에서 처음으로 만났다. 네 살이나 연상인 폴린 파이퍼와 10년 이상 살아온 그는 아홉 살 연하의 마사에게 반했다. 폴린이 두 번이나 제왕절개 수술을 한 탓에 그녀와 성교를 할 때 헤밍웨이가 체외 사정을 해야 했다는 점도 그녀와 멀어지게 된 요인 중 하나다. 게다가 헤밍웨이는 그때 4년간 사귀어온 제인 메이슨(Jane Mason, 1909~1981)과 헤어졌고, 마사도 몇 년간 관계한 프랑스 저널리스트와 헤어지려던 참이었다. 당시 마사는 〈콜리어스 위클리〉에 속해 스페인 시민전쟁을 취재하고 있었다. 그런 그녀를 찬양한 헤밍웨이는 1937년 스페인에서 더욱 가까워져 바르셀로나에서 크리스마스를 함

헤밍웨이의 세 번째 아내 마사 겔혼과 헤밍웨이(중국, 1941)

쿠바 핀카 비히아(Finca Vigia)에 있는 헤밍웨이의 집에서(1946)

께 보냈다.

마사는 이미 1933년에 독일 최초의 집단 수용소인 다하우 수용소(Dachau Concentration Camp)를 처음으로 취재하고, 이어 히틀러의 권력 장악 과정을 계속 취재하는 등으로 유명한 저널리스트로 여겨지던 터였다. 제2차 세계대전이 터지자 그녀는 장편소설 『전장』(1940)과 단편집 『타인의 마음』(1941)을 출간했다. 1940년, 헤밍웨이는 두 번째 아내인 폴린과 이혼하고 마사와 결혼했다. 결혼 뒤에도 그녀는 취재활동을 계속하여 자주 집을 비웠다. 그러니 그녀는 헤밍웨이에게 좋은 아내는 아니었다. 결국 4년 만에 그들은 파탄을 맞게 된다. 제2차 세계대전 중 런던에서 메리 웰시를 만난 헤밍웨이는 후에 마사와 이혼했다. 한편 헤밍웨이는 노르망디 상륙 작전과 파리 해방 전투에 참여한다.

쿠바의 역사

수천 년 전부터 타이노족 등의 원주민이 농경 등을 영위하고 있었던 곳에 15세기 말 크리스토프 콜럼버스가 건너온다. 이후, 쿠바는 19세기까지 스페인의 식민지가 된다. 16세기 초부터 19세기까지 쿠바에 수입된 흑인 노예의 수는 100만 명에 이르렀고, 17~18세기에는 흑인들이 여러 차례 반란을 일으켰으나 실패한다. 19세기에 일어난 독립전쟁도 스페인에 의해 무자비하게 진압되었다.

1898년 미국의 메인(Maine) 호가 아바나 항에서 정박 중에 폭발하여 268명이 희생되는 사건이 터졌다. 폭발의 원인에 대한 증거는 없었지만 미국은 즉각 스페인과의 전쟁에 돌입했다. 미·서전쟁에서 승리한 미국은 종전 후 3년 동안 쿠바에서 군정을 실시하고, 1903년에는 관타나모(Guantanamo)에 미국 해군 기지를 설치하고 쿠바의 산업을 미국 자본이 장악하는 등, 쿠바는 미국의 사실상의 식민지로 전락한다. 관타나모 기지는 지금도 미국 제국주의의 상징으로 남아 있다.

1930년의 쿠데타 이후로 10여 년간 계속 군사 정권이 들어섰으나 1940년 쿠바 공산당의 풀헨시오 바티스타(Fulgencio Batista y Zaldívar, 1901~1973)가 선거로 집권하여 교육제도를 확대하고 경제개발 정책을 펴 경제성장을 촉진시켰다. 그러나 1944년부터 들어선 다른 권력자들에 의해 8년 동안 쿠바에서 다시 부정부패가 되살아나고 공공사업이 파산 상태에 이르자 1952년 3월 쿠데타로 다시 정권을 장악했다. 많은 쿠바 국민들의 환영에도 불구하고 대학과 언론과 의회를 통제하고 급성장한 경제를 이용하여 막대한 돈을 착복했다.

당시 라틴 아메리카에서 쿠바는 고기·야채·곡물의 1인당 소비율과 자동차·전화·라디오의 1인당 보급율이 가장 높은 나라였다. 1인당 국내 총생산은 이탈리아와 거의 비슷했고, 일본보다는 상당히 높았다. 또한 라틴 아메리카 최대의 노동조합에 의해 해고와 기계화가 금지되는 등, 노동자의 권리는 보호되었으나 실업자와 농부 중심의 빈곤은 더욱 악화했다. 1959년 카스트로(Fidel Alejandro Castro Ruz, 1926~2016)가 혁명에 성공한 뒤 바티스타 정권은 무너졌으나, 바티스타 집권 기간보다 훨씬 더 긴 카스트로 정권이 지금까지 그 권력을 유지하고 있다.

바티스타(왼쪽)와 그의 첫 번째 아내 엘리사가 워싱턴을 방문하여 쿠바 대사와 인사를 나누고 있다(1938).

아바나의 슬럼가(1954)

카스트로(오른쪽)와 혁명 동지인 카밀로 시엔푸에고스가 아바나에 진입하다(1959년 1월 8일).

가족들과 낚시 여행을 마치고 포즈를 취한 헤밍웨이(비미니, 1935)

「해류 속의 섬들」

헤밍웨이가 죽고 난 뒤 발표된 유작 중에 『해류 속의 섬들*Islands in the Stream*』
이 있는데, 원래 『노인과 바다』는 그 마지막 부분으로 기획되었다. 이는
『노인과 바다』가 "그는 멕시코 만류에서 조각배를 타고 홀로 고기잡이를
하는 노인이었다"(노인, 9)로 시작되는 것으로 알 수 있다. 작품의 기본 구
상은 1936년에 시작되어 〈에스콰이어〉 1936년 4월호에 「푸른 물결 위에
서: 멕시코만 편지」로 발표되었다. 그 내용은 쿠바의 늙은 어부가 거대한
청새치를 잡았지만 상어들의 습격에 의해 그 살을 전부 뜯기고 실신해
돌아온다는 내용이다.

　『해류 속의 섬들』은 헤밍웨이가 자신의 필라호를 타고 멕시코 만류
와 쿠바섬, 그리고 그 주변 섬들을 둘러본 경험을 담은 소설이다. 1부
는 '비미니(Bimini)' 15장으로 1934~1935년의 초여름 6~7주, 2부는 '쿠바'
1장으로 1944년 2월 아바나의 2~3일, 3부는 '바다에서(At Sea)' 21장으로
1944년 5월 2~3일의 기록으로 구성된다. 비미니 섬은 바하마 군도의 하
나로 그 중심가인 앨리스타운에는 헤밍웨이 박물관이 있다.

　주인공은 부유한 미국인 화가인 토머스 허드슨(Thomas Hudson)으로 할
아버지가 물려준 몬태나 주의 대목장에서 나온 수입의 절반으로도 여유
있게 그림을 그리고 원하는 곳에서 살 수 있다. 그는 비미니의 풍경화 전
시회를 뉴욕에서 열어 큰돈을 번다. 1부 끝에서 그는 자신과 그의 선원
8명이 수색한 독일 잠수함의 선원에 의해 치명상을 입는다. 2부에서 허
드슨은 독일 잠수함을 추적하라는 지시를 쿠바의 미국대사관으로부터
받는다. 3부에서도 추적 작업은 이어진다.

이 소설은 모두 헤밍웨이의 체험에 근거한 것이다. 특히 1942년 그는 필라호를 Q보트로 개조하여 독일 잠수함을 격침시키는 데 사용했다.

『노인과 바다』의 노인과 소년

『노인과 바다The Old Man and the Sea』의 주인공 산티아고(Santiago)는 『누구를 위하여 종은 울리나』에서 끝까지 항전하다가 모두 죽은 게릴라 부대 대장의 이름이다. 소설에서는 엘 소르도라는 별명으로 나오지만 그의 본명이 산티아고다. 그러나 제목에서도 '노인'으로 표현되듯이 본문에서도 산티아고라는 이름은 거의 등장하지 않는다. 그래서 제목처럼 '바다와 노인'의 이야기이고, 그 '노인'은 마치 인간 전체를 대변하는 것처럼 보이기도 한다. 그러나 그것은 '인간'이라는 특별한 존재의 주장이 아니라 도리어 모든 특별한 권리를 박탈당한 존재로 표현된다. 즉 바다와 그곳에 사는 상어 등은 인간에게 끝없이 고통을 주는 존재다.

『노인과 바다』는 1950년 9월 12일에 시작하여 9월 16일 아침에 끝난다. 즉 5일 동안의 이야기다. 주인공 산티아고는 84일간이나 고기를 잡지 못했다. 첫 40일 동안은 마놀린 소년과 함께였으나, 고기를 한 마리도 못 잡자 소년의 부모는 소년을 다른 배에 타도록 했다. 그래도 소년은 노인이 바다에서 돌아오면 돛 따위를 나르는 일을 도왔다.

"돛은 여기저기 밀가루 부대 조각으로 기워져 있어서 돛대를 높이 펼쳐 올리면 마치 영원한 패배를 상징하는 깃발처럼 보였다."(노인, 10) 이어 노인에 대한 다음 묘사가 나오는데 이는 돛대와 일치하는 표현이다.

「노인과 바다」 초판본

노인은 깡마르고 여윈 데다 목덜미에는 주름이 깊게 잡혀 있었다. 열대 지방의 바다가 반사하는 햇볕 때문에 그의 두 뺨에는 양성 피부암의 갈색 반점들이 나 있었다. 이 반점들은 얼굴 양쪽 훨씬 아래까지 번져 있었다. 두 손에는 큰 고기를 잡으면서 밧줄을 다루다가 생긴 상처가 깊게 파여 있었다. 어느 것 하나 새로 생긴 상처는 아니었다. 고기가 살지 않는 사막의 침식 지대만큼이나 오랜 세월을 지낸 상처들이었다.

두 눈을 제외하면 노인의 것은 하나같이 노쇠해 있었다. 오직 두 눈만은 바다와 똑같은 빛깔을 띠었으며 기운차고 지칠 줄 몰랐다.(노인, 10)

그러나 노인이 고기를 잡지 못한 것은 '영원히' 그러했던 것이 아니라, 최근 2~3개월에 불과했다. 따라서 '영원한' 패배란 고기 '잡기'의 문제가 아니라 고기 '잡이'의 문제다. 즉 어부라는 직업의 문제다. 이는 그의 용모에 대한 묘사로 나타나는데 그것은 전형적인 노동자의 고통에 가득 찬 모습으로 그가 살아온 삶을 대변한다.

노인을 따르는 소년이 다섯 살 때 배를 탔다는 것은 당시 쿠바의 빈곤을 잘 보여준다. 심지어 소년은 그물을 빌려다가 노인에게 미끼 고기를 잡아주어야 하고 저녁밥도 사서 그에게 먹여야 한다. 소년은 마치 노인에게 투망이 있는 것처럼, 그리고 노인은 집에 노란 쌀밥과 생선이 있는 것처럼 말하지만 이는 언제나 되풀이하는 꾸며낸 말이다. 소년은 음식이나 맥주도 '테라스'라는 식당에서 사오면서도 항상 그 주인이 주었다고 한다. 노인에게 부담을 주지 않기 위해서다.

실제로는 죽 한 그릇을 먹을 형편도 못 되는 노인은 극빈의 상태에 있

다. 야자수로 지은 그의 집은 그야말로 흙바닥의 오막살이이고 가구도
침대, 식탁, 의자뿐이다. 식사를 할 때에도 호롱불조차 없이 하고, 잘 때
에도 입고 다니던 옷 그대로 신문지를 말아 베개로 삼고 잔다. 매트리스
도 없이 신문지를 깐 침대 위에서. 옷도 누덕누덕 기운 것으로 햇볕에 바
라 얼룩덜룩하다. 게다가 항상 맨발이다. 화장실조차 없어 그냥 집 밖에
서 볼 일을 본다.

야구를 좋아하는 노인이 유독 조 디마지오를 좋아하는 이유도 조의
아버지가 가난한 어부였기에 조가 가난을 이해하리라고 생각한 탓이
다.(노인, 23) 조에 대한 언급은 소설 도입부부터 끝까지 나타난다. 반면
부자 냄새가 나는 존 맥그로(John J. McGraw)는 좋아하지 않는다. 술버릇
도 고약하고 경마에 빠져 살기 때문이다. 그들 선수들은 노인이 사는 마
을의 '테라스'에 왔었다.

야구에 대한 이야기나 소년의 이야기가 소설의 처음부터 끝까지 되풀
이되는 것은 공동노동의 필요성을 강조하는 것이다. 특히 힘들 때마다
노인은 "소년이 있었더라면" 하는 말을 되풀이한다. 그래서 소년은 존재
함이 아니라 부재함에 의해 그 존재감을 증폭시키는 중요한 등장인물이
다. 소년은 노동의 협동을 위해서만 필요한 것이 아니라 대화의 상대로
서도 필요한 존재다. 이처럼 노인과 소년의 관계는 노동과 대화로 구성되
는 인간 활동의 원초적 모습을 보여준다. 이는 다음과 같은 그들의 마지
막 대화에서도 분명히 드러난다.

"사람들이 나를 찾았니?"

"물론이죠. 해안경비대랑 비행기까지 동원됐어요."

"바다는 엄청나게 넓고 배는 작으니 찾아내기가 여간 어렵지 않았을 테지."

노인이 말했다. 그는 자기 자신과 바다가 아닌, 이렇게 말 상대가 될 누군가가 있다는 게 얼마나 반가운지 새삼 느꼈다. "네가 보고 싶었단다. 그런데 넌 뭘 잡았나?"(노인, 126) ·

상호부조를 상징하는 어촌공동체

『노인과 바다』는 그 대부분이 노인 혼자 바다에서 고기들과 사투를 벌이는 이야기여서 개인주의적인 이야기라고 하지만, 소설 여기저기에 어촌 마을 비롯한 공동체에 대한 묘사가 나온다. 가령 처음에 나오는 식당 '테라스'에 모여 놀고 있는 마을 사람들의 묘사를 보자.

> 그날 고기를 많이 잡은 어부들은 일찌감치 항구에 돌아와서 잡아온 청새치를 칼질해 널빤지 두 장에 길게 늘어놓고 두 사람이 널빤지 양쪽에 붙어 비틀거리며 고기 저장고로 운반해 갔다. 그곳에서 그들은 아바나의 시장으로 생선을 싣고 갈 냉동 트럭이 오기를 기다렸다. 상어를 잡은 어부들도 벌써 후미 맞은편에 있는 상어 공장으로 잡은 고기를 운반했다.(노인, 11~12)

노인이 고기를 잡는 것도 그것을 시장에 팔아서 살아가기 위해서다. 소설의 뒤에서 힘겹게 청새치를 잡은 뒤에 그 값을 산정하는 장면이 나온다. 어촌공동체에는 나름의 자치적 규범이 있다. 소설의 첫 장면에 나오는 '살라오', 즉 노인이 84일간 고기를 잡지 못해 '운이 없는 사람'으로 불리고 그 때문에 소년이 부모에 의해 노인의 배를 타지 못하는 것도 그 하나의 자치 규범이다.(노인, 9) 그래서 사람들의 눈치가 보이기 마련이다.

> 노인과 소년이 '테라스'에 들어가 앉자 많은 어부들이 노인을 놀려댔지만 노인은 조금도 화를 내지 않았다. 그중에서 나이가 지긋한 어부들은 걱정스러운 얼굴로 노인을 바라보았다.(노인, 11)

노인은 스스로 "별난 늙은이"라고 하고(노인, 15) 소년은 그를 "가장 훌륭한 어부"(노인, 25)라고 하지만 그렇다고 해서 공동체에서 배제되는 존재는 아니다. 소설의 마지막 부분에서 노인이 마을로 돌아오며 하는 말도 공동체 의식을 보여준다.

> "이제 곧 어두워지겠는걸. 그럼 이제 아바나의 불빛이 보이겠지. 혹시 너무 동쪽으로 나왔다면 새로운 해안의 불빛이 보일 테고." 그가 말했다. 이제 그다지 멀리 떨어져 있지는 않을 텐데, 하고 노인은 생각했다. 아무도 나 때문에 걱정하지 않았으면 좋겠는데. 물론 그 아이는 내 걱정을 하고 있을 거야. 늙은 어부들도 내 걱정을 할 테지. 그 밖에 다른 많은 사람도 역시 걱정하고 있겠지, 하고 노인은 생각했다. 난 정말 좋은 마을에 살고 있구나.(노인, 116)

사회보장이 전혀 없는 혁명 전 쿠바에서 가난한 사람들은 상호부조에 의해 살아갈 수밖에 없었다. 소설의 처음부터 끝까지 노인을 돕는 사람은 소년이다. 소년은 낚시 미끼로 쓸 정어리를 구해주는 것부터 시작하여 노인의 짐 운반을 돕고 식사도 챙겨준다. 이러한 상호부조야말로 아나키즘이 가장 존중하는 공동체 정신이다.

노인은 사자 꿈을 꾼다

꿈속에서 노인은 어린 시절 아프리카에서 본 사자 꿈을 꾼다.

> 황금빛으로 빛나는 긴 해변과 눈이 부시도록 새하얀 해안선, 그리고 드높은 갑(岬)과 우뚝 솟은 커다란 갈색 산들이 꿈에 나타났다. 요즈음 들어 그는 매일 밤마다 꿈속에서 이 해안가를 따라 살았고, 꿈속에서 파도가 으르렁거리는 소리를 들었으며, 파도를 헤치며 다가오는 원주민의 배들을 보았다. (중략) 노인의 꿈에는 이제 폭풍우도, 여자도, 큰 사건도, 큰 고기도, 싸움도, 힘겨루기도, 그리고 죽은 아내의 모습도 나타나지 않았다. 다만 그는 여러 지역과 해안에 나타나는 사자들 꿈만 꿀 뿐이었다. 사자들은 황혼 속에서 마치 새끼 고양이처럼 뛰어 놀았고, 그는 소년을 사랑하듯 이 사자들을 사랑했다.(노인, 26)

소년과 노인의 일과는 새벽부터 시작된다. 그들만이 아니라 어부들은 신발도 없이 비참한 모습을 보인다. 어부들이 돛대를 메고 다니는 모습은 예수의 십자가상을 연상케 한다. 종교와 인연이 먼 헤밍웨이가 어부들을 예수에 비유한 것은 그들을 신성시하기 때문이었다.

노인은 소년이 가져다준 커피 한 잔으로 하루를 지낸다. 배를 저어가다 만난 새들을 보고 "먹이를 찾지 못하는 새들은 우리 인간보다 더 고달픈 삶을 사는구나"라고 생각한다.(노인, 30)

> 물론 강도 새라든가 힘센 새들은 빼놓고 말이지만. 바다가 이렇게 잔혹할 수도 있는데 왜 제비갈매기처럼 연약하고 가냘픈 새를 만들어냈을까? 바다는 다정스럽고 아름답긴 하지. 하지만 몹시 잔인해질 수도 있는 데다 갑자기 그렇게 되기도 해.(노인, 30~31)

노인은 남녀 명사가 함께 있는 스페인어를 사용하면서 바다를 항상 여성명사로 '라 마르'라고 부른다. 바다를 사랑하기 때문이다. "큰 은혜를 베풀어주기도 하고 빼앗기도 하는 무엇"이고 "설령 바다가 무섭게 굴거나 재앙을 끼치는 일이 있어도 그것은 바다로서도 어쩔 수 없는 일이려니 생각했다." 반면 바다에서 큰돈을 번 자들은 바다를 남성명사로 칭한다.

> 젊은 어부들 가운데 몇몇, 낚싯줄에 찌 대신 부표를 사용하고 상어 간을 팔아 번 큰돈으로 모터보트를 사들인 부류들은 바다를 '엘 마르'라고 남성형으로 부르기도 했다. 그들은 바다를 두고 경쟁자, 일터, 심지어 적대자인 것처럼 불렀다.(노인, 31)

위 문장은 단순히 바다를 남녀 성별로 부르는 차이만을 뜻하지 않는다. 모터보트를 타고 대량으로 포획하는 젊은 어부들과 원시적인 방법으로 낚시하는 노인의 고기 잡는 법의 차이를 보여준다. 나아가 이는 바다와 고기에 대한 사고방식의 차이와 윤리관의 차이를 보여주는 것이기도 하다.

노인이 바다 한가운데로 나가자 새 한 마리가 날아드는 정경(노인, 550)은 앞에서도 보았다. 새에 대한 노인의 생각은 생존투쟁의 고리인 셈이다.

인간과 자연의 합일은 가능한가?

『노인과 바다』에는 앞에서 언급한 새와의 대화에서 "새야, 네가 좋다면 우리 집에 머물러도 좋아"(노인, 56)라고 하거나 그 앞에서 고기에게 "고기야, 나는 너를 끔찍이도 좋아하고 존경한단다. 하지만 오늘이 가기 전에 난 너를 죽이고 말 테다"(노인, 55)라고 하는 등, 인간과 자연의 평등과 교감과 합일을 보여주는 아름다운 문장이 흘러넘치지만 가장 아름다운 문장의 하나는 다음이라고 생각한다. 청새치를 잡기 위해 고투하는 장면 중의 하나다.

노인은 바다 저편을 바라보며 자신이 얼마나 홀로 고독하게 있는지 새삼 깨달았다. 그러나 깊고 어두컴컴한 물속에서 프리즘이 보였고, 앞쪽으로 곧바로 뻗어나간 낚싯줄이며 잔잔한 바다의 이상야릇한 파동이 보였다. 이제 무역풍이 불어오려는 듯 구름이 뭉게뭉게 피어오르기 시작했다. 문득 앞쪽을 바라보니 물오리 떼가 바다 위 하늘에 새겨놓은 듯 뚜렷하게 모습을 드러냈다가 흩어지고 다시 나타나면서 바다 위를 날아가고 있었다. 그래서 그는 어느 누구도 바다에서는 결코 외롭지 않다는 사실을 깨달았다.(노인, 62)

그리고 미풍이 불자 노인은 "고기야, 너보다는 내게 더 유리한 날씨구나"라고 한다.(노인, 62) 그는 고기와 싸우면서 생각한다. "하지만 다행스럽게도 저놈들은 저희들을 죽이는 우리 인간들보다는 똑똑하지가 않단 말이야. 비록 저놈들이 우리 인간들보다 더 기품이 있고 힘이 세지만 말이야."(노인, 64) 고기와의 싸움에서 이기기 위해 하는 이런 생각을 두고 인간중심주의라고 비판한다면 지나친 것이다. 적어도 고기에 대한 존중과 평등이 전제되어 있기 때문이다. "저 고기를 먹을 자격이 있는"(노인, 77) 사람은 없다는 노인의 말은 인간에 대한 비판이기도 하다.

그는 다시 조 디마지오를 생각한다. "저 위대한 디마지오 선수는 지금의 나만큼 이렇게 오랫동안 고기하고 맞서 버텨낼 수 있을까", "그 친구의 아버지도 어부였다지."(노인, 70) 사자 꿈도 다시 찾아온다. "더 많은 사자가 나타나지 않는지 보려고 기다리는 동안 그는 기분이 자못 흐뭇했다."(노인, 83) 그리고 계속 소년을 생각한다.

고기와의 사투가 끝나자 그는 "이제부터는 노예처럼 더러운 노동을 시작해야 한다", "노예처럼 뼈 빠지게 해야 할 일이 잔뜩 기다리고 있다"고 말한다.(노인, 96) 그런데 죽은 고기의 눈이 "행렬에 끼어들어 걸어가는 성자(聖者)의 눈처럼 초연"(노인, 98)하게 보인다.

노인은 자기가 잡은 청새치가 700킬로그램이 될 것 같다고 보고 그 3분의 2만 고기로 만들어도 450그램에 30센트를 받을 것이라고 산정한다.(노인, 98) 그것으로 겨울을 지낼 수 있다고 생각하는 것으로 보아(노인, 112) 노인의 한 달 생활비는 100달러인 셈이다.

그런데 상어와의 사투가 시작된다. 그가 묘사하는 상어는 손가락이 상징하는 착취의 모습이다.

사람 손가락을 매 발톱처럼 오그린 모양을 하고 있었다. 노인의 손가락 길이만 한 이빨은 양쪽 가장자리가 마치 면도날처럼 날카롭게 날이 서 있었다. 바다에 사는 고기라면 어떤 고기든지 모조리 잡아먹을 것 같이 생겼고, 속력이나 힘이나 무기 면에서 다른 고기들은 도저히 이놈을 당해낼 재간이 없었다.(노인, 102)

최초의 상어를 죽인 뒤 그는 고기 잡은 것을 후회하지만 "하지만 인간은 패배하도록 창조된 게 아니야", "인간은 파멸당할 수 있을지 몰라도 패배할 수는 없어"라고 말한다.(노인, 104)

이 문장에서 패배는 물질적·육체적 가치, 파멸은 정신적 가치와 관련이 있다고 보는 견해가 있지만(김욱동, 237) 나는 그 반대로 본다. 그렇게 본다면 위 문장은 육체는 파멸되어도 정신은 패배할 수 없다는 것이다. 헤밍웨이는 『누구를 위하여 종은 울리나』에서도 독일 폭격기를 상어에 비유했다. 그러나 청새치는 물론이고 상어를 죽이는 것도 문제는 없는가?

고기를 죽이는 건 어쩌면 죄가 될지도 몰라. 설령 내가 먹고살기 위해, 또 많은 사람들을 먹여 살리기 위해서 한 짓이라도 죄가 될 거야. 하지만 그렇게 되면 죄 아닌 게 없겠지. (중략) 네가 그 고기를 죽인 것은 다만 먹고살기 위해서, 또는 식량으로 팔기 위해서만은 아니었어, 하고 그는 생각했다. 자존심 때문에, 그리고 어부이기 때문에 그 녀석을 죽인 거야. 너는 녀석이 아직 살아 있을 때도 사랑했고, 또 녀석이 죽은 뒤에도 사랑했지. 만약 네가 그 놈을 사랑하고 있다면 죽여도 죄가 되지 않는 거야. 아니 오히려 더 무거운 죄가 되는 걸까? (중략) 더구나 이 세상의 모든 것은 어떤 형태로든 다른 것들을 죽이고 있어.(노인, 107)

상어도 해양 동물의 생태계에서는 일정한 역할을 한다. 따라서 노인의 낚시 행위가 산업적인 어획보다는 생태적으로 덜 침해적이라고 해도 자연보호의 뜻을 수호한다고 볼 수는 없다. 완전한 자연보호라고 하면 사냥이나 낚시에 대한 본능마저 완전히 극복해야 가능할 테니까. 물론 그런 본능의 극복은 헤밍웨이에게 기대할 수 없다. 헤밍웨이 자신 그런 생각을 해본 적도 없었다.

그러나 위의 인용에서 볼 수 있듯이 헤밍웨이에게는 사냥이나 낚시를 스포츠로서가 아니라 식량 확보의 수단으로서 지극히 기본적인 동물의 생존 본능에 따른 행동의 일부임을 이해할 필요가 있다. 이는 우리가 2장에서 보았듯이 그가 어린 시절부터 아버지로부터 물려받은 중요한 유산이었다.

노인에게도 청새치를 잡는 의미는 인간으로서 살아가기 위해 필요한 것이고, 또 자연의 섭리로부터 당연한 에너지 순환을 계속시키는 일부이다. 그에게 낚시란 야생동물의 생존행위와 같은 것이다.

청새치를 탐내는 상어들과의 사투는 계속되고 결국 앙상한 뼈만 남은 청새치와 함께 노인은 돌아오게 된다. 다음 날 관광객 여성이 그 고기를 보고 뭐냐고 묻자 웨이터가 상어의 일종인 티부론(Tiburon, Eshark)이라고 답한다. 그러자 여자는 그것을 상어라고 오해하면서 "상어가 저토록 잘 생기고 멋진 꼬리를 달고 있는 줄은 미처 몰랐어요"라고 한다.(노인, 128)

이 장면에 대해서 여러 가지 해석이 가능하다. 가령 관광객을 어부 노인과 적대적이라고 보고, 그들이 아름답다고 착각하는 상어와 그들이 같다고 해석하는 경우도 있을 수 있다. 또는 흉악한 상어의 이미지를 전복하는 '자연의 아름다움'을 표현한 것이라고 볼 수도 있다. 그리고 소설은 소년이 지켜보는 가운데 "잠든 노인은 사자 꿈을 꾸고 있었다"(노인, 128)라는 문장으로 끝난다.

기독교적 해석

『노인과 바다』에 대한 최상의 비평은 포크너의 것이다. 1952년에 그는 「세난도 Shenandoah」에서 다음과 같이 썼다.

헤밍웨이의 최고 작품이다. 시간은 그것이 우리 모두의 작품 중에서 최고의 것임을 보여줄 것이다. 우리라고 함은 그의, 그리고 우리들 동시대인의 것이다. 이번에 그는 신을, 창조주를 발견했다. 지금까지는 그의 작품 중의 남자도 여자도 스스로 자신을 만들었다. 자신의 흙으로 자신을 만들어 냈다. 승리도 패배도 그들 자신의 손에 의한 것이었다. 그러나 그들 자신에게, 또는 서로에게 어떻게 자신이 타부인지를 증명하여 보여주었을 뿐이었다.(*Critical*, 414~415)

위의 설명은 상당히 추상적인데, 이를 구체적으로 풀어낸 사람은 대표적인 헤밍웨이 연구자인 카를로스 베이커다. 즉 그에 의하면 헤밍웨이는 『노인과 바다』를 쓰기 훨씬 전부터 신의 아들로 인간의 모습을 한 그리스도와 기독교 문화권의 '선인(善人)'이라는 범주에 들고, 따라서 '주인인 신'의 제자로 볼 수 있는 무수한 무명인 사이에는 닮은 점이 있다고 생각했다. 가령 『무기여 잘 있어라』의 주인공 친구인 신부나 『누구를 위하여 좋은 울리나』의 경건한 안셀모이다. 그에 의하면 "산티아고 노인은 복음서 가운데 그리스도의 인격과 인간성을 연상시키는 마음과 정신을 태생적으로 가지고 있다." 적이자 형제인 청새치, 나아가 상어와의 장렬한 투쟁을 되풀이하는 노인은 십자가에 못 박히는 예수와 같은 이미지를 풍기며 이야기가 진전됨에 따라 "십자가의 이미지는 더욱 강화"되어 간다.

그 뒤로 『노인과 바다』에 대한 해석은 이러한 기독교적 상징의 해석으로 굳어졌다. 1980~1990년대에 찰스 테일러(Charles Taylor)처럼 인생을 긍정하는 니체 철학으로 해석하는 견해도 나왔다. 즉 테일러는 1982년에 쓴 「헤밍웨이와 니체*Hemingway and Nietzsche*」에서 산티아고 노인이 바다를 사랑하고 바다를 여성형으로 보는 점, 나아가 노인이 청새치를 형제로 보듯이 만물을 적대하지 않고 통일적으로 파악하는 점에서 니체가 말한 디

■　*　Carlos Baker, *Hemingway: The Writer as Artist*, Princeton University Press, 1952, p.299.

오니소스적이라고 보았다.(*Critical*, 54~56) 또 토머스 허먼(Thomas Herman)이 1994년에 쓴 「헤밍웨이와 세잔*Hemingway and Cézanne*」에서 『노인과 바다』의 산문 문체가 프랑스 인상파, 특히 세잔의 기법과의 유사성을 강조했지만 이는 이미 헤밍웨이가 세잔의 영향을 받았다고 밝힌 점을 답습한 것에 불과했다. 여하튼 그런 해석이 주류가 되지는 못했다. 그리고 그 어느 경우나 쿠바 현실을 묘사한 사회적인 작품으로 본 것은 아니라 종교적이거나 철학적이거나 심미적으로 본 것이었다.

냉전시대에 이 작품이 환영을 받은 이유는 『누구를 위하여 종은 울리나』에 나타난 사회성과 정치성이 배제되었기 때문이다. 『누구를 위하여 종은 울리나』는 퓰리처상의 수상 직전까지 갔으나 마지막에 그 상의 스폰서가 정치적이라는 이유로 거부하는 바람에 수상하지 못했다.(Baker, 363) 게다가 『노인과 바다』는 반공잡지인 〈라이프*Life*〉에 처음으로 실렸다.

아나키즘적-생태주의적 해석

이 작품은 정치성을 분명히 보이지 않는다. 따라서 다양한 해석이 가능하다. 사회주의자라면 노인이 노동자를, 노인이 힘들여 잡은 고기인 청새치는 노동자의 임금을, 청새치를 잡아먹은 상어는 자본주의를 상징한다고 볼 것이고 실제로 그런 해석도 있었다. 그러나 나는 노인이 노동자는 물론 농민이나 소시민까지 포함하는 가난한 사람들, 그리고 상어는 그런 가난을 결과한 사회제도나 국가제도를 말한다고 본다. 그 제도에는 자본주의는 물론 사회주의도 포함될 수 있다. 이는 헤밍웨이가 노인의 누더기 돛을 영원한 패배의 깃발이라고 한 것에서도 읽을 수 있다. 그렇게 본다면 사자는 혁명가일까? 사자의 꿈을 통해 노인은 자신의 패배를 극복하려고 하는 것일까?

『노인과 바다』는 무엇보다도 노동의 이야기, 그것도 현대의 기계적인 노동과 대립하는 대단히 원시적인 노동의 이야기고, 그런 노동에 필요한 원시적인 도구나 기술이나 작업에 대한 이야기가 많이 등장한다. 또 노인과 함께 유일한 등장인물인 소년 마놀린은 노인이 언제나 '그 아이가 있었다면 좋았을 텐데'라고 아쉬워하는 존재로서 본래의 노동이 협동, 즉 공동노동이었음을 보여준다. 그런데 지금은 그 공동노동의 가치가 파괴되고 있다. 이를 보여주면서 소설은 그것의 회복을 요구한다.

그러나 더욱 중요한 것은 자연에 대한 노인의 생태주의적 태도다. 따라서 자연과의 합일이라는 생태주의적 관점이 더 설득력 있게 다가온다. 그런데 생태시인(Ecopoet)이라고 불리는 게리 스나이더(Gary Snyder, 1930~)는 1998년의 인터뷰에서 '장소의 문학(literature of place)'은 미국문학사에서 마이너 분야라고 하면서 T. S. 엘리엇이나 헤밍웨이나 피츠제럴드 등의 모더니스트들도 관심이 없었다고 했다.

그러나 헤밍웨이를 과연 그렇게 볼 수 있을까? 아마도 그가 집시처럼 여기저기 옮겨 다녔기 때문에 그런 이미지가 생긴 것이 아닐까? 적어도 『노인과 바다』는 예외가 아닐까? 나는 이 책 2장에서 헤밍웨이가 젊은 시절에 쓴 초기 단편집 『우리 시대에』에는 자연문학이라고 할 만한 작품이 많다고 했다. 뿐만 아니라 그의 자연 묘사는 모든 작품에서 분명히 드러났다고 했다. 그리고 이제 그 절정이 『노인과 바다』라고 생각한다. 스나이더가 『노인과 바다』를 환경문학에 포함시키지 않은 이유는 그것이 생태주의의 주된 관심인 농업을 영위하는 육지가 아니라 바다의 이야기이기 때문인지도 모른다.

여하튼 『노인과 바다』가 종래 패배의 비극성을 보여준 작품이라는 해석에 반하여 노인은 결코 패배하지 않았다는 점을 강조할 필요가 있다. 이는 "인간은 파멸당할 수는 있을지 몰라도 패배할 수는 없어"라고 노인이 말한(노인, 104) 데서 분명히 드러난다. 나는 이처럼 패배를 거부하는 것이야말로 인간의 기본적인 '자유'에서 나온다고 본다. 그것은 자치와 자연의 회복에 의해서만 가능하다. 따라서 이 소설은 자유-자치-자연에 대한 희구이다.

헤밍웨이, 쿠바 혁명을 지지하다

1950년대 미국은 전후 경제의 번영을 누리는 풍요의 시대이자 소위 '팍스 아메리카나'의 황금시대이자 전성기였다. 그러나 동시에 '빨갱이 사냥'이 벌어진 매카시즘의 시대로 수만 명이 직장에서 추방되고 심지어 감옥에 갇혔다. 헤밍웨이의 친구인 작가 대시얼 해미트(Samuel Dashiell Hammett, 1894~1961)와 시나리오 작가 릴리언 헬먼(Lillian Hellman, 1905~1984)도 그 대상이었다. 해미트는 영화화된 『말타의 매』와 『그림자 없는 남자』로 유명했으나 만년은 비참했다. 그 밖에도 헤밍웨이의 스페인 시절 친구들도 상당수 포함되었다. 헤밍웨이는 그 대상에서 제외되었으나 매카시즘에 대한 항의를 멈추지 않았다.

만년의 헤밍웨이는 쿠바 혁명을 싫어하여 미국으로 거주지를 옮긴 것이 아니라 병이 악화되어 옮겼다. 그는 구정권이 부패하여 국민에게 궁핍을 초래했기에 카스트로를 지지했다. 그가 카스트로에게 정직, 공정, 효율을 요구한 것도 옳지만, 공산주의를 지지한 것이 아니고 혁명이 진전됨에 따라 그것에 염증을 느꼈다고 보는 견해가 있지만 이는 반공주의자들이 만들어낸 것이라고 볼 수 있다.

헤밍웨이가 스페인 시민전쟁에 참여한 것과 달리 카스트로 혁명에 참여하지 않은 것은 분명한 사실이다. 그러나 그가 카스트로에게 상당한 지원금을 보냈다는 사실이 최근 밝혀졌다. 헤밍웨이는 1960년 1월 12일에 카스트로 혁명군의 라나무 장군에게 보낸 편지에서 "나는 쿠바 혁명의 역사적 필연성을 완전히 믿는다. 쿠바 정치에 입을 놀릴 생각은 없지만 카스트로 혁명을 오랜 눈으로 볼 생각이다"라고 썼다.(*Letters*, 899) 당시 미국에서는 연일 쿠바 혁명에 반대하는 분위기였고 쿠바 혁명을 지지하는 것은 매국노로 취급되었음에도 오로지 헤밍웨이만은 여러 매체를 통해 쿠바 혁명을 지지하는 발언을 죽을 때까지 계속했다.

10장

1950년대 아프리카,
『아프리카의 푸른 언덕』과
『여명의 진실』의 반제국과
자연

아프리카가 유토피아다

1952년에 『노인과 바다』를 출판하고 이듬해 헤밍웨이는 아프리카로 사파리(safari)를 떠났다. 그것이 최초의 아프리카 여행은 아니었다. 첫 번째는 1933년 11월부터 1934년 2월까지 둘째 아내 폴린과 함께했고, 두 번째는 1953년 8월부터 1954년 1월까지 넷째 부인 메리와 함께였다. 이처럼 헤밍웨이는 아프리카 여행을 두 차례 했다.

헤밍웨이는 아프리카에 직접 가서 매료되기 전부터 이미 생각만으로도 매료되었다. 앞에서 보았듯이 어린 시절부터 오염되지 않은 그 순수한 원시의 땅에서 참된 삶이 가능하다고 믿은 그는 아프리카나 중남미나 허드슨강 북쪽이라고 하는 위대한 마지막 변경의 땅에서 개척과 탐험에 종사하고 싶어 했다.

첫 번째 여행의 결과인 『아프리카의 푸른 언덕*Green Hills of Africa*』에서 그는 여행의 목적을 다음과 같이 암시했다. "나는 이 나라를 사랑했고 편안하게 느꼈으며, 사람이 출생지가 아닌 곳인데도 편안하게 느끼면 그곳으로

아프리카 케냐에서 헤밍웨이와 넷째 부인 메리(1953~1954)

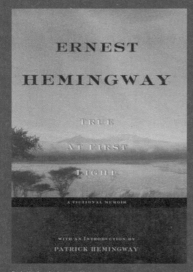

『여명의 진실』 초판본

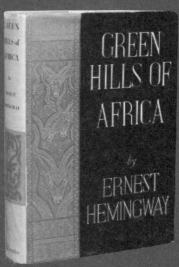

『아프리카의 푸른 언덕』 초판본

가고 싶어 하는 것이다."(아프리카, 187) "여기서 나는 사냥하고 낚시질을 할 수 있다. 그것과 쓰는 것과 읽는 것과, 경치를 구경하고 싶은 것이 내가 하고 싶은 전부다."(아프리카, 188) 그러나 헤밍웨이에게 아프리카의 원시는 서양문화의 속박, 특히 성적 속박으로부터의 해방을 추구한 것이었다.

두 번째 여행 뒤에 쓴 『여명의 진실*True at First Light*』에서는 헤밍웨이가 미개인이 되기 위해 자기 변혁을 시도하는 곳이 원시세계로 나타난다. 이 소설의 줄거리는 간단하다. 케냐에서 사파리를 하는 도중, 주인공이자 내레이터인 헤밍웨이는 수렵 감시관을 대신해 그 일을 맡아 마을 일을 보게 된다. 한편 용감한 그의 아내 메리는 숙원이었던 사자 사냥에 성공하고 남편이 선주민 여성 데바(Debba)와 성관계를 맺는 것을 허용하지만 그 사랑은 결국 이루어지지 않는다.

아프리카 경험에서 나온 작품으로는 그 밖에 단편인 『킬리만자로의 눈』과 『프랜시스 매코머의 짧고 행복한 생애』가 있다. 이상 네 작품은 그 발표 연도가 각각 다르지만 아프리카를 다루었다는 점에서 여기서 함께 검토하도록 한다.

『아프리카의 푸른 언덕』과 『여명의 진실』에서의 문학 이야기

『아프리카의 푸른 언덕』은 4부로 구성된다. 즉 1부 '추적과 대화', 2부 '추적의 회상', 3부 '추적과 실패', 4부 '행복한 추적'이다. 1부를 제외하면 나머지는 사냥 전문서라고 할 만하고, 문학적으로 회자되는 부분은 주로 1부이다.

1부의 처음은 헤밍웨이와 오스트리아인 칸딘스키(Kandinsky)와의 대화로 채워진다. 사냥 이야기와 함께 문학 이야기가 나온다. 가령 하인리히 만은 무조건 싫고, 릴케는 속물근성 때문에 싫고, 발레리도 속물근성이 있지만 그래도 괜찮다는 식으로 이어진다. 조이스나 싱클레어 루이스도, 업튼 싱클레어도 시시하다고 한다. 그중에 앞에서도 언급한 소로에 이어 마크 트웨인에 대한 다음과 같은 언급이 나온다.

> 모든 미국 현대 문학은 『허클베리 핀』이라는 마크 트웨인의 작품에서 연유한 겁니다. (중략) 그것이 우리가 가진 가장 위대한 작품입니다. 모든 미국 문학은 거기서 나왔어요. 그 이전에도 그런 작품은 없었고 그 이후에도 아직 그런 작품은 없으니까요.(아프리카, 26~27)

그리고 훌륭한 작가가 이를 수 있는 최고의 성공이 "4차원과 5차원 세계"(아프리카, 29)의 획득이라고 한다. 이에 대해 그는 상세히 말하지 않지만 앞의 2장에서 『파리는 날마다 축제』에서 헤밍웨이가 말한 '차원들'과 연관시켜 생각해볼 필요가 있다. 그리고 그것을 획득하기 위해서는 먼저 키플링이 가졌던 재능과 수련, 플로베르가 행한 수련이 필요하다고 하고, 이어 그것이 어떤 것일 수 있느냐에 대한 관념, 절대적인 양심, 지적이고 공정함, 그리고 무엇보다도 살아남아야 한다고 한다. 나아가 작가를 해치는 것으로 "정치, 여자, 술, 돈, 야심"을 든다.(아프리카, 30) 뒤에 쓴 『킬리만자로의 눈』에서도 나오는 여자와 술 등 자신을 망친 것들을 포함해서 이 부분은 헤밍웨이의 문학관을 볼 수 있는 중요한 자료로 여겨진다.

2부에서도 4장에서 톨스토이의 『세바스토폴리』를 읽고 "전쟁 경험이한 작가에게 얼마나 유리한 것인가를 생각했다"는 장면이 나온다.

> 그것은 주요한 문제의 하나이며 진실하게 그리기가 퍽 어려운 것임에 틀림없는데, 전쟁을 보지 못한 작가는 항상 무척 질투심이 강해서 전쟁이라는것을 하나의 주제로서는 중요하지 않거나, 비정상적이거나, 병적인 것으로삼으려고 하는데 사실 그것은 그들이 포착하지 못한, 절대로 다른 것과 대치할 수 없는 그 무엇인 것이다.(아프리카, 54)

그리고 "작가에게는 내란이 가장 좋은 전쟁, 가장 완전한 전쟁인 것 같다"고 하고, 이어 "도스토옙스키는 시베리아로 유형 당했기에 만들어진것"이라고 하며 "작가는 칼을 벼리듯이 불법 속에서 벼려지는 것"이라고한다.(아프리카, 55)

한편 『여명의 진실』은 헤밍웨이가 내레이터이자 주인공이지만 실재의그와는 달리 평생 일기조차 쓰지 않은 사람이다. 그러나 소설의 소재가된 사파리를 경험하고 그것을 쓰는 것으로 나온다. 1장은 '꼭, 그 사자를잡아야 하는 까닭'이라는 제목 하에 '나'의 오랜 친구인 백인 사냥꾼 필립 퍼시벌(Philip Percival)에 대한 이야기로 시작한다.

20개의 장으로 이루어지는 『여명의 진실』에서도 헤밍웨이는 다른 작가에 대한 이야기를 한다. 가령 파리에서 만난 조지 오웰에 대한 이야기다.1945년 오웰은 발지 전투가 끝난 뒤 평복 차림으로 리츠 호텔에 와서 자기가 '놈들'에게 쫓기고 있으니 권총을 한 자루 빌려달라고 했다. 그가 너무 수척해 보여 헤밍웨이가 쉬면서 음식을 먹으라고 권했지만 그는 당장 가야 한다고 했다. 헤밍웨이는 사람을 시켜 그의 뒤를 쫓도록 했으나 그를 미행하는 사람은 없었고, 도리어 그는 즐겁게 지냈음을 알았다.(여명, 215~216)

『아프리카의 푸른 언덕』에 나오는 아프리카 찬양과 사냥의 모순

사냥을 준비하는 이야기 뒤에 "어둠 속으로 지나가는 울창한 숲을 바라보고, 서늘한 밤바람을 느끼고, 아프리카의 그윽한 향기를 맡노라면 나는 아주 행복했다"(아프리카, 15)고 시작하는 1부부터 4부의 "나는 이 나라를 사랑했고 편안하게 느꼈으며, 사람이 출생지가 아닌 곳인데도 편안하게 느끼면 그곳으로 가고 싶어 하는 것이다"(아프리카, 187)로 끝나는 『아프리카의 푸른 언덕』은 그야말로 헤밍웨이가 찾은 새로운 에덴동산에 대한 찬가와 함께 그것을 파괴한 제국에 대한 분노를 담은 책이다. 아프리카 찬가는 2부에서도 다음과 같이 이어진다.

이제 협곡에 걸린 나무들의 터널 밖으로 바람에 옆으로 나부끼는 흰 구름이 떠 있는 하늘을 내다보고 있노라면 나는 이 나라를 사랑하고, 그래서 진정으로 사랑하는 여인과 함께 있은 다음처럼 행복하고, 그럴 때 텅 비었다가도 다시 샘솟아 올라 바로 거기 있고 (중략) 어떤 여인이나 어떤 나라를 네가 사랑했다면 너는 무척 운이 좋았던 것이고, 후에 죽는다고 해도 아무것도 달라질 것이 없다. 이제 아프리카에 있으면서 나는 더욱 아프리카와 계절의 변화와 여행할 필요가 없는 우계(雨季)와, 참된 기분을 느끼기 위해서 치러야 하는 불편과, 나무와 작은 동물들의 이름과 모든 새들에 굶주리고, 말을 배우고, 거기서 충분한 시간을 갖고 천천히 움직이고 싶은 마음이 간절했다. 나는 평생 이 나라를 사랑했다.(아프리카, 56~57)

이러한 아프리카 묘사는 오염된 미국의 묘사와 대조를 이룬다.

가라앉는 쓰레기는 가라앉고, 종려 잎사귀, 코르크, 헌 전구, 가끔 섞여 있는 콘돔, 깊이 떠 있는 코르셋, 학생들 연습 공책의 찢어진 종잇장, 퉁퉁 부어오른 개, 가끔 쥐, 이미 이름 없는 고양이, 이렇게 지저분한 잡동사니를 역사와도 같은 흥미와 지성과 정확성으로 긴 장대를 가지고 값나가는 물건만 건져 올리는 쓰레기 줍는 배가 잘 지키고 있다.(아프리카, 104)

한편 헤밍웨이에게 사냥은 무엇보다도 깨끗하게 즉사시키는 것이었다. 그런 룰을 지키지 못한 그는 자신이 전장에서 겪은 고통과 동물의 고통을 동일시하며 그 룰을 다시 마음에 새긴다.

다섯 주일째나 잠을 못 자는 바람에 밤에 혼자 아픔과 싸우다가 나는 갑자기 어깨에 총을 맞고 달아난 수사슴은 얼마나 아플까 하는 생각을 했고, 침대에 누운 채 그것을 충분히 알 것 같았고, 총탄이 살에 박히면서부터 모든 것이 끝날 때까지의 기분을 모두 느끼면서 머리가 조금 이상해져서 내가 겪고 있는 고통이 모든 사냥꾼에 대한 천벌이라고 생각했다. (중략) 나는 총을 맞은 일도 있고, 절름발이가 되어 도망치기도 했다. 항상 무엇인가가 나를 죽이리라고 생각했고, 나중에는 정말이지 죽음을 두려워하지 않도록까지 되었다. 내가 아직도 사냥을 좋아하니가 내가 깨끗하게 죽일 수 있는 한 사냥을 하고, 그 능력을 잃을 때는 곧 사냥질도 그만두기로 했다.(아프리카, 103)

그러나 항상 결심한 대로 되는 것은 아니다. 총을 쏘았으나 빗나간 것이다.

나는 그 수놈 생각을 하고 차라리 내 총탄이 안 맞았더라면 좋았다는 생각을 했다. 이제 나는 상처만 입혀놓고 그를 잃어버린 것이다. (중략) 내가 그놈을 맞히고 죽이지 못한 것이 몹시 마음에 걸렸다. 나는 어떤 동물이든 깨끗이 죽이기만 하면 마음에 걸리는 일이 없다. 그들은 아무래도 죽을 운명이고 노상 밤마다 계절마다 많은 수가 죽는데, 내가 끼어들었다는 것은 극히 미약하고 전연 죄악감을 느끼지 않는다. 우리는 그 고기를 먹고 가죽과 뿔을 보관한다.(아프리카, 179)

나는 사냥을 해본 적이 없고 앞으로도 할 생각이 전혀 없지만, 위에서 헤밍웨이가 말하는 것을 도저히 이해할 수 없다. 투우나 낚시에 대한 그의 생각도 나는 도저히 이해할 수 없다. 그나마 가난한 어부인 산티아고 노인이 생존을 위해 낚시를 하는 것이야 이해할 수 있지만, 재미로 하는 낚시는 이해할 수 없다. 마찬가지로 아프리카인들이 생존을 위해 사냥을 한다면 몰라도 헤밍웨이 같은 서양인이 재미로 하는 사냥은 도저히 이

사자를 사냥한 헤밍웨이(아프리카, 1934)

물소 사냥에 성공한 후 포즈를 취한 헤밍웨이(아프리카, 1953~1954)

해할 수 없다. 그것은 그가 비난하는 서양 제국주의의 침략 행위와 무엇이 다른가? 그런 식으로 사냥을 정당화한다면 제국주의도 마찬가지로 정당화되는 것이 아닌가?

침략자의 종교를 비판하다

헤밍웨이가 두 번의 아프리카 여행에서 본 것은, 무엇보다도 유럽 식민지 지배의 폐해에 의해 그의 이상향이 붕괴 위기에 처한 현실이었다. 다음은 『아프리카의 푸른 언덕』의 4부 마지막에 나오는 아프리카의 비참한 현실에 대한 양심의 고발이다.

> 한 대륙은 일단 우리가 가기만 하면 빨리 늙어버린다. 토착민들은 그것과 조화를 이루고 살고 있는 것이다. 그러나 외국인 파괴자들은 나무를 찍어 내고 물을 말려서 급수가 바뀌고 얼마 되지 않아 흙은 뗏장을 뒤집기 때문에 겉으로 노출되고 다음에는 바람에 날려가는 것이다. 모든 오랜 나라의 흙이 그렇고 캐나다에서도 흙이 바람에 날리는 것을 본 일이 있다. 대지는 착취에 지쳐 있다.(아프리카, 188)

그 파괴 요인은 다양하지만 그중에서 종교적 요인이 중시된다. 즉 『아프리카의 푸른 언덕』에서는 이슬람교, 『여명의 진실』에서는 기독교이다. 두 가지 모두 외국 침입자에 의해 도입되었고, 원주민의 독자적인 생활 습관이나 풍습, 생존방식, 신념까지도 변화시켰다.

『아프리카의 푸른 언덕』에는 이슬람교가 원주민의 생존방식을 억제하는 것으로 묘사된다. 그것은 1부의 '추적과 대화'에 나오는데, 원시인들은 농담을 더러운 것과 아름다운 것으로 분류하며, 이슬람교를 비롯한 "모든 종교는 농담이었다. 종교를 가진 사람은 누구나 조롱되었다.*"(아프리카, 36) 즉 외국 침입자에 의해 도입된 종교를 냉소나 조소의 대상으로 보았다.

> 이슬람교는 꽤 유행이 되어서 청년들 사이에서도 상류사회는 모두가 이슬람교도였다. 그것은 사회계급을 형성한 무엇, 유행하고 해마다 신이 주는 약간의 고생을 참는 무엇, 남보다 한결 높아지는 무엇, 음식 먹는 법이 훨씬 복잡해지는 무엇, 나는 이해하지만 콜라는 이해하지 못하고, 하려고도 않는 무엇이었고, 차로가 자기가 그 일부분이 아닌 모든 것에 대해서 가지는 그 무표정한 얼굴로 지는 해를 바라보는 것을 콜라는 지켜보았다.(아프리카, 36~37)

그 무엇이란 자카트(zakat)라는 종교세였다. 이를 납부하면 각자의 재산은 종교적으로나 법적으로 정당한 것으로 인정되었다. 『여명의 진실』에도 이슬람교에 대한 비판이 나온다. 가령 캄바족의 노인 케이티가 이슬람교로 개종한 것은 편의적인 것, 방편적인 것이라는 묘사이다. 소설에 나오는 이슬람교 선교사는 "검은 피부가 얼마나 뛰어난 것인지, 백인의 피부가 얼마나 약한 것인지"를 설파하며 다음과 같이 말한다.

■　* 뒷부분의 "그런 것을 가진 모든 사람에 대한 농담이었다"는 부정확한 번역이어서 내가 수정했다.

백인은 햇빛 속을 걸으면 죽어버린다. 햇빛에 살을 노출시키면 살에 물집이 생기고 썩게 된다. 그러므로 백인은 가엾게도 그늘에 모여 알코올이나 하이볼을 마시면서 몸을 망친다. 내일이 되면 다시 떠오를 태양의 공포를 견딜 수 없기 때문이다.(여명, 307)

나아가 그는 "백인은 천국 따위를 믿고 있어서, 작고 흰 공을 막대로 쳐서 땅 저편으로 던지거나" "부인들이 없을 때는 아기 예수를 저주한다"(여명, 308)고 하면서 기독교를 비판한다.

그러나 이 부분은 소설 원고를 편집한 헤밍웨이 아들 페트릭 헤밍웨이에 의해 대폭 삭제되어 헤밍웨이의 기독교 비판을 제대로 알 수 없게 한다. 독실한 가톨릭 신자인 페트릭을 위시한 유족들은 원문의 인용조차 금지했으니 요약하는 정도에 그칠 수밖에 없다. 원문에서는 백인이 예수를 신으로 받드는 것을 유치하다고 욕하고, 그것은 두뇌 속에 사는 해충처럼 인간을 침식하여 병들게 하고, 그것을 없애는 방법은 술뿐이라고 하는 이슬람 선교사의 말이 나온다. 나아가 그는 성모마리아의 처녀 임신도 비웃는다. 그리고 예수의 아버지는 그의 아버지가 되기 위해 마사이족 노새 한 마리를 받았을 뿐이라고도 한다. 백인은 신앙을 팬얀 피클 (Pan-Yan pickles)에 두었고, 그것은 백인을 죽인다고도 한다. 또 미션스쿨에 다니는 통역 소년에 의해서도 기독교는 비판되지만 역시 페트릭에 의해 생략되었다.

이상향 재현의 시도

『여명의 진실』에서 주인공은 자신의 사파리에 가담한 원주민 중에서 칸바족 사람들과 함께 종교를 재흥한다. 그는 비행기 조종사인 윌리에게 자기의 종교는 "'전능한 키치 마니토우(Kitch Manitou, 창조주)' 대 '그 밖의 다수'라는 구도"로 "여러 종파나 부족법이나 관습에서 가장 좋은 부분만을 골라서 하나의 종교로 만든" 것으로, "누구나 다 믿을 수 있는"(여명, 125) 것이라고 설명한다.

그 종교에는 벌이라는 규율은 없고 사냥국도 없으며 개인의 자유를 가장 중시한다. 그들의 궁극 목적은 '사냥꾼의 천국(Happy Hunting Ground)'에 가는 것이고, 용감하게 살고 용감하게 죽는 것을 이상으로 한다. 사냥국을 설치하지 않는다는 것은 식민지 정책에서 원주민들이 과거에 사냥을 금지당하고 살기 위해 어쩔 수 없이 밀렵을 했던 현실에 대한 비판이다.

응구이는 부족신도 기치 마니토우도 포함하여 권위적인 존재는 무용하다고 제안하고 헤밍웨이도 무스키도 그것에 찬성하지만, '사냥꾼의 천국'이라는 사상에 부족신이나 북미 인디언의 마니토우 신앙이 들어 있음은 분명하다. 이슬람교도 아니고 기독교도 아닌, 즉 침략자의 종교에 의해 더럽혀지지 않은 응구이와 무스카가 그 종교에 들어오는 것은 그들이 믿는 전통적인 부족의 종교와 유사하기 때문이다.

초자연의 힘, 즉 신을 뜻하는 기치 마니토우(manitou)라는 이름은 오지브웨족이 인디언의 정령 또는 신의 이름을 빌린 것으로, 그것은 모든 생물의 운명을 지배한다. 이는 헤밍웨이가 어린 시절 미시간 북부의 별장에서 만난 인디언의 종교였다. 그가 어린 시절부터 그 신앙에 특별한 관심을 가졌음은 고교 시절의 잡지 〈타뷸러〉에 실은 단편 『마니토우의 심판』으로부터도 알 수 있다. 그것은 북미 선주민인 쿠리족의 소년인 피엘이 친구인 딕 헤이우드에게 지갑을 도둑맞았다고 생각하여 올가미로 딕을 죽이려고 하지만, 진범이 따로 있음을 알고 딕을 돕기 위해 추운 밖으로 나가지만, 딕은 이미 올가미에 걸려 늑대의 밥이 된다는 이야기다. 피엘도 부주의하게 곰을 잡는 올가미에 걸려 다리가 묶이는데 늑대가 오기 전에 총을 잡고 자신을 쏜다. 그리고 죽기 전에 "이는 마니토우의 심판이다. 늑대의 수고까지 필요 없다"고 절규한다.

헤밍웨이는 아내가 없는 동안 캄바족과 같이 머리칼을 자르고 창을 들어 인종의 벽을 넘어서 원시사회를 부활시키려고 시도한다. 그러나 그것은 그가 자본주의적 제국주의 나라에서 온 백인으로서의 특권을 가졌기 때문이다. 게다가 그는 캄바족도, 인디언도 될 수 없다. 따라서 아프리카에서의 자기달성은 불가능하다. 이는 아프리카 소녀 데바와의 사랑이 이루어질 수 없는 것으로 상징된다. 그러나 그럼에도 불구하고 그런 노력을 한 헤밍웨이마저 부정할 수는 없다.

결국 이 소설에서 헤밍웨이가 원시적인 것에 도전할 수 있는 유일한 기회가 사파리 주변에서 자기 아내와 G. C. 즉 진 크레이즈드라는 이름을 갖는 수렵관리관(본명은 데니스 사피로) 등의 백인들이 모습을 감추는 사이뿐이다. 캄바족 소녀 데바와 다른 인종 간의 성교섭을 모색하고 아프리카 자녀를 얻고자 하는 욕망이 샘솟는 것도 백인이 주위에 전혀 없는 원시적 환경이 정비되어 있을 때다. 또 부친이라고도 생각하는 저명한 백인 사냥꾼인 필립 퍼시벌이 사파리 캠프에서 금방 모습을 감추는 것도 헤밍웨이의 명확한 의도가 작동한 결과다. 그가 사파리에 머물면 그가 원하는 유토피아 부활의 노력이 수포로 돌아가기 때문이다. 이는 퍼시벌이야말로 자본주의적 제국주의의 폐해를 상징하는 인물이고, 헤밍웨이의 이상향을 파괴하는 인물이기 때문이다.

헤밍웨이가 아프리카 원주민이 되고자 한 것은, 자본주의적 제국주의의 폐해, 즉 인종차별이나 식민지주의 이데올로기에 대한 문제의식을 회피하기 위해서라고 볼 수도 있다. 이러한 견해에 따르면 사파리 캠프에서 백인들이 떠나는 동안에 헤밍웨이의 아프리카화가 가속화된다는 설명이 애매하게 된다. 헤밍웨이에게 원시적 환경이야말로 이상향이고, 스스로 전략적으로 원시적 행동을 실천하여 자기실현의 달성을 시도한 것이다.

「킬리만자로의 눈」

『킬리만자로의 눈The Snows of Kilimanjaro』는 제1차 사파리 여행 뒤 〈에스콰이어〉지의 1936년 8월호에 발표되었다. 1935년에 발표된 『아프리카의 푸른 언덕』에 이어 그것과 거의 같은 시기에 집필하여 발표한 것이어서 속편과 같은 느낌을 준다. 가령 주인공 해리(Harry)에게 아프리카는 가장 행복하게 지낸 곳으로, 타락한 유럽에서 돈 많은 여자와 결혼한 뒤 글을 쓰지 못하고 음주로 재능을 망친 자신의 영혼을 정화해준다고 믿는다.

아무것도 쓰지 않고 안일만을 추구하며 자신이 경멸해 마지않는 그런 인간이 되어 보낸 하루하루의 생활은 그의 재능을 우둔하게 만들었고 집필에

대한 의욕마저 약화시켰다. 그래서 결국 그는 아무것도 쓰지 못하게 되고 말았다.(단편1, 260)

그리고 작품 집필을 위한 경험은 다섯 가지로 제시된다. 그것들은 실제로 헤밍웨이가 경험했던 일들이었다. 소설의 에피그라프로 제시된 킬리만자로 정상의 표범은 죽음을 무릅쓰고 이상을 향해 나아가는 상징이다. 킬리만자로의 정상은 쉽게 오를 수 없지만 주인공은 표범처럼 죽음을 무릅쓰고 오르려고 한다.

앞에서도 말했듯이 아프리카는 헤밍웨이의 '월든 호수'다. 그가 아프리카로 간 이유는, 타락과 범죄로 가득 찬 미국과 유럽이라는 선진 서양이 실패한 원인을 분석하고 그것에 맞서 극복하는 새로운 가치관을 확보하기 위해서다. 아프리카의 산 중에서 가장 높은 산인 킬리만자로는 아프리카의 상징이다.

이는 『무기여 잘 있어라』 2장이나 『태양은 다시 떠오른다』 1장에서 산이 '고향의 개념(home-concept)'으로 나타난 반면 평원은 '비고향의 개념(non-home-concept)'인 것의 반복이다. 또는 산은 신이고 평원은 악이라는 헤밍웨이 상징의 반복이다.

이 소설에도 헤밍웨이의 문학관을 알 수 있는 에피소드가 나온다. 그것은 스콧 피츠제럴드에 관한 것이다. 줄리안으로 나오는 그는 "부자들에 대해 로맨틱한 경외심을 품고 있어 언젠가 한 번은 '아주 돈이 많은 부자들은 당신이나 나 같은 사람들과는 다르다'라는 구절로 시작하는 소설을 쓴 적이 있었지만, 실제로는 그렇지 않다는 사실을 깨달았을 때

그는 다른 어떤 것 못지않게 그 때문에 망가졌고", 그런 그를 헤밍웨이는
경멸했다.(단편1, 281~282)

『프랜시스 매코머의 짧지만 행복한 생애』

『킬리만자로의 눈』에 뒤이어 〈코스모폴리탄〉지 1936년 9월호에 발표된
『프랜시스 매코머의 짧지만 행복한 생애The Short Happy Life of Francis Macomber』에는
『킬리만자로의 눈』에 나오는 표범처럼 사자가 원시적 용기의 상징으로
나온다. 반면 주인공 매코맥은 원래 전형적인 문명인이다. "서른다섯 살
인 매코머는 체력을 잘 유지했으며, 코트에서 하는 게임을 잘하고 낚시
질에서도 큰 고기를 낚았다."(단편2, 199) 코트에서 하는 게임이란 문명화
된 서구에서 흔한 운동이다.

사자를 능숙하게 잡은 윌슨과 달리 자신이 겁쟁이임을 드러내어 아내
로부터 멸시를 당한다. 그리고 밤에는 "피투성이가 된 머리통을 한 사
자가 그의 가슴을 억누르는 악몽에 깜짝 놀라 잠을 깨고 말았다."(단편2,
229)

이처럼 사자를 통해 자신이 겁쟁이임을 안 그는 이를 극복하는 데에
도 사자를 이용한다. 그 계기 되는 것은 용기 없는 남편을 배신하는 악처
가 윌슨과 피우는 바람이다. "한 번만 더 그놈의 사자와 마주치면 좋겠
군. 이제 사자쯤은 조금도 무섭지 않아."(단편2, 246) 이러한 사자는 『노인
과 바다』 마지막에서도 등장했다.

길 위쪽의 판잣집에서 노인은 다시금 잠이 들어 있었다. 얼굴을 파묻고 엎드려 여전히 잠을 자고 있었고, 소년이 곁에 앉아서 그를 지켜보고 있었다. 노인은 사자 꿈을 꾸고 있었다.(노인, 128)

마지막에 매코맥은 아내에게 사살되지만 그것은 '짧지만 행복한 생애'이다. 사자는 『에덴동산』에서 코끼리로 다시 나타난다.

아나키즘적 해석

『아프리카의 푸른 언덕』에 대한 평은 좋지 않았다. 특히 최초에는 헤밍웨이에게 호의적이었던 윌슨이 그것을 "지금까지 나온 헤밍웨이의 책 중에서 최악"이라고 비평했다. 그가 묘사한 아프리카와 그 동물들의 묘사는 지루하였고, 헤밍웨이는 아프리카가 아닌 자신의 이야기를 썼으며, 어투도 바보스럽고 감상적이라고 했다. 다른 비평가의 평도 마찬가지였다.

그러나 나는 『아프리카의 푸른 언덕』과 『여명의 진실』은 앞에서 보았듯이 헤밍웨이의 제국주의 비판과 생태주의적 자연관을 가장 잘 보여주는 작품들이라고 생각하고 높이 평가한다.

헤밍웨이의 만년과 죽음

아프리카에서 두 차례의 비행기 사고를 당한 그는 남은 생의 대부분을 병과 함께 지냈다. 1954년에 노벨문학상을 수상했지만, 시상식에는 나가지 못했다. 1959년에는 아이다호 주 케첨에 위치한 집을 구입하였으나 말년에 사고의 후유증으로 인해 우울증에 시달리고, 집필 활동도 점차 막히기 시작했다.

1961년 여름의 7월, 헤밍웨이는 자살로 삶을 마감한다. 62세였다. 당시 그는 세계에서 가장 유명한 작가였다. 그의 사망 소식이 전해지자 백악관은 물론 크렘린에서도 애도 메시지가 쇄도했다.

호체너가 1966년에 낸 『파파 헤밍웨이*Papa Hemingway*』에는 헤밍웨이가 만년에 신경쇠약으로 고통을 받았다고 나와 있다. 헤밍웨이의 미망인인 메리는 그 책의 출간을 막기 위해 소송을 제기했지만 패소했다. 한편 헤밍웨이는 사후에 자신의 편지를 출간하지 말라고 유언장에 썼지만 1981년에 서간선집이 나왔다. 그래도 그것들은 헤밍웨이가 서명한 편지들이었다. 반면 유작들은 분명히 미완성이었다.

그럼에도 헤밍웨이의 사후 미발표 원고들이 속속 발표되었다. 조엔 디디언은 1998년 11월, 〈뉴요커*New Yorker*〉에서 미완성 유작의 마구잡이 발표를 비난했다. 사실 『여명의 진실』은 원래 850쪽인 원고를 반으로 줄인 것이고 『에덴동산』도 전체 내용의 3분의 1만 출간되었다. 아마도 헤밍웨이 자신은 그런 짓을 하지 못했을 것이다.

헤밍웨이와 미국 현대문학

미국의 문학사에서 헤밍웨이만큼 그 영향력이 지대한 작가도 없다. 대표적인 작가들만 들어보아도 1950년대에는 제롬 데이비드 샐린저

새 사냥에 나선 헤밍웨이와 게리 쿠퍼, 그리고 보비 피터슨(아이다호, 1959)

쿠바 아바나의 '플로리디타 바'에 있는 실물 크기의 헤밍웨이. 쿠바 아티스트의 작품이다(2006).

선 밸리에 있는 헤밍웨이 추모비

(Jerome David Salinger, 1919~2010), 1960년대에는 노먼 메일러(Norman Mailer, 1923~2007)에게 영향을 주었다. 군 입대로 직접 제2차 세계대전에 참전한 샐린저는 전쟁 중에 파리에서 헤밍웨이를 두 차례 이상 만나 뛰어난 재능을 가졌다는 찬사를 받았지만, 뒤에 헤밍웨이를 좋아하지는 않았다. 이는 『호밀밭의 파수꾼』에서 주인공 홀든이 헤밍웨이의 『무기여 잘 있어라』를 "엉터리 같은 책", "말도 안 되는 책"이라고 하는 데서 잘 드러난다. 특히 헤밍웨이의 간결한 문장과 달리 샐린저의 문장은 화려한 점에서 서로 달랐다.

폴 오스터(Paul Auster, 1947~)도 헤밍웨이의 영향을 받았지만, 최고의 후계자는 간결한 문장을 구사하는 레이먼드 카버(Ramond Carver, 1938~1988)다. 그러나 카버는 헤밍웨이보다 훨씬 비관적이다. 카버는 1960년대에 많은 미국 작가들처럼 헤밍웨이의 소설을 사랑하고 헤밍웨이처럼 간결한 문체와 터프한 인물을 쓰고 싶어 했지만 그렇게 하지는 못하고, 평범한 노동계급 가정에서 일어나는 불화와 비열하고 소소한 일상을 쓰는 데 주력했다.

헤밍웨이 후계자 중에 찰스 부코스키(Charles Bukowski, 1920~1994)가 있다. 그는 샐린저가 쓴 『호밀밭의 파수꾼Catcher in the Rye』의 노동자 판이라고 하는 『호밀빵 햄 샌드위치Ham on Rye』에서 헤밍웨이를 처음 읽자마자 "얼마나 전율이 일었는지! 그는 대사를 쓸 줄 아는 작가였다. 그건 기쁨이었다. 낱말들은 지루하지 않았고, 마음으로 하여금 콧노래를 부르게 하는

■   *   제롬 데이비드 샐린저, 공경희 옮김, 『호밀밭의 파수꾼』, 민음사, 2001, 189쪽.

것들이었다. 그것들을 읽고 마법에 몸을 맡기면 무슨 일이 일어나더라도 고통 없이 희망을 갖고 살 수 있었다"고 했다.[*]

부코스키는 단편 「기계분석 *The Gut-Wringing Machine*」(1983)에서 주인공이 영웅으로 받드는 인물로 게바라, 말콤X, 간디, 카스트로, 반 고흐를 들었다. 그가 성행위나 배설행위를 언급하는 것은 헤밍웨이와 다르고 헨리 밀러를 연상하게 하지만 문학취향을 적극 배제하는 점에는 헤밍웨이 그대로다. 그러나 그는 헤밍웨이의 장편에는 흥미를 보이지 않고, 헤밍웨이의 금욕적인 체념이나 유머 결여에 대해 비판적이었다. 그에게는 그런 면마저 문학취향으로 보였다.

■ * 찰스 부코스키, 박현주 옮김, 『호밀빵 햄 샌드위치』, 열린책들, 2016, 215쪽(원저).

1959년 스페인에 있는 빌 데이비스의 자택을 방문한 헤밍웨이

팜플로나에 있는 헤밍웨이 기념비

헤밍웨이는 아나키즘의 본질에 지극히 가까운 사람이다

이 책을 끝내기 전에 앞의 설명에서 부족했다고 생각되는 부분부터 보충을 하자. 먼저 영화에 대한 이야기다. 헤밍웨이 소설을 읽기 전에, 또는 읽은 뒤에 그의 소설을 영화화한 작품을 볼 수 있다. 그의 소설을 읽은 뒤에 영화를 보면 문학작품을 영화화한 경우에 항상 그렇듯이 너무나도 축약되어, 특히 사랑 이야기로만 축약되어 문제가 많다는 것을 알 수 있지만, 소설을 읽기 전에 영화를 보면 그의 소설을 연애소설 정도로 오해하기 쉽기 때문에 권하고 싶지 않다.

헤밍웨이 자신 그의 소설을 영화로 만든 작품들을 대부분 싫어했다. 가령 호체너의 회상에 의하면 록 허드슨 주연의 〈무기여 잘 있어라〉를 볼 때 "35분이나 참으며 견뎌"냈고 극장을 나서며 "창피를 당했다"고 말했다. 자신이 직접 관련한 유일한 영화인 스펜서 트레이시 주연의 〈노인과 바다〉는 예외적으로 처음부터 끝까지 보았지만 그가 한 말은 단 한마디, "스펜서 트레이시처럼 살찌고 재산 많은 배우가 어부로 나온 꼴이 뭔가"라는 것이었다.(호체너, 31) 이는 그가 소설에서 그린 깡마르고 가난한 노인의 이미지와 전혀 맞지 않았기에 던진 당연한 불만이었다. 1989년에 제작된 앤서니 퀸 주연의 〈노인과 바다〉도 마찬가지다. 이 작품은 전작과 달리 작가인 헤밍웨이와 그 아내 그리고 노인의 딸을 배치하는 등, 상당 부분 각색한 것이었으나 역시 실패작이었다.

게리 쿠퍼와 잉그리드 버그만 주연의 〈누구를 위하여 종은 울리나〉에 대해서는 그들이 "러브신에서 코트조차 벗지 않더군. 코트를 입고 슬리핑백에 들어가 사랑을 하는 사내가 도대체 어디에 있겠나. 더구나 잉그리드는 맞춰 입은 드레스에 예쁘게 파마까지 해서 나오고 말일세"라고 했다.(호체너, 32) 그 밖에도 헤밍웨이 작품은 단편을 포함하여 거의 다 영화화되었으나 우리나라에서 쉽게 구해볼 수 있는 것은 앞에서 언급한 것들 외에 게리 쿠퍼 주연의 〈무기여 잘 있어라〉와 그레고리 펙 주연의 〈킬리만자로의 눈〉 정도이다.

헤밍웨이 전기 영화도 많지만 헤밍웨이 소설을 영화한 것처럼 시시하다. 가령 쿠로스키와의 첫사랑을 다룬, 샌드라 블럭과 크리스 오도넬이 나온 〈사랑과 전쟁(Love and War)〉은 '형편없는 영화'다.(도널드슨, 51) 셋째 아내와의 사랑을 다룬 〈헤밍웨이와 겔혼〉도 시시하기는 마찬가지다. 헤밍웨이가 전형적인 마초로 잠깐 나오는 〈미드나잇 인 파리〉는 그나마 낫지만 헤밍웨이에 대한 불필요한 선입견을 심어줄 수도 있다.

그래서 헤밍웨이를 제대로 이해하기 위해서는 그의 작품부터 읽는 것이 유익하다. 그가 죽은 후 1962년부터 50년째인 2012년부터 그의 저작권이 사라져 마구잡이로 번역이 쏟아져 나와 옥석을 가리기가 쉽지는 않지만 독자들은 번역자나 출판사 등을 보고 나름대로 선구안을 가질 수 있을 것이다. 물론 유명 번역자나 대형 출판사가 반드시 좋은 번역을 한다고 할 수는 없다. 헤밍웨이의 생애나 작품에 대한 해설서도 마찬가지다. 게다가 그런 책들은 헤밍웨이 이해에 반드시 도움이 된다고 할 수도 없다. 이 책도 마찬가지다.

몇 년 전에 에드워드 사이드에 대한 책을 썼더니 그에 대한 전문가라고 자처하는 어느 영문학 교수가 내 책은 일반인에게는 도움이 되지만 전문가에게는 도움이 안 된다고 썼다. 그 책에서 나는 전문가라는 사람들의 번역이나 논문을 비판했는데, 그것이 그에게 몹시 거슬렸는지 몰라도 여하튼 나는 애초부터 전문가가 아니었고 그들을 위해 뭘 하겠다고 생각해본 적도 없다. 이 책도 마찬가지다. 나는 헤밍웨이 전문가가 아니다. 그러나 어려서부터 그의 작품을 열심히 읽었으니 어떤 전문가보다도 헤밍웨이를 사랑한다고 자부한다. 헤밍웨이에 대한 사랑에서는 누구 못지않다는 것이다. 나는 그것으로 충분하다. 헤밍웨이에 대해 석박사 학위 논문을 쓰고 교수가 되어 평생 그에 대한 논문이나 책을 쓰는 사람들의 '전문성'이라는 것은 나의 헤밍웨이 사랑에 아무런 가치를 갖지 못한다. 왜냐하면 그 '전문성'이란 기껏 미국에서 나온 수많은 헤밍웨이 '전문' 논저를 짜깁기한 수준에 불과하기 때문이다.

내가 전문가들에게 가장 크게 반발하는 점은 헤밍웨이의 문학적 가치는 소위 빙산이론이 적용되는 단편에 있고, 그 이론이 생략되거나 포기된 장편에 있지 않다고 보는 것이다. 그러나 솔직히 말해 단편은 생각할 바가 별로 없고, 장편에서 오는 느낌이 훨씬 강하다. 흔히 그의 단편들은 에드워드 호퍼(Edward Hopper, 1882~1967)를 비롯한 미국 화가들의 상징적 사실주의를 떠올리게 하는데 미국적 슬픔이나 허무를 삽화 정도의 수준에서 전달하기에는 유효하지만 그것은 그 이상도 그 이하도 아니다. 그래도 나에게는 그의 장편들, 특히 『무기여 잘 있어라』와 『누구를 위하여 종은 울리나』, 그리고 『노인과 바다』가 좋다.

나는 독자들이 무엇보다도 헤밍웨이를 사랑하기 바란다. 그 사랑은 휴식을 위한 것일 수도 있고 요즘 유행하는 소위 힐링이라는 것을 위한 것일 수도 있지만, 내 경험상 독서는 힐링에 도움이 되기는커녕 휴식에도 도움이 되지 않았다. 내가 자신 있게 말할 수 있는 독후감은 그의 책을 읽고 미국을 비롯하여 스페인이나 쿠바를 여러 나라를 더욱 비판적으로 사랑하게 되었고, 헤밍웨이의 자유-자치-자연에 대한 사랑에 공감해서 더욱더 그렇게 살아야겠다고 결심했다는 정도다. 그런 이야기를 이 책에서 지금까지 해왔지만 이제 그것을 다시 요약하면서 이 책을 끝내도록 하겠다.

사실 그의 생애나 그 생애에 기초해 쓴 작품 세계는 놀랍다. 그 자체로도 놀랍지만 특히 한국의 우리가 그렇게 살 수 있을지 의문이라는 점에서 더욱 놀랍다. 가령 그가 어려서부터 부모에게 반항한 점, 특히 어머니와 완전히 갈라선 점은 놀랍다. 일류 고등학교를 졸업하고서 부모가 바라는 일류 대학에 진학하여 일류 직업인이 되려고 하지 않고, 누구나 피하기 마련인 병역 의무를 다하여 민주주의를 지키기 위한 제1차 세계대전에 참전하려고 했지만 나이가 어려 언론계에 들어갈 수밖에 없었다는 점도 놀랍다.

그러나 정작 전쟁에 참전한 뒤 그는 전쟁의 정치적 모순을 절실히 깨달아 『태양은 다시 떠오른다』와 『우리 시대에』와 『무기를 잘 있어라』를 쓴다. 그 뒤 그가 철저한 허무에 젖어 그런 작품을 쓴 것은 그야말로 당연한 일이다. 그러나 그는 미국의 빈부갈등이라는 불의의 현실에 눈을 뜨고 『가진 자와 못 가진 자』를 쓴 뒤에, 나아가 세계의 민주주의 파괴라는 불의의 현실에 직접 뛰어들어 자기와는 아무 관련도 없는 스페인 시민전쟁에 참여하여 『누구를 위하여 종은 울리나』를 쓴다.

나는 그 시민전쟁에 세계정의라는 사명감으로 뛰어든 여러 나라의 지식인들에 흥미를 느끼고 오랫동안 그 전쟁을 연구했다. 사실 헤밍웨이에 대한 흥미도 그 점에서 비롯되었다. "그 전쟁에 왜 한국인을 비롯한 동양인은 참가하지 못했을까, 앞으로 그런 전쟁이 터진다면 우리가, 내가 참전할 수 있을까?"라고 하는 것이 오랫동안 나의 고민이었다. 국가 차원의 베트남 파병 같은 것이 아니라 개인 자격으로 정의를 위해 죽음을 무릅쓰고 남의 나라 전쟁에 참가할 수 있을까?

내가 스페인 시민전쟁에 참가했던 노병을 만난 것은 1989년 보스턴에 있는 하버드 대학에서였다. 내가 1년 반 동안 연구한 휴먼라이츠 프로그램의 세미나에서 나는 자신이 20대에 참전한 스페인 시민전쟁의 경험을 말한 뒤 미국의 한국전쟁과 베트남전쟁 개입을 제국주의 전쟁으로 비판하는 그의 발표를 듣고 감동했다. 세미나가 끝난 뒤에 그를 만나 인사를 했더니 반가워하며 자신이 미국이 개입한 제국주의 전쟁으로서의 한국전쟁과 베트남전쟁에 참전한 것에 대한 사죄로 그 전쟁의 고아들을 비롯하여 한국인 고아를 여러 명 입양해 키웠다는 이야기를 들려주었다. 적어도 그에게는 한국인 고아의 입양은 스페인 시민전쟁에 참전한 것과 같은 대의명분에 의한 것이었다. 그 뒤 귀국하여 나도 고아를 입양하는 문제로 고민한 적이 있으나 여러 가지 어려움으로 결국 실천하지 못했다.

일제강점기 초에 일본으로 건너온 천민 출신의 한국인 고아가 1930년 대에 미국으로 밀항해 어렵게 살아가다가 스페인 시민전쟁에 참전해 전사했다는 이야기를 듣고 그에 대한 자료를 수집하려고 노력한 적이 있다. 일본과 미국은 물론 스페인까지 가서 자료를 찾았지만 결국 거의 아무것도 찾지 못하고 포기했다. 그러나 한국인이 한국에 갇혀 살 것이 아니라 세계의 문제에 관심을 가지고 살아야 한다는 생각에는 아직도 변함이 없다. 스페인 시민전쟁에 참여한 헤밍웨이나 조지 오웰이나 앙드레 말로는 나에게 그 누구보다도 바람직한 지식인상이다.

그러나 그는 그 누구보다도 전쟁을 증오했다. 머리말에서도 썼지만, 그의 『누구를 위하여 종은 울리나』의 한국인 번역자가 헤밍웨이가 『무기여잘 있어라』에서는 전쟁을 부정했다가 『누구를 위하여 종은 울리나』에서는 전쟁을 긍정했다는 식으로 이야기한 것에 분노하여 나는 이 책을 썼다. 그가 6·25전쟁에 참전했는지 아니면 베트남전쟁에 참전했는지는 알수 없고, 만약 참전했다고 하면 그것을 정의를 위한 전쟁이고 참전이라고 생각하는지 모르지만, 나는 6·25전쟁이든 베트남전쟁이든 그렇게 볼 수없다. 게다가 그 어떤 전쟁이든 정의롭다고 볼 수 없다.

전쟁에 대한 헤밍웨이의 마지막 고뇌는 『강을 건너 숲속으로』에 여실히 나타났다. 전쟁도 아닌 군대 생활 이야기를 하기 좋아하는 한국 남성의 마초 근성과는 전혀 반대로, 그 소설의 주인공인 캔트웰 대령은 그가 참전한 전쟁에 대한 이야기를 듣고자 하는 연인의 요구를 거부한다. 그러나 그는 결국 생애 3회에 걸친 부대와 3명의 여성을 잃은 것, 거짓으로 굳어진 군대에 대한 불만, 전쟁소설가에 대한 통렬한 비판을 쏟아낸다.

전쟁으로 점철된 헤밍웨이의 삶과 작품은 이 책의 머리말 처음에서 노래한 존 레논의 〈이매진〉에서 부정한 국가와 종교와 재산이 극단적으로 결과한 전쟁에 대한 반발에서 나온 것이다. 그런 점에서 국가나 종교나 재산을 부정하는 아나키즘은 헤밍웨이와 가깝다고 보는 것이 이 책의 주제다. 그러나 헤밍웨이는 아나키스트를 자처한 적도 없고, 아나키즘에 대한 어떤 평가도 내린 적이 없다. 도리어 『누구를 위하여 종은 울리나』에 나오는 아나키스트들에 대한 묘사는 부정적이다. 이는 톨스토이의 입장과도 유사하다.

그러나 나는 내가 자유-자치-자연이라고 파악하는 아나키즘의 본질에 지극히 가까운 사람이 헤밍웨이라고 생각한다. 그리고 그런 점에서 우리는 헤밍웨이를 알고 그의 작품을 읽을 필요가 있다고 생각한다. 특히 전쟁의 위험이 항상 도사리고 있는 우리 현실에서 전쟁에 대한 반대는 반드시 필요하다고 생각한다. 전쟁을 좋아하는 경쟁적 풍토 속에 국가주의나 권위주의가 자라난다. 남북한 모두 평화를 사랑하는 마음이 자라야 전쟁을 방지하고 평화가 유지될 수 있다. 전쟁을 전제하는 평화란 있을 수 없다. 나의 소원은 통일이 아니라 평화다. 통일은 없어도 좋다. 필요한 것은 전쟁이 없는 평화다. 국가주의가 빚어내는 전쟁만큼 인간의 자유를 구속하고 파괴하는 것은 없다. 전쟁이 없는 평화에서야말로 인간은 자유로울 수 있고 자치할 수 있으며 자연 속에서 살아갈 수 있다.

헤밍웨이에게 그런 자유와 자치의 정상적인 향유는 그다지 나타나지 많이 나타나지 않지만 자연에 대한 찬양과 그 파괴에 대한 분노는 풍부하게 나타난다. 그가 마크 트웨인을 미국문학의 시조로 본 것은 트웨인이 누구보다도 자연의 중요성과 기계문명의 폐해를 강조했기 때문이고, 헤밍웨이 자신 바로 그런 미국문학의 전통을 잇는다고 생각한 탓이다. 그리고 그것은 그가 어린 시절부터 아버지로부터 배우고 인디언 마을 비롯하여 미시간 북부의 자연 속에서 스스로 익힌 것이었다.

그의 모든 작품에서 자연 묘사는 뛰어나고 자연은 문명이 빚은 모든 문제의 해결책이 되지만 특히 아프리카를 배경으로 한 작품들에서는 새로운 유토피아로 나타난다. 헤밍웨이가 아프리카를 방문한 1930년대와 1950년대에도 아프리카는 가난하고 착취당하는 땅이었음에 헤밍웨이 역시 분노하지만 그 뒤 1960년대에 대부분의 아프리카 나라들이 독립을 이루었음에도 불구하고 가난과 정치적 질곡은 여전하다.

나는 그의 자연 사랑과 투우나 사냥이나 낚시에 대한 찬양이 모순이라고 앞에서 지적했고, 특히 그가 사랑한 아프리카 사파리는 제국주의 짓이라고 비판했지만, 적어도 그가 산티아고 노인을 통해 표명한 생존을 위한 낚시에 대해서는 비판할 생각이 없다. 그것은 도시의 엄청난 오염에도 불구하고 그 오염원의 하나인 택시나 트럭을 운전하여야만 생존이 가능한 가난한 택시 운전수나 트럭 운전수를 비난할 수 없는 것과 마찬가지다. 그들의 생활을 책임지는 사회보장 등의 방식으로 가난을 극복하게 할 수 있어야만 할 것이다. 이상 나는 아나키즘의 입장에서 헤밍웨이를 살펴보았다. 헤밍웨이에 대해서는 그 밖에도 할 말이 많지만, 특히 그의 소설을 에드워드 호퍼의 그림과 비교하거나 블루스와 비교하는 등의 흥미로운 과제에 대해서는 숙제로 남겨두어야 하겠다.

마지막으로 부탁하고 싶은 것은 헤밍웨이든 누구든 이상화하거나 우상화하지 말하는 점이다. 우리처럼 헤밍웨이도 모순으로 가득 찬 사람이었다. 그는 불행한 어린 시절이 작가의 성장에 도움이 된다고 했고, 파리 시절에도 일을 해야 먹고 사는 예술가의 가난을 축복했으며, 『노인과 바다』의 극단적인 빈곤까지는 아니더라도 대체로 가난한 사람들을 소설의 주인공들로 삼았지만 그 자신은 가난하게 살았던 적이 거의 없었다. 유일하게 가난하게 산 것처럼 보였던 파리 시절 노동자 거주 지역에 살았을 때에도 그와 그의 아내는 가난하게 살지 않았다. 지금 헤밍웨이 기념관이라고 하는 집들은 대부분 그가 실제로 살았던 곳인데 그 어디나 그 규모에 놀라게 된다. 그는 평생을 잘 먹고 잘 산 사람이었다.

물론 그렇다고 해서 그를 경멸할 필요는 없다. 그냥 다르다고 생각하는 것으로 충분하다. 헤밍웨이처럼 살지 못한다고 해서 실망할 필요도 없다. 나는 헤밍웨이를 좋아하지만 그처럼 살 생각은 추호도 없다. 투우나 사냥이나 낚시에 대한 취미도 없다. 내 집 앞의 작은 연못 주변에 수십 명의 낚시꾼들이 매일 낚시하는 것을 보지만 한 번도 해보고 싶다는 생각을 한 적이 없다. 사실 마음속으로는 낚시를 금지했으면 한다. 매일 쓰레기가 너무 많아지기 때문이다. 그곳에서 헤밍웨이 소설을 읽으면 좋겠다. 내가 좋아하는 『누구를 위하여 종은 울리나』를 다시 읽고 싶다.

헤밍웨이 연보

- 1899년   7월 21일 의사인 아버지 클레어런스 헤밍웨이(Clarence Hemingway)
                 의 여섯 자녀 중 둘째로 미시간 주 오크파크(Oak Park)에서 출생.

- 1917년(18세)   오크파크 고등학교 졸업. 권투 연습 중 시력을 다쳐 미 육군 입
                 대가 거부됨. 캔자스 시의 〈스타*Star*〉 신문의 견습기자로 근무.

- 1918년(19세)   적십자사의 앰블런스 운전사로 이탈리아에 감. 7월 8일, 자정쯤
                 포살타 디 삐아브(Fossalta di Piave)에서 박격포탄 및 중기관총 피
                 습에 의하여 두 다리 부상.

- 1919년(20세)   종전 후 귀국.

- 1920년(21세)   〈토론토 데일리 스타*Toronto Daily Star*〉지의 프리랜스 작가로 활동.

- 1921년(22세)   8년 연상인 해들리 리차드슨(Hadley Richardson)과 결혼.유럽 특
                 파원으로 파리 근무.

- 1922년(23세)   스위스, 이탈리아, 터키 등에서 취재. 해들리가 파리의 리용
                 (Lyon) 역에서 헤밍웨이의 원고 여러 편을 분실.

- 1923년(24세)   독일, 이탈리아, 스페인 여행. 『세 편의 단편과 열 편의 시*Three
                 Stories and Ten Poems*』를 파리에서 출간.

- 1924년(25세)   스페인과 오스트리아 여행. 『우리 시대에*In Our Time*』를 파리에서
                 출간.

- 1925년(26세)   『우리 시대에』의 미국판을 출간.

- 1926년(27세)   『봄의 분류*The Torrents of Spring*』, 『해는 다시 떠오른다*The Sun Also Rises*』 출간.

- 1927년(28세)   해들리와 이혼. 폴린 파이퍼(Pauline Pfeiffer)와 결혼. 단편집 『여자 없는 남자들*Men Without Women*』 출간.

- 1928년(29세)   아버지 자살. 직후 플로리다 주, 키웨스트(Key West)에서의 생활 시작.

- 1929년(30세)   『무기여 잘 있어라*Farewell to Arms*』 출간.

- 1930년(31세)   몬태나 주에서의 사슴 사냥 중 차가 굴러 팔에 심한 골절상.

- 1932년(33세)   『오후의 죽음*Death in the Afternoon*』 출간.

- 1933년(34세)   단편집 『승자에게는 아무것도 주지 마라*Winner Take Nothing*』 출간. 유럽 및 동아프리카 수렵 여행 등에서 『아프리카의 푸른 언덕*Green Hills of Africa*』의 제재를 얻음.

- 1935년(36세)   『아프리카의 푸른 언덕』 출간.

- 1936년(37세)   스페인 시민전쟁의 공화정부파를 지원하는 저술, 강연, 모금 활동. 「킬리만자로의 눈*The Snows of Kilimanjaro*」과 「프랜시스 매코머의 짧지만 행복한 생애*The Short Happy Life of Francis Macomber*」 발표.

- 1937년(38세)   〈북미신문연합(North American Newspaper Alliance)〉 특파원으로 스페인 시민전쟁 취재. 『가진 자와 못 가진 자*To Have and Have Not*』 출간.

- 1938년(39세)   『제5열 및 최초의 49편 단편집*The Fifth Column and the First Forty-Nine Stories*』 출간.

- 1939년(40세)   아바나 교외 농가인 핑카 비히아로 이사.

- 1940년(41세)   『누구를 위하여 종을 울리나*For Whom the Bell Tolls*』 출간. 폴린 파이퍼와 이혼하고 마사 겔혼(Martha Gellhorn)과 결혼.

- 1943년(44세)   신문 및 잡지의 특파원으로 유럽 전쟁 취재.

- 1944년(45세)   연합군의 노르망디 상륙 작전, 파리 입성, 독일 진격 등을 취재.

- 1945년(46세)   마사와 이혼.

- 1946년(47세)   메리 웰시(Mary Welsh)와 네 번째 결혼.

- 1950년(51세)   『강을 건너 숲속으로 *Across the River and Into the Trees*』 출간.

- 1951년(52세)   어머니 그레이스 죽음.

- 1952년(53세)   『노인과 바다 *The Old Man and the Sea*』 출간.

- 1953년(54세)   퓰리처상 수상.

- 1954년(55세)   동아프리카로 두 번째 수렵 여행. 노벨문학상 수상.

- 1958년(59세)   카스트로 혁명으로 쿠바를 떠나 아이다호 주의 케첨(Ketchum)에 정착.

- 1961년(62세)   7월 2일 케첨의 자택에서 자살. 근교에 묻힘.

- 1964년   유고작 『움직이는 축제일 *A Moveable Feast*』 출간.

- 1970년   유고작 『해류 속의 섬들 *Islands in the Stream*』 출간.

- 1985년   유고작 『위험한 여름 *The Dangerous Summer*』 출간.

- 1986년   유고작 『에덴동산 *The Garden of Eden*』 출간.

- 1999년   유고작 『여명의 진실 *True at First Light*』 출간.